限制驅導式現場排程與管理技術

Drum-Buffer-Rope Production Management System

(修訂版)

吳鴻輝・李榮貴　著

全華科技圖書股份有限公司　印行

作者序

在目前市場競爭愈趨多種少量、客戶訂單多變、而訂單出貨時間(從投料到出貨)與交期準時要求等愈趨嚴苛的壓力下,工廠無不卯盡全力的追求最短的出貨時間、最準的交期以及最低的在製品存貨等,以贏得訂單,但在這同時卻又要兼顧獲利能力。因此,努力改善或尋找可行的工廠管理技術或方法,是每一工廠刻不容緩的工作重點。而在工廠管理的所有部門或功能中,最直接被衝擊到的就是現場排程與管理工作,而現場排程與管理的好壞亦是反應工廠應變能力或競爭力的關鍵。換言之,當市場競爭愈趨激烈時,現場排程與管理工作不但會愈趨複雜,而且愈是工廠成敗的重心,如何有效的因應與贏得市場的需求,是工廠管理者責無旁貸且必須全力以赴的使命。

限制驅導式現場排程與管理技術(Drum-Buffer-Rope,DBR) 是由高瑞博士(Dr. Eliyahu M. Goldratt)於 1986 年所提出的現場排程與管理技術,這是一套建立在限制管理(Theory Of Constraints,TOC)的管理哲學上的生產管理技術。這套技術提供了提綱挈領的現場排程與管理思維理念,不但可應對上述之需求而且可導引工廠體質之持續改善(Continuous Improvement),因此被學者專家視為是一套能滿足現在與未來市場多種少量且多變之競爭環境的工廠管理體制。

例如美國福特汽車電子部在應用了這套技術後,其出貨時間從原有的10 天降為 16 小時(2 shifts);又如 Bal Seal 公司在導入這套管理方法不到 30天,其出貨時間從 6 週降為 8 天,交期達成率從 80-85%提升至 97%,而在製品存貨則減少了 50%以上等。這類廠商的現身報導近年來一再的出現，例如美國 APICS 每年所舉辦的限制管理研討會(Constraints Management Symposium)等，其改善的主要共同特徵都是出貨時間顯著的降低、交期不再延誤、存貨降至歷史新低、獲利明顯的提升、而成效都是在短短的三至十二個月即可呈現。而最不可思議的是這套管理理念並不需要鉅額的投資，亦不需要大動干戈的改變現有工廠的佈置或流程，所要改變的只是管理工廠的思維而已，因此是一套值得一探究竟且進一步比較的製造管理方法！

　　這套技術的管理理念，高瑞博士主要是透過其所著的「THE GOAL」(中文版譯為「目標」，天下文化出版)，來陳述其管理精義與觀念。雖然有為數不少的公司應用了該書之理念而受惠的，然而卻有更多看過「THE GOAL」的讀者，由於書中無法完整介紹這套管理技術，而感到不足或失去了嘗試這套技術的機會。因此高瑞博士陸續又透過「THE RACE」與「THE HAYSTACK SYNDROME」這兩本書教大家如何應用這套技術。然而這兩本書由於是敘述性的，且重點較偏於如何導入的探討，因此讀者依然較難掌握整套技術的架構及全貌。其次，有關這套技術的技術資料，國內外目前又無一本完整介紹這套技術的書籍，而只零散的出現於一些期刊論文或限制管理書籍的部份章節(本書附錄有完整的收集)。因此對於有興趣要進一步認識或研究這套技術的讀者，唯有接受限制管理推廣單位的課程「限制管理生產系統(PRODUCTION THE TOC WAY)」的教育訓練了。但是課後若要進一步探討或思考如何應用這套技術，沒有一本完整的書可供參考，亦是相當不方便的。基於上述的不足，又由於筆者有緣能較早接觸這套技術，經過多年的教學與推廣，稍稍有些心得，因此願意將這些經驗整理出來，供各位學者專家參考。

本書有系統的介紹這套管理技術以及如何透過這套管理理念而發揮工廠的最大產出與最佳績效，進而達到工廠持續改善之效果。書中共分為四篇及十二章。第一篇為觀念篇，共有兩章，主要目的在說明現場排程與管理這個問題的意義，與主導現場排程與管理之幕後的一隻手-績效評估的問題以及限制驅導式現場排程與管理這套技術的背景。第二篇為基礎篇，共有五章，將完整的說明這套技術的排程理念與方法、現場管理之觀念、整套技術的架構以及如何達到工廠持續改善之效果。第三篇為精進篇，共分為三章，其內容是進一步探討這套方法如何應用於一些較複雜的生產環境，例如製程有再回製或回流的排程方法，如何評估現場負荷的可行性或次瓶頸的排程方法等。由於這部份較為艱澀，因此對於初學者或工廠的環境不是很複雜時，建議這一篇先跳過或可以只看相關或有興趣的章節。第四篇為實務篇，共有兩章，主要討論一些較實務的問題，例如限制產能漂移等，所討論的這些觀念，將有助於澄清那些想導入這套系統的讀者的一些疑惑。為了使讀者能充份掌握各章所表達的理念與重點，本書於各章後都設計了各類型之問題，以導引讀者進一步的思考及應用。

　　由於限制管理是一套新的管理技術，其所涵蓋的廣度與深度，非一兩人所能窮盡。因此筆者所學與本書所表達的內容畢竟是有限的，為了方便各位讀者進一步之學習與研究，本書亦將作者數年來所搜集到的書籍與文獻目錄完整的呈列於書後之附錄。

　　僅以此書為台灣產業盡微薄之力，望請共襄盛舉。本書若有不足之處，亦請不吝賜教(E-mail: hhwu@chu.edu.tw)。

吳鴻輝、李榮貴　謹識

編輯部序

　　「系統編輯」是我們的編輯方針，我們所提供給您的，絕不只是一本書，而是關於這門學問的所有知識，它們由淺入深，循序漸進。

　　處於市場競爭愈趨激烈的今日，現場排程與管理工作的好壞，是反應工廠應變能力或競爭力的關鍵，如何有效的因應與贏得市場的需求，是工廠管理者責無旁貸且必須全力以赴的使命。而限制驅導式現場排程與管理技術，提供了提綱挈領的現場排程與管理思維理念，不但可應對工廠之需求，且可導引工廠體質之持續改善，因此被學者專家視為一套能滿足現在與未來市場，多種少量且多變之競爭環境的工廠管理體制。筆者鑑於市面上無一本完整介紹這套管理技術的書籍，將多年的教學經驗及心得編纂成書。同時為了使讀者充份掌握各章所表達的理念與重點，各章後也設計了各類型的問題，以引導讀者進一步的思考與應用。除可作為大專工管科「生產管理」課程之輔修教材外，對業界而言，更是一本不可多得的好書。

目　錄

基礎篇

精進篇

附錄　限制管理(TOC)之相關資訊　　A-1

觀念篇

CHAPTER **1**

現場排程與管理
的問題與需求

1-1　工廠為何需要現場排程

工廠有許多不想看到的現象，諸如：

。交期經常無法掌握。

。很難應對緊急客戶之需求。

。有太多的趕工。

。存貨水準(現場/在製品)居高不下。

。經常發生原物料/零件短缺現象。

。在需要的時間與地方沒有足夠的安全存量或時間。

。製造前置時間太長。

。製令優先次序常常被一改再改的一團亂。

　　因此若有一套現場排程方法或管理系統，就可以事先規劃或評估不同訂單的優先次序，則上述不想看到的現象雖然不能完全避免，但至少可以改善許多，曾經有過這種想法的人或廠家，相信不在少數！因此現場排程方法或管理系統在眾多工廠改善的方法中，亦佔有一席之地！

　　既然排程在工廠管理上有其重要性，現場排程的意義與其基本目的即有必要先行釐清。

　　所謂現場排程基本上是工作與現場資源分配的決策問題，亦即當一群工作同時需要同一資源時，就出現了要先將資源分配給那一個工作會較佳的決策問題。所以一個環境會出現排程問題，基本上要同時具備下列三種條件才會成立：

(1) 同時有兩個以上的工作：如果只有一個工作則無資源分配或排序的決策需求，其次如果工作數愈少則排序較簡單而愈多則排序愈複雜。

(2) 資源有限：資源一次(或單位時間內)所能處理的工作為有限。

(3) 工作先後的安排對績效會有好壞的影響：所謂績效是決定於管理上的需求，例如有些工廠是以客戶的需求為重，所以交期是其主要的績效指標；有些工廠則是以資源的發揮為管理重點，因此資源的使用率或效率就成了其主要的績效指標。如果工作不同先後次序的安排對管理所追求的績效沒有影響，則沒有資源分配或工作排序的需要，也就沒有所謂的排程問題。相反的，如果工作不同先後次序的安排對管理所追求的績效有很大的影響，則管理者所要同時追求的績效指標若愈多，則排序的決策就會愈複雜。

其次若工作所需的資源不只一種，而是依序需數種不同的資源時，而形成一系列的生產途程或流程，則該工作不但在每一種資源都有排序的問題，而前資源的排序及工作狀況或成果會影響到後資源次序的安排，因而造成了前後資源及事件相依之依存關係(dependent event/resource)，因此如果工作所需的資源種類數愈多或生產途程愈長，則必須進一步透過排程來協調前後之作業，因而排程的決策問題會愈複雜而管理上愈困難。

因此排程有兩個功能，最基本的是資源的分配，其次是前後作業的協調，以使製令能如期完成或達成組織之目標。而且這兩項功能會隨著資源種類及其間相依性的增加而愈複雜及愈困難。

　　有了上述排程的基本觀念後，接下來我們是否可想想看有些行業，尤其是服務業，例如銀行櫃台等，為何不需要排程卻依然能有條不紊的進行其工作？這些行業的特性和工廠有何不同之處？

1-2　服務業為何不需要排程

　　服務業的服務人員或櫃台人員，基本上都已被訓練為該單位之通才，因此客戶大部份的需求只要經過一位服務人員的服務即可滿足其需求；換言之，服務業沒有複雜的生產流程之前後資源的依存關係，而只有單站或頂多兩站的流程，因此管理上單純許多。其次服務業管理重點都是以客戶為主，除了工作的品質外，客戶所耗的時間及公平性是一個很重要的績效指標，因此各服務員只需依照客戶排隊之先後次序服務以及儘快服務完成之簡單原則。服務業經由這兩種作業方式的設計後，所有服務人員只需具備服務所需的專業技術即可，而不需額外煩惱先服務那一位客戶之資源分配的決策問題，這是為何服務業不需要排程卻依然能有條不紊的進行其工作的主要原因。

　　但是服務業的這種做法，是其行業特性本來就具備，還是競爭壓力的結果？這是一個值得玩味的問題。例如我們如果從服務人員的服務效率(平均每天服務的客戶數)角度來看，即可看出很多的浪費或沒有效率的動作。例如連續兩個客戶都需要查印鑑卡，但是服務員卻不會一次查兩位的資料而是一次查一位資料，所以就多了一個查閱資料的時間(注意：查閱資料是否就如同生產的調整或換線？)；其次只要不是尖峰時間，服務員常會閒著沒事做。這樣沒效率的例子如果出現在製造業，那簡直是不可原諒的滔天大罪，保證會令管理者感到非常的礙眼而破口大罵。所以就製造業的資源效率改善而言，所有的服務人員的工作效率都可以有很大的改善空間而且很輕易就能大幅提升，下列就是兩個典型的效率改善方法：

第一種方法是專長分工法，即依工作內容的專長來分工。以超市的客戶結帳業務來舉例，可分為點貨站與收錢站，前者負責點算客戶所買的物品及金額，而後者則負責收錢與印發票。這樣的專業分工不但效率會提升而且可避免作弊。(這種作法必須要有足夠的客戶量或規模才合算！)

第二種方法是併單法，即將需要相同或類似服務內容的客戶集中在一起而一次完成。以銀行的櫃台來說，就是將所有目前正在排隊的客戶歸類，而一次完成某一類的所有客戶，例如要存錢的所有客戶一次完成後，再一次完成所有要領錢的客戶。(這種作法服務人員的效率或產值會很高，但是客戶必須要有足夠的耐心才行！)

這兩種做法對製造業而言都只是簡單的管理基本常識，這是「科學管理之父」泰勒(F. W. Taylor)在 1911 年所教我們的效率工作之觀念，所有製造業都是以此奉為圭臬，因此製造業的管理者都知道上述的做法會對所有服務員的績效(使用率與效率)會有很大的幫助。

但是卻沒有一家服務業敢這樣做，不是其不懂而是因為在目前競爭如此激烈的服務業，這樣做的結果只會為了追求資源績效而使得服務流程以及管理變得好複雜而且會犧牲了客戶的服務品質，所以這樣做的服務業一定會很快就倒店，當然不會有商家敢追求進一步的服務員效率。(不過如果我們作一個假設，假設目前的服務業都是供不應求而且沒有競爭的壓力，那服務員的效率績效的重要性可想見的會高過客戶的服務績效，這時服務業會怎麼做呢？)

　　所以服務業爲何不需要排程卻能有條不紊的工作，並不是其行業本來就具備的特性，而是競爭的結果使其一切行事只以客戶爲尊而不過份斤斤計較資源績效的結果(注意：所謂「不過份斤斤計較」是指追求合理的績效而不是不管)，因而簡化了資源分配的決策問題，因此客戶滿意而管理單純，沒有複雜的排程決策問題。

　　再回到我們的本題「工廠爲何需要排程」？上述服務業的比較是否給了我們一些提示呢？

　　服務業的客戶績效高過資源績效的管理模式是有其道理，但畢竟不能拿來和製造業相提並論，因爲製造業有昂貴的設備資源、複雜的加工技術、變化多端的生產途程、種類數量龐大的物料…，所以無法設計成類似服務業如此簡單的生產環境，而昂貴的資源也無法像服務業一般的可以不計較資源的效率，工廠資源必須要更有效率的管理才行，因此一套有效的排程或管理系統是有必要的，是嗎？

　　長久以來，這個觀念已近似於「常識」了，還有什麼可值得討論的呢？但是問題就是出在於這個「常識」的認知。因爲這個觀念是製造業在其爲賣方市場時所建立的認知，而很不幸的是製造業早已從賣方市場轉變爲買方市場了，當時所認知的「常識」是否還有效，是值得深思的。

　　所以接下來就回到製造業的環境，想想看有些工廠的生產系統，例如裝配線、專用線或及時生產線(JIT)等，爲何亦不需要排程卻仍然能有條不紊的生產？這三種生產系統是專家所一致評定爲目前績效最好的生產方法，例如在製品存貨(WIP)最低、製造週期時間最短、或訂單交期控制最準等。由於這種生產線，管理者只要安排好各線投料的順序，整條線的物流即能平穩的進行，所以線上的技術員就可以和服務業的服務員一樣，只要具備專業的生產技術即可，而不需煩惱先處理那一張訂單之決策問題。這樣的例子，又再次提醒了我們，不需要複雜的排程或管理系統，複雜的製造環境亦能有效的運作！它們是如何做到的呢？是否要付出什麼代價？在討論這個問題之前，應該先分析一下工廠的運作以及生產系統的特性。

1-3　工廠運作與生產系統之分析

　　由於製造業的生產環境確實相當的複雜且變化萬千，而且您我所認知的工廠環境亦彼此不同，所以要在書本上討論與取得共識，會有些困難。所以接下來本文要利用大家都熟悉的行軍隊伍來比喻工廠的運作，再以行軍隊伍來分析工廠現有的生產方法。

　　行軍的目的是要將整個隊伍從一地移到另一地，並且是在有限的時間內完成一段路程。而行軍隊伍的特性是其隊伍由依序行進的隊員所組成，前後不可相互超越而必須依序前進。其次隊員中有高有矮有強壯有瘦弱，所以有的腳程快有的慢，有的不需要休息而有的卻走沒兩步就想停下來休息。雖然高矮與強弱或腳程快慢沒有絕對的關係，但下面為了討論的方便，則假設高者腳程快體力佳，而矮者則腳程較慢且體力較差，如圖 1-1 所示。

　　由於行軍隊伍之前後隊員是依序排列而且後面隊員不能超越前面隊員，所以當前面隊員變慢或停下來時，後面隊員就必須跟著變慢或停下來；然而當後面隊員變慢或停下來時，前面隊員卻不必跟著變慢或停下來而可以繼續前進。因而形成後面隊員相依於(dependent)前面隊員的特性，亦即後面隊員的速度會受制於前面隊員的表現。

圖 1-1　行軍之隊伍

　　因此如果後面隊員腳程較快或休息時間小於前面隊員，後面隊員可以很快的趕上或消化掉這種前後相依之影響，則這種相依的特性並不會帶來問題；然而當後面隊員的腳程不會較快或休息時間並不低於前面隊員時，則後面隊員會無法或很難趕上前者，因而開始和前者出現距離。因此當隊伍行進一段時間後，走得慢或常休息的隊員就會開始脫隊，而和前面的隊員的距離會愈來愈遠，因而導致了整個隊伍會愈拉愈長的現象。當脫隊者和其前面隊員的距離超過某一範圍時，例如看不到其人且聽不到其聲音時，這時如果出現了一個岔路，則脫隊隊員就面臨了該走那條路的決策問題，因而會使得隊伍行進路線產生了混亂或隊員走錯路的問題。

　　因此如何使行軍隊伍在有限的時間或以最短的時間完成所有的路程、隊伍不拉長及隊伍不亂，是有效管理行軍隊伍的目的。

　　由於行軍隊員腳程各有快慢正如同工廠資源加工速度互不相同，而隊員前後相依的特性亦和工廠產品加工之製程關係，因此可將行軍隊伍視為一簡單的生產系統，如圖 1-2 所示。

圖 1-2　以行軍隊伍比喻工廠生產線的運作

　　在這個簡單的生產系統裡，每一位隊員代表生產系統的一種機台或工作站，而每一隊員所走的路相當於工廠各機台加工的工件。其次行軍的路程與目的地表示訂單或製令的內容，至於製令有否交期則決定於這趟行軍是否限時完成。當行軍隊伍未出發前，這段路程都是原物料，當隊伍第一位隊員踩過而最後一位隊員尚未踏到的路則相當為現場正在生產的在製品，而當最後一位隊員也走過的路才為完成品。因此工廠的運作與隊伍的行軍間的比喻關係，可以如下所示：

- 隊伍的成員⇒工廠之機台。
- 隊員所走的路⇒機台加工之工件。
- 隊伍成員之依序關係⇒工廠產品之製造程序或生產途程。
- 隊伍之速度⇒工廠之產出率。
- 隊伍所拖之長度⇒工廠之在製品數。
- 排與排之距離⇒站與站之在製品數。
- 隊伍之第一排⇒工廠之投料站。

。隊伍之方向⇒所下之訂單或製令。

。隊伍管理之目的：行軍速度最快、隊伍不亂而不會拖長。

⇒工廠管理之目的：工廠產出率最大、做對製令而 WIP 最低。

行軍隊伍和工廠生產間有了如上之對等比喻關係，因此工廠之生產運作即可利用行軍隊伍來分析。如果能找到有效管理行軍隊伍的方法，基本上就有機會將這個方法運用於生產運作上。

要有效的管理隊伍，使其速度快、不亂且不拉長，最簡單的方法就是將隊員由小排到大，如圖 1-3 所示。

圖 1-3　行軍隊伍的管理方法之一：由小排到大

若能將行軍隊伍的成員由小排到大，則後面隊員的速度或體能即可確保比前面隊員要來得優異，因此即可化解前後速度上的相依性，隊員絕不會發生脫隊的問題，所以隊伍不拉長且不會亂。其次由於最慢的隊員走在最前面，可以自行控制最佳的速度前進，不會受到其他隊員之影響，所以能保持最佳之行進速度。因此將行軍隊員由小排到大是一個有效的行軍隊伍管理方法，然而工廠製程的依序關係是決定於產品生產加工次序之需求，不可能隨意變動，因此這個方法是無法運用於工廠之運作上。所以參考一下一般目前行軍隊伍所使用的管理方法，也許是一個比較實際的作法。

　　一般隊伍在行進時為了要能控制速度且避免脫隊，領隊都會要求排頭的第一位隊員以不太快且不太慢的適當速度來控制隊伍前進之速度，然後要求後續隊員儘速跟上；如果擔心後續隊員掌握不到隊伍的節奏而配合不上，還可以讓第一位隊員當鼓手，以鼓聲來導引後續隊員的前進節奏。其次萬一隊伍出現脫隊現象時，領隊就會出面導正，例如催脫隊者趕上或讓前面的隊員停下來等，如圖 1-4，這個方法稱之為鼓手-領隊配合法。

　　如果我們將工廠負責投料的物料員或負責安排生產進度的生管員視為負責控制隊伍行進節奏的鼓手，而將負責催貨或趕工的管理者視為隊伍的領隊，則目前大部份工廠的管理方法和隊伍所用的方法就很類似了。鼓手負責根據客戶之需求，擬訂出物料何時應該購買、何時應該投料及何時生產的計畫及排程。因此鼓聲即代表了什麼料在何時要在那一台機器生產的排程。至於催貨員(expeditor)也是有必要的，因為當訂單延誤或在製品過高時，必須借助催貨員才能促使這些延誤的訂單趕上進度。

圖1-4　行軍隊伍的管理方法之二：鼓手－領隊配合法

　　因此透過鼓手-領隊配合法的管理模式是一個可以應用於工廠的生產管理方法，至於管理效果如何及目前在使用這個方法時所面臨的問題，則留到第 1-5 節再討論，接下來再來看另一種生產觀念。

　　如果能利用繩子依序綁住所有的隊員，以使得大家能同步前進，如圖 1-5，可能是另一個可以有效管理行軍隊伍的方法？

　　若能利用繩子依序綁住行軍隊伍的所有隊員，則不管是高矮壯弱或腳程快慢，所有隊員的速度都必須受制於繩子有限長度的規範。由於腳程快者必須遷就腳程慢者，即可化解前後速度上的差異性，因此隊員絕不會發生脫隊的問題，所以隊伍不會拉長且不會亂而達到同步前進的效果。

　　因此若能利用繩子依序綁住行軍隊伍的所有隊員，則所有隊員的速度即可受制於繩子的規範，因而隊伍不拉長且不會亂而達到同步前進的效果。因此利用繩子依序綁住行軍隊伍的所有隊員，可以簡化行軍隊伍的管理，是一個有效的行軍隊伍管理方法。這個方法能運用於工廠之運作上嗎？

圖 1-5　行軍隊伍的管理方法之三：繩子同步法

　　答案是肯定的！而且這種管理觀念還在製造業締造了兩次的風潮，目前尚且還主導著整個製造業的管理觀念。

　　第一次風潮是亨利福特(Henry Ford)在 1911 年所帶起的專用生產線／裝配線的大量生產(mass production)觀念，而第二次風潮則是由及時化生產(JIT production)之父，豐田汽車的大野耐一(Taichi Ohno) 在 70 年代所成功帶起的看板系統觀念。福特透過輸送帶(conveyor belt)將不同的生產設備或資源連接在一起，該輸送帶於是扮演了一條繩子的角色；至於大野耐一的看板系統則透過看板這一條無形的繩子，來綁住不同的生產設備或資源。

　　為何這兩種生產系統都不需要排程之管理系統，卻能自主性的運作呢？

1-4　裝配線、專用線或及時生產線為何亦不需要排程？

　　為何福特與大野耐一的這兩種生產系統都不需要排程之管理系統，卻能自主性的運作，其關鍵即於其所用的繩子控制機置(注意！不是輸送帶及看板本身的效果，而是其控制之機置)，以使得其上的資源速度能同步協調。

　　在福特的輸送帶機置中，輸送帶的速度是事先經過設計的，以使得站與站間能及時來一個做一個，如果下一站沒來得及完成，上一站就停下來等或前去幫忙其完成，所以相鄰兩站間不會有多餘的在製品(即不脫隊)。在大野耐一的看板機置裡，一個看板代表一個容器的量，透過看板的出現與否之訊號，即可告訴前一站何時該生產(有看板時)或何時不可以生產(無看板時)。由於站與站間的看板數是事先設計的，當後一站容器的量用完時，該容器上的看板才會被送回前一站補滿，所以當所有後站都沒送看板到前一站時，即表示後站在製品已滿(即前後兩站的繩子已拉緊)，這時前站即停下來不生產(這就是 JIT 的有名格言：有看板時儘快完成，沒看板時就不要生產。)，所以相鄰兩站間的在製品即可控制在有限的範圍內(即不脫隊)。

　　由於這兩種生產系統都設計了繩子的控制機置，使得站與站間繩子的長度有限，而各工作站只需依照工作到的先後次序儘快完成以及沒有工作來就停下來之簡單原則(注意沒工作就停下來的觀念，是不是和服務業一樣，並不過份斤斤計較資源的效率？)，因而沒有複雜的資源分配之排程決策或管理問題。

　　然而這種繩子的控制機置的運作方法卻有一個最大的缺點，那就是繩子上的任一站只要出現意外狀況，都會立即導致整條繩子或整個系統的停頓，而傷害到整體的速度或產出率。以行軍隊伍來說，因為隊伍整體的速度一定決定於最慢的隊員，當所有隊員不受繩子的約束時，會影響最慢隊員的因素，只有他自己及其前面之隊員；然而當所有隊員都受了繩子的約束時，則隊伍中會影響最慢隊員的因素，除了他自己及其前面隊員外，後面的隊員亦會影響最慢隊員之速度。

　　例如在圖 1-4 或圖 1-5 的第四個隊員，一時不小心跌倒了，而休息了幾分鐘。在圖 1-4 的隊員不受繩子的約束，所以在第四位隊員休息的這段時間裡，速度最慢的第三位隊員依然可以繼續前進，但會暫時拉長了與第四位間的距離。然而在第四位隊員休息完後，由於其腳程大於前者，所以這段距離很快就能趕上，因此整個隊伍的速度並未受到因第四位隊員休息的影響。然而在圖 1-5 的隊員由於受了繩子的約束，所以在第四位隊員休息的這段時間裡，速度最慢的第三位隊員亦必須停下來，雖然保持了與第四位間的距離，然而隊伍整體的速度卻因而受到了影響。在第四位隊員休息完後，雖然其腳程大於前者，然而卻對隊伍整體速度毫無幫助。

　　所以工廠要設置裝配線、專用線或看板系統時，第一個技術門檻就是各站製程的可靠性及產品的良率是否夠高，例如 99%以上，否則這種系統的效益會大打折扣。例如一條由八個工作站所構成的專用線，如果每個工作站的可靠性都為 98%，則整條線的可靠性則為$(0.98)^8$=0.85，勉強還能接受；然而如果每個工作站的可靠性都只有 90%時，則這條線的可靠性卻會降為$(0.9)^8$=0.43，大概就沒有人敢用了。所以為什麼及時化生產系統會不計代價的要求做好預防保養及品質的安定，其目的除了滿足客戶的要求外，提升各站製程的可靠性及產品的良率應該是其不得不付出的代價吧！

　　另外一個技術問題是這種繩子的控制機置的運作方法，犧牲了生產的彈性。雖然繩子簡化了所有的資源的運作，然而相對的卻也限制了各資源的加工彈性，所以能上這種系統生產的產品必須同一種或製程類似的產品才可以。如果新舊製程的變化性相差很大，而無法使用原有生產線時，則必須大動干戈的重新裝設一條專用線或重新佈置一條流線型的看板系統生產線。

　　由於這種繩子控制機置的運作方法生產彈性有限，所以經濟規模就成了另外一個門檻了。福特專用生產線的發明是在 20 年代，那時是物資缺乏的賣方市場，所以透過高速專用生產線，可以快速且大量的供應標準品來滿足大眾的需求，因此改變了整個製造業的生產觀念。而大野耐一的看板系統的流線型生產則是改良自福特專用生產線的觀念，其特性是能滿足反覆性生產(repetitive production)的需求，因此產品可以有較多的變化，較能滿足大眾選擇上之需求，使得單一產品大量生產的福特專用生產觀念瞠呼其後，所以豐田式生產在 80 年代幾乎風迷了全世界。但是要注意的是反覆性生產亦是量產觀念的一種，只是變化性較大些而已，如果是多種少量且壽命短的產品型態，使用看板系統恐怕效益上會有很大的折扣！由於整個市場消費習慣的走向，很明顯的愈來愈多種少量，所以利用繩子同步法控制機置的運作方法勢必會受到很大的挑戰。

　　所以製程的穩定性、生產彈性與量產規模等即是專用線、裝配線或及時化生產的看板系統不需排程卻能有條不紊生產的條件與代價。如果工廠能具備這些條件且付得起這些代價，則建議大膽使用這類的系統，因為它能簡化許多後續運作上的管理問題。不過如果工廠無法從投料到出廠連成一線，而只能局部使用這類系統或者根本毫無機會使用，則工廠就無法使用這種繩子控制機置的運作方法了。

　　相信能具備從投料到出貨連成一線的工廠一定少之又少，而且未來的競爭更只會減少這類的工廠而已，換言之，大部份的工廠在運作管理上都要複雜些，我們要如何有效的管理工廠呢？所以再回到我們的本題「工廠為何需要排程」？

1-5　現場排程與管理的意義與特性

　　當一家工廠的產品生產流程無法從投料到出貨拉成一線時，代表不同產品的生產流程會有彼此交叉或重疊的現象，或者從資源的角度來看，代表同一資源會被不同的產品或訂單共用的特性。這樣的物流設計，一般稱之為功能式佈置(function layout)或製程別佈置(process layout)。如圖 1-6 所示即為依製程別佈置之範例，圖內每一格代表一種加工專長而自成一單位，如課或組等，產品生產時依所需要之加工功能或製造程序，而分別被送至不同之加工單位加工。因此一批產品會如此往返於不同的加工單位，直到完成所有的製程，才算加工完成。

　　由於各加工單位之資源具有生產不同產品的特性，可提供多樣化的產品，這種能力對目前及未來的競爭而言是不可或缺的基本能力。然而卻由於產品的種類多及製程變化性大之特性，使得各站間沒有了前後的一定關係，所以現場的物流即錯中複雜而無法依某類產品的生產流程而以一條繩子予以連接。換言之，各站必須面對來自於不同站的工件，而各個站又看不到前後站的關係，因而增加了各站應該先生產那一種產品或訂單的排程決策問題。

切	車	熱處理
鑽孔	拋光	測試
銑	組裝	

圖 1-6　一個依製程別(功能別)設計的現場佈置範例

　　這個問題非常的嚴重，因為前面已提到過，現場排程與管理本身是一個訂單與資源的分配決策問題，如果分配的不好，則會發生產出的損失與訂單的延誤等對競爭不利的結果。所以現場排程與管理在工廠管理上，基本上有下列之意義：

　　(1) 協調訂單/製令於不同工作站之作業，以使作業能如期完成。

　　(2) 獲得更佳的組織目標或績效。

　　(3) 使現場人員有所依循。例如：

　　　　。何時可以投料或應該投料？

　　　　。各工作站之工作次序為何？

　　　　。製令何時可以完成？或製令是否能如期完成？等

　　(4) 有了排程，對於現場可能存在的問題或限制可以事先有所認知。

　　因此現場排程與管理在製程別佈置的工廠裡的角色，就相當於行軍隊伍行進節奏的鼓手一般，它告訴現場人員何時該投料或何時該生產什麼產

品等。

　　然而工廠現場卻具有動態性、不確定性、統計波動及依存關係等四大特性：

(1) 動態性：現場排程與管理必須掌握現場之狀態與需求，否則計畫會與現實不符而失掉意義，問題是工廠現場就如同一個叢林戰場，瞬息萬變，現場之狀態與需求的掌握並不容易。

(2) 不確定性：現場的資源難免會出現一些狀況，例如故障、製程不穩或品質不順等，而何時會出狀況以及狀況的嚴重程度沒有人可以事先知道，所以現場排程與事實間一定會有出入。

(3) 統計波動：現場許多的作業，其所需要的時間不會是一個固定值而是一個區間的分佈。例如一個標準工時為 30 分鐘的換模作業，運氣好的時候只要 10 分鐘即可完成；然而運氣不順時，很可能花了三小時還調不好。但是在規畫排程時，是無法使用一個區間分佈的作業時間，而必須是一個值才行，換言之，排程是以該作業之平均值、統計值或大數值(即所謂之標準工時)來設計，但該作業每一次或下一次實際發生的時間會是多少，是無法預知的。所以，現場排程與實際作業的結果是不可能相同或一致的，這是必須認知的事實。

(4) 依存關係：現場作業是環環相扣，前製程作業尚未完成前，後製程作業是無法開始的，因此前製程作業的好壞會影響後製程的進行或後製程作業是依存在前製程作業的表現。

　　當現場的這四種特性相互混在一起時，要想掌握現場或預測現場的未來，其難度是可想而知的。很不幸的是，現場排程的角色即在預測工廠的未來，所以現場排程能否成功的扮演其角色，則決定於現場排程的合理性，意即在設計現場排程時有否認知這些現場的特性或是依一些不合理的假設而得。

　　例如在安排製令各作業的生產時間，是否有考量機台產能的可行性或者是假設機台的產能是無限，即行軍隊伍各隊員的行進速度希望多快就有多快一般！如果現場排程是以這種假設而設計出來的，則各機台不管是多麼的賣力，當然永遠都無法跟上現場排程的節奏的。或者現場排程的節奏是以事先決定的固定前置時間(predetermined lead time)或固定的批量(constant batch size)在設計。這兩個假設就如同假設隊伍走在平地與走在凹凸不平的地形上需要相同的時間，而且還要求每一行軍隊員始終保持固定的步伐。在工廠裡一個正常需要三星期才能完成的製令可以在短短的三天內趕出來(只要這張製令夠急)；而一個平常要求以固定批量生產的工廠，在趕出貨時，可以透過作業重疊或移轉批量的方法來縮短生產時間。如果現場排程是建立在類似這種不合理的假設上，所擊(設計)出來的節奏自然是不協調的節奏，而不協調的節奏當然會讓隊員無所適從而跟不上了！所以圖1-4 的鼓手-領隊配合法在工廠的適用性，初看似乎蠻可行的，然而進一步探討其執行上的做法，我們不得不承認是無法讓人滿意的。

　　上面的討論，只是針對排程意義的第一點，即工作站間的協調性而言，現有的鼓手-領隊配合法即難以令人滿意，如果再進一步要求其他的功能，當然是更不可能。例如下面所列是一般排程有關之決策需求例子：

　　。業務員之難處：如果售價能降低且確認未來交期之承諾，則客戶同
　　　意增加訂購量！
　　。現場領班之難處：是否要為一緊急製令而將目前正在加工之製令換

下來？(需要重設定)

。PC 之難處：某製令是否會延誤？要趕工嗎？

第一個業務員之難處的例子，表面看起來和現場排程與管理沒有直接的關係，在目前的生產管理教科書裡，這類的問題會被歸類爲接單或產品組合的業務決策問題。但各位請仔細看上列問題敘述中，實際上所隱藏的是三個決策問題：(1)售價能否降低？(2)未來的交期有否把握？(3)現有產能是否要或能否承受訂購量的增加？當產量增加而導致現場負荷加重時，現場排程與管理的複雜程度即會隨之而升高；其次售價的降低代表該產品毛利的減少。在這樣的條件下，值得爲該客戶或訂單而多付出資源(包含有形的產能與無形的管理成本)嗎？因此若沒有從現場排程與管理的資源分配決策角度來衡量，而只由業務的報價或上層產品組合的評估，是很難回答這個問題的。

其次第二個現場領班的難處的例子，是一個典型的現場資源分配的決策問題。因爲換線必須浪費產能於換線的作業上而導致產能無產出的損失；然而若不換線，緊急訂單無法及時完成，又會導致出貨的延誤、客戶的不滿及後續接單的影響等。

至於第三個 PC 之難處的例子，前者是一現場管理問題，而後者的趕工又是一現場資源的分配問題。因爲趕工是以管理的非常手法，例如緊急換線、調其他資源來支援、停掉手上現有的工作或加班等，因此勢必爲此一非常措施而犧牲其他的訂單或多付出代價。

所以現場排程與管理是有其意義的，然而其意義的深淺則決定於其所能發揮的程度(即能回答問題的程度)。接下來就以一個不算很複雜的例子，請各位體驗一下現場排程與管理的決策及其過程。

1-6　個案一：一個現場排程與管理的個案

　　XYZ 公司的工廠除了收貨區與出貨區外，共有六種工作站，分別稱為工作站 T、工作站 C、工作站 B、工作站 P、工作站 A 及工作站 Q 等。其中工作站 T 與 C 各有三台機台，工作站 B 有兩台機台，其餘工作站則各只有一台機台。詳細的現場資源與佈置圖如圖 1-7 所示。

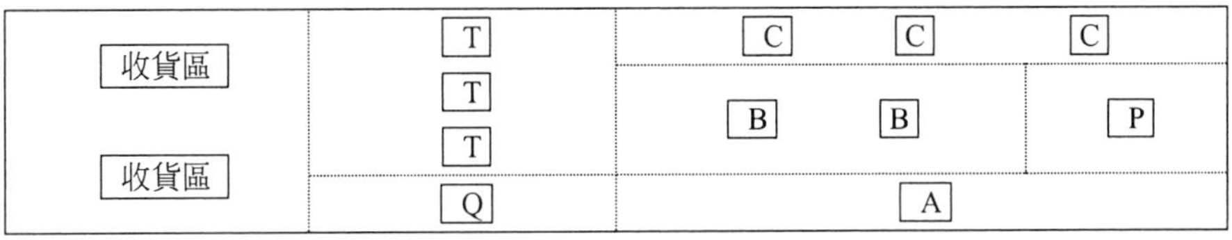

圖 1-7　個案一之現場資源與佈置圖

　　這些工作站由於各產品或組件製造技術的不同，每次在更換生產不同的產品或組件時，都必須要換模或重新調整機台，因此需要一些設定或換線(set-up)時間。為了使問題不要過於複雜，假設同一工作站各機台每次的換線時間均相同，不因產品種類或同一站不同機台而不同。至於不同的工作站由於機台性能以及製造程序的不同，有不同的換線時間，如表 1-1 所示。例如工作站 T 有三台機台，任何一台只要更換生產的工件，每次都需要花 75 分鐘的換線時間。

表 1-1　個案一各工作站的換線時間

工作站	換線時間(分鐘/次)
T	75
C	240
B	45
P	15
Q	15
A	0

　　這家公司共有四種產品，分別為 Model 10、Model 20、Model30 及 Model40 等。這四種產品每週的市場需求量及售價如表 1-2 所示，例如 Model 10 每週的需求量最多為 35 個，只要工廠生產的數量在 35 個(含)以內就能馬上賣掉，若超過則會成為存貨。

表 1-2　個案一之產品市場需求及售價

工件名稱	市場需求(個/週)	售價(元/個)
Model 10	35	85
Model 20	41	60
Model 30	20	95
Model 40	28	110

　　這些產品的用料清單(Bill of Material)如圖 1-8 所示，例如 Model 10 是由工件 A 與 C 所組成，而工件 A 與 C 分別是原物料 a 與 c 加工而成。其次 Model 40 的所有的用料中，H 與 G 為自製件而 I 為外包件，因此 I 亦可視為原物料。至於各原物料的成本則如表 1-3 所示，因此即可計算出各產品的材料成本，例如 Model 10 為 15 元而 Model 40 則為 25 元。

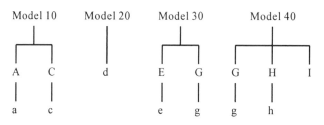

圖 1-8　個案一之物料清單(BOM)

　　各產品及其內製組件的加工途程或製造程序以及各站的加工時間如表 1-4 所示。例如組件 A 共需三道的加工作業：首先材料 a 要到工作站 T 加工，每件所需的加工時間為 8 分鐘，其次再到工作站 B，每件所需的加工時間為 18 分鐘，最後到工作站 C，每件所需的加工時間為 9 分鐘。

表 1-3　案一之原料成本

原料名稱	成本(元/個)
a	10
c	5
d	15
e	15
g	10
h	10
I	5

　　要注意的是機台有換線時間，任一機台要開始生產組件 A 時，除非該機之前剛好亦是加工組件 A，否則就要先換線，亦即需要花一些換線時間，至於各站所需的換線時間則如表 1-1 所示。其次要注意的是同一批組件或產品，可以同時在兩台或兩台以上的機台同時加工，以縮短一整批組件的加工時間。例如工作站 T 有三台機台，可以將一批 30 件的組件，分為三批而同時在三台機台加工(至於各機台要不要換線則決定於該機台之前加工之工件是否相同)，如此即可縮短這 30 件組件的加工時間。這種作法在排程技術上，稱為作業分割(Lot Splitting)，一批貨在一個工作站裡，要同時使用幾台機台，是現場資源分配的決策問題之一。

　　有了這些產品、製程及資源的資料後，接著來看這家公司的作息及工廠的現況資料。這家公司每週上班五天而每天八小時(已扣除休息及用餐時間)，因此各機台一週有 40 小時的工作時間。現場各站的期初在製品(WIP)種類與數量狀況，假設如表 1-5 所示。

表 1-4 個案一各產品之加工途程(製造程序)

工件名稱	作業	工作站	工時(分/件)
A	10	T	8
	20	B	18
	30	C	9
C	10	T	3
	20	C	8
	30	P	20
Model 10	10	A	20
	20	C	6
	30	Q	17
Model 20	10	T	5
	20	B	12
	30	C	11
	40	B	14
	50	C	7
	60	Q	12
E	10	T	5
	20	C	11
	30	P	23
G	10	T	3
	20	B	7
	30	P	19
Model 30	10	A	11
	20	B	4
	30	Q	6
H	10	T	3
	20	B	3
	30	P	23
Model 40	10	A	20
	20	C	11
	30	Q	12

為了使問題能針對現場排程與管理之需求，其他的配合作業，在這裡亦作了如下的理想假設：

。物料或外包件可以隨叫隨到。

。產品一完成最一個製程，客戶立即買走，直到滿足市場每週的需求量。

。各機台的產出，其良率都爲 100%，意即沒有品質問題。

。各機台不會當機等。

在上述的理想狀況下，請問您會如何安排這家工廠每週的現場生產排程呢？例如：

。要先生產那一種產品(那一訂單)？

。各機器生產訂單之次序爲何？

。何時該投料？

表 1-5　個案一期初各站已完成加工之在製品種類與數量

工作站	在製品	
	種類	個數
T	E H	8 5
C	A C D	10 10 10
B	A G	10 16
P	C	10
Q	–	0
A	–	0

其次就現場管理而言，就算在上述的理想條件下，請問您要如何掌握現場的執行狀況？例如：

。那一批貨會延誤？能否事先研判？

。延誤的程度有多嚴重？

。如何補救或趕工？

。如果臨時有一緊急訂單，接或不接？對現有訂單的衝擊有多大？如何因應？

這些都是現場排程的典型決策問題？各位讀者在繼續看下面各章節以前，能否先就這一個不算很複雜的個案試試看，您要如何安排現場排程，以及如何管理現場，然而一一回答上列的這些決策問題？其次，如果再將上列的理想假設還原，例如各機台會當機，您又要如何進行現場排程與管理，以及如何回答這些決策問題呢？(現場排程與管理的好壞，必須執行了才知道，所以必須要有一套模擬軟體才能驗證，若有需要，可參考下列網頁 http://www.mingfar.idv.tw/之模擬軟體。)

事實上，上述現場排程與管理的這些問題都牽涉到資源分配的決策問題，而資源如何分配卻會受組織目標或組織績效評估指標的影響與導引，因此接下來下一章即來討論績效評估指標對現場排程與管理之影響與限制管理(Theory Of Constraints，TOC)之新決策觀念。

1-7　問題與討論

1. 解釋下列名詞：
   (1)現場排程　　(2)依存關係　　(3)買方市場
   (4)賣方市場　　(5)統計波動　　(6)作業分割
2. 請問一個環境要同時具備那些條件，才會出現排程的問題？
3. 請舉例說明，為何績效指標會對排程有影響？
4. 請問銀行的櫃台為何不需要排程，卻能提供客戶滿意的服務？
5. 以工作環境所需設備的投資高低，來作為該環境是否需要排程的依據，您的看法如何？

6. 銀行櫃台服務員的工作內容可概分為兩類，除了數鈔票、輸入電腦及列印定存單或存簿金額的一般工作外，尚需離開座位去建印鑑卡或查對資料等工作，因此可以稱前者為正常加工時間，這類工作的時間很短而且變異不大，而後者則為換線調整之時間，這類工作需要較長的工作時間而且變異較大。以活存及定存來舉例，活存只需正常加工時間，而定存則兩種時間都有。假設正常加工時間每位客戶約為 3 分鐘，而每次換線調整的時間則為 15 分鐘。現在假設某一郵局的櫃台前有 6 位客戶等著存錢：

其中 A 表示要定存，而 B 是活存。為了提升服務員的效率，若能將三位定存的客戶併在一起而一次完成，則可減少兩次上述的換線調整時間 (約 30 分鐘)。請討論將定存併在一起完成的優缺點。

7. 所謂派工法則是用來決定一堆等候工作之優先次序的法則，例如先到先做(FCFS)、最短工作時間者優先(SPT)、交期最急者優先(EDD)等。換言之，這些法則即是扮演資源分配的角色。基本上，每一種法則都有其要達成之目的，例如 SPT 是在追求全體製令的最短生產時間，而 EDD 是在追求整張製令的交期達成率，目前已被提出來的法則有上百個，如果法則所要追求的目的愈多即會愈複雜。然而在一個以顧客服務為導向的競爭環境裡，這些法則的意義如何？若以第 6 題的例子來應用，請比較 FCFS、SPT 或 EDD 這三個法則的效果及可行性。

8. 前推排程法與後推排程法是兩種最基本的排程觀念。所謂前推排程法是以目前時間或投料的可行時間為排程的啓始參考點，依各製令的作業序而由第一個作業依序往後排；相反的，所謂後推排程法是以製令的交期時間為完成參考點，依各製令的作業序而由最後一個作業依序往前排。而排程的功能有資源分配及前後作業協調兩種，請問前推排程法或後推排程法能否發揮這兩種排程功能？

9. 請以行軍隊伍的特性來比喻及分析工廠的運作。

10. 請說明將行軍隊伍的成員由小排到大，為何是一個有效的行軍隊伍管理方法？這個方法在工廠有效嗎？

11. 何謂「鼓手-領隊配合法」？如何將這個方法應用於工廠的管理？並請說明工廠使用這個方法的優缺點。

12. 在什麼狀況下，「鼓手-領隊配合法」會落入人治的管理模式？

13. 何謂「繩子同步法」？如何將這個方去應用於工廠？

14. 請問「繩子同步法」要能有效，其關鍵為何？

15. 請說明專用線/裝配線的「繩子控制機置」。

16. 請說明 JIT 看板系統的「繩子控制機置」。

17. 使用「繩子同步法」之生產管理系統的優缺點。

18. 假設一條有五個作業站的裝配線，各站完成一工件所需的時間分別約為 8 秒、6 秒、10 秒、9 秒及 7 秒等。請問

    (1) 這條線的產出率大約是多少時間可生產一個？

    (2) 各作業站的使用率各為多少？

    (3) 這條裝配線的使用率為何？

19. 假設一條有五個作業站的裝配線，各站完成一工件所需的時間都約爲 10 秒。請問

    (1) 這條線的產出率大約是多少時間可生產一個？

    (2) 各作業站的使用率各爲多少？

    (3) 這條裝配線的使用率爲何？

    (4) 請比較第 18 題與問題本題產出率不同的原因爲何？

20. 如果第 18 題的裝配線，其各作業站表現好壞的評估指標是該站的使用率。亦即 100%使用率的作業站最佳，有績效獎金可拿；相反的，若作業站的使用率低於 80%則要扣薪水。請問

    (1) 這條線的產出率大約是多少時間可生產一個？

    (2) 這條裝配線的其他績效爲何？例如在製品存貨水準、一批貨從投料到整批貨完成的時間、或交期的達成率等…。

    (3) 裝配線在所有的生產系統中是最好管而且績效最好的生產系統，請問本題的這條裝配線好管嗎？績效好嗎？爲什麼？

21. 請嘗試設計個案一之每週現場排程。並回答下列問題：

    (1) 要先生產那一種產品(或那一製令)？爲什麼？

    (2) 各機台生產製令的次序爲何？

    (3) 何時該投料？

    (4) 排程是一個計畫，其目的是要導引現場或作爲管理現場的依據，請問您所設計的排程其有效性能持續多久而不需重排程？

CHAPTER **2**

績效評估指標與限制管理(TOC)之觀念

2-1　組織的目標是決策程序的主要依據！

前一章一再的強調現場排程與管理是現場資源分配的決策程序，而資源要如何分配又決定於組織的目標與績效評估指標。由於任何一家工廠的成立一定有其存在的組織目標，例如成為世界一流公司或賺錢等，但是就目標本身而言，則必須予以進一步量化，否則太抽象或不夠具體，而無法估評其表現的好壞。所以如圖 2-1 所示，組織目標必須先表達成量化的組織績效評估指標，而這個量化的績效指標才可以導引了工廠資源分配的原則或邏輯，進而影響現場排程、派工或管理的方向。

換言之，組織目標與績效指標應為一體的兩面，並且是該組織的最高指導原則，一切行事都必須以此兩者為依歸。其次組織目標之達成與否，必須透過績效評估指標予以定量化，如此行事才有具體之方向及評估標準。因此在正式談現場排程與管理技術前，有必要先弄清楚組織的目標，以及目前工廠組織目標與績效指標的關係。

2-2　組織的目標與績效評估指標

請問以下所列之項目中，何者是「工廠的組織目標」？

- 提供就業機會。
- 追求成本效益。
- 有效率的產出高品質產品(High Quality & Efficiency)。
- 在技術上保持領先，成為世界級一流公司(Number One)。
- 提供最好的客戶服務(Customer Service)。

。最大市場佔有率公司(Market Share)。

。爲了生存(Survive)，停止虧損並收支平衡。

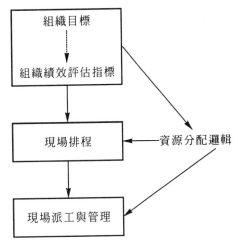

圖 2-1　組織績效指標對現場排程與管理之影響

　　事實上在自由經濟環境下，任何人投資工廠的目標一定只有一個，那就是賺錢(make money)！是不是很俗氣也很現實？沒錯，工廠的目標只有這麼一個，上面所列的那些都只是工廠爲了賺錢而不得不採取的階段性策略而已。

　　工廠的目標既然是賺錢，那要如何衡量一個工廠賺不賺錢呢？財務報表上的淨利(Net Profit, NP)與投資報酬率(Return Of Investment, ROI)是兩個基本的工廠績效衡量指標。淨利表達了工廠是否賺錢，而投資報酬率則進一步說明了賺錢的程度。例如 A 與 B 兩家工廠去年都賺了 1000 萬，但是 A 廠的資本額是 1000 萬而 B 廠的資本額卻是一億，因此兩家工廠的投資報酬率分別爲 100%及 10%，當然 B 廠遠不如 A 廠。除了這兩個指標外，現金流量(Cash Flow, CF)亦是一個不可忽略的指標，因爲一家賺錢的工廠會因週轉不靈而倒閉。因此淨利、投資報酬率與現金流量等三個指標足以衡量一家工廠是否達成組織目標-賺錢，因此是一套可行的工廠整體績效的評估指標，如圖 2-2 所示。

　　但是這套工廠整體的衡量指標能直接用於導引或評估工廠個體運作之日常決策嗎？例如有助於 1-5 節所舉的三個決策例子或 1-6 節之個案嗎？

　　這是有困難的，因為這三個指標只能衡量工廠整體運作的結果，至於對於工廠不同個體的日常作業決策而言，這些指標顯然是太遙遠而很難直接有所幫助的。基於這方面的不足，所以又有另外一套工廠個體的績效評估指標，例如單位成本及使用率等，來導引工廠個體運作之日常決策及評估工廠個體表現之優劣，如圖 2-3 所示。換言之，目前的工廠存在有兩套績效衡量指標，一套是用來衡量工廠整體的表現如圖 2-2，而另外一套則是用來衡量工廠個體的表現如圖 2-3。

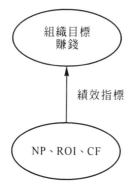

圖 2-2　工廠整體績效之衡量指標

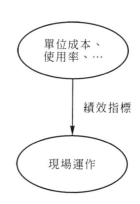

圖 2-3　工廠個體績效之衡量指標

2-3　工廠整體績效指標與個體績效指標之矛盾

　　由於目前的工廠存在有兩套績效衡量指標，所以必須先釐清這兩者的關係。因為工廠整體的表現是個體表現的結果，因此如果工廠整體的指標和個體指標間有直接的關連性，亦即整體的績效評估指標可以直接由個體的績效評估指標加總或運算而得到，如圖 2-4 所示，則這兩套績效指標即可發揮相輔相成之效果。

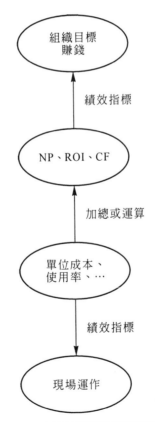

圖 2-4　合理的工廠績效指標與個體績效指標之關係

　　然而目前工廠的這兩套衡量指標間的關係，並不存在有直接的關連性，意即整體的績效評估指標無法直接由個體的績效評估指標加總或運算而得到，而只存在一種間接關連性的假設，即「只要個體表現好則整體就好或工廠即會賺錢」的假設。換言之，在上述的假設下，工廠個體是否朝向賺錢的方向，即可經由產品單位成本及資源使用率的表現來決定，意即只要單位成本愈低而資源使用率愈高，即表示工廠愈賺錢。然而這個假設，在現有的工廠環境卻充滿了矛盾。

　　首先來看單位成本的問題，單位成本除了材料成本外，其餘部份則是決定於作業費用分攤的結果，即

$$單位成本＝材料成本＋\frac{作業費用}{銷售數量}$$

　　所以這個公式會有兩個問題，第一個是該產品或訂單的作業費用應該分攤多少？要注意的是「分攤」的意義，基本上是一個人為的動作，例如是根據一個假設的公式而得或是組織間彼此的妥協等，因此很容易將之扭曲或受其誤導。第二個問題是在產品還未賣之前，誰會曉得銷售數量是多少呢？請業務部拍胸脯認養的結果比起會計部自己猜的結果，可能不會好到那裡，因為這是一個無奈的預測問題，尤其在目前客戶導向的競爭環境下，誰能預測明天客戶會怎麼變呢？這兩個問題即告訴我們一個事實，單位成本是錯誤的！

　　其次這個分攤公式在工廠運作上，還有一個最嚴重的問題是，工廠會為了追求低單位成本，而導引管理者減少換線次數以降低每一產品所分擔的作業費用，以至於會導致現場不敢換線而增加生產批量。這樣的作法是否和目前的市場需求(多種少量、接單生產及降低庫存等)背道而馳？所以單

位成本低，是否代表公司就達到其組織目標－賺錢呢？

　　接著再來看使用率及效率的問題，這兩個指標的目的是要衡量現場資源使用或所發揮的程度。當指標愈高即代表該資源被使用或所發揮的程度就愈高，亦即產出(output)愈多。然而產出大是否就能多賺錢，基本上要看環境而定。如果是屬於賣方市場(產品壽命長、少種多量等)，這個假設是成立的；然而如果是買方市場(產品壽命短、多種少量等)，則這個假設就有待商確了。換言之，在買方市場時，產出愈大，除非市場有此需要能予以消化，否則若大於需求，則超過的部份即成了存貨。在多種少量且產品壽命短的競爭環境下，存貨能再如期(含價格與數量)賣掉的機會將相對減少而風險增加(所以財務報表上所列的存貨還是資產嗎？)。其次資源追求使用率及效率的結果，亦會導引管理者減少換線次數以維持資源的高使用率、效率與高產出量，而導致現場不敢換線而增加生產批量，這個作法是否和目前的市場需求(多種少量、接單生產及降低庫存等)背道而馳？所以產出愈大或資源被使用的程度愈高就代表愈賺錢嗎？

　　所以如圖 2-5 所示，工廠個體績效指標原本是要輔助工廠整體指標之不足，然而由於競爭環境的變遷，兩者之間原有之關連性假設，即「只要個體表現好則整體就好或工廠即會賺錢」的假設，已經愈來愈弱甚至於背道而馳。然而個體績效指標是現場決策的導引，換言之，有「賺錢」背道而馳的個體績效指標不就會導致管理者做出錯誤之決策！所以在使用現場工廠個體績效指標時，必須特別小心或者不要再使用，以免「萬一」被誤導。這是為什麼本書在正式介紹這套排程與管理方法之前，必須花這許多篇幅說明現有績效指標矛盾的原因。

　　然而第一章一再的強調，組織目標或績效指標是決策程序的主要依據，

　　所以現場排程與管理必須要有一套現場績效指標，來導引現場資源分配之決策。很不幸的是，現有之工廠整體績效指標無法導引現場個體之日常決策，而工廠現場個體績效指標又會誤導現場之決策方向，所以現場排程與管理該如何是從呢？

　　限制管理(TOC)所提出的一套新的績效指標能解決這方面的不足，其次限制管理又提出了限制管理理念、產出觀(Throughput World)與持續改善程序等，是一套適合目前買方市場競爭環境的工廠管理理念，限制驅導式現場排程與管理技術即是建立在這些新理念之上，因此接下來即來討論限制管理的背景與基本觀念。

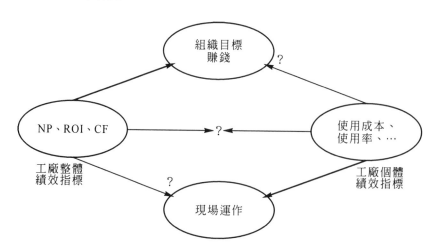

圖 2-5　工廠績效指標與工廠個體績效指標之矛盾

2-4　限制管理之作業績效衡量指標

限制管理所提出的這套新作業績效衡量指標包含三部份：

。有效產出(Throughput，T)：組織透過銷售之賺錢速率。

　T＝銷售額－材料成本

。存貨/資產(Inventory/Assets，I)：組織為了銷售而必須投資在採購上所投入之金錢。

。作業費用(Operating Expenses，OE)：組織為了使存貨轉換為有效產出所必須投入之金錢。

所謂的有效產出和產出量(output)最大不同的地方是產出量只著重於生產而有效產出則強調在銷售所得或賣得掉的觀念。如果一個工作站、一條線或一個工廠的產出都能馬上賣得掉，則產出即等於有效產出；然而如果產出並不一定會馬上賣得掉，這些賣不掉的產出即成了倉庫裡的存貨，因此不可視為有效產出。其次有效產出是以金額為衡量單位，而產出量的衡量單則為個數，使用金額的一個優點是可以評估不同產品的附加價值。不過要注意的是有效產出並不含材料成本，因為材料成本是屬於供應商的，所以必須予以扣除。因此有效產出可視為組織透過銷售而賺進來金錢的速率。

至於存貨這個指標則包含兩部份：一種是生產產品所需的原物料的購買金錢，另外一種則是生產產品所需資源的購買金錢，例如設備或工具等。而和傳統會計最不相同的是原物料的價值並不隨著原物料加工為在製品(WIP，Work-In-Process)而增加附加價值，換言之，工廠所有製造中的在製品或入倉的成品，其最大的價值是其所有零組件原始購買金錢的總和。這樣的定義有兩個好處，第一是省去了費用分擔的麻煩與弊病，另外則是可避免經營者透過在製品的資產來美化財務報表。至於生產所需資源的購買金錢，則會隨著時間而折舊。由於原物料與生產資源都是可變賣的投資，因此統稱為整個系統為了銷售而必須先投資在採購上的金錢，簡稱為 I。

最後一個指標是作業費用，它包含所有的人事費用、日常開銷及行政支出等。存貨與作業費用對組織而言，都是付出去的錢，但是兩者間則有很明顯的不同定義。存貨是公司日後可以變賣的投資，而作業費用則是公司往後無法變賣的費用。所以作業費用對公司而言，是組織為了使存貨轉換為有效產出而所必須投入之金錢。如果公司有一筆支出不屬於存貨的投資，而且也不是用在將存貨轉變為有效產出上，則這項支出就是一筆浪費(waste)。

這三個指標中，有效產出是指公司收進來系統的錢，存貨則是目前公司積壓在內部的錢，而作業費用則是公司為了有效產出而必須付出去的錢。換言之，這三個指標所要衡量的分別是公司收進來的錢、內部積壓的錢及付出去的錢。因此這三個指標，經過簡單的運算後即可轉換為工廠整體績效指標，例如：

- 淨利(NP)=T−OE。
- 投資報酬率(ROI)=NP/I。
- 現金流量(CF)=T。
- 生產力=T/OE。
- 存貨週轉次數=T/I。

　　由於這套作業績效衡量指標和工廠的目標存在有直接之關係，因此不但可以解決了傳統個體績效指標的盲點，而且還可進一步取代目前工廠整體績效指標，如圖 2-6 所示。

　　換言之，工廠整體績效指標可以直接透過這三個指標的運算而得到，進一步而言，如圖 2-7 所示，工廠的目標即可以這三個指標來表示：增加有效產出，但同時減少存貨與作業費用。因此，工廠管理者只要努力達成這三個指標，則工廠的財務報表一定是很漂亮的。亦即工廠的管理會計可以使用 TOC 的作業指標，或工廠各層管理者皆以這套新指標作為決策依據，而現有的工廠整體指標則只用於財務報表上。

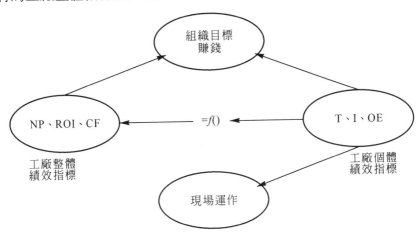

圖 2-6　工廠整體績效指標與 TOC 工廠作業績效指標

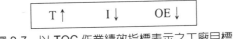

圖 2-7　以 TOC 作業績效指標表示之工廠目標

雖然從 TOC 作業績效指標所表達的工廠目標，很明顯的告知管理者工廠管理意義，可朝有效產出的增加、作業費用的降低或存貨的降低等三個方向來努力，但是由於管理者管理認知或重心的不同，因此產生了成本觀(Cost World)與產出觀(Throughput World)等兩種管理理念。

2-5　成本觀與產出觀

首先來看一些典型的管理模式：

。新官上任的三把火中一定有一把火是燒在成本的整頓上！

。當管理者看到現場有人沒事做時一定會找事給他做！

。使用率或效率的管理意義之一是衡量現場沒事做的比例有多高！

。各工作站不可隨意換線，而應該要考慮經濟批量(EOQ)！

除了這些例子外，當工廠在談到改善時，其改善的第一優先次序一定是成本或費用，為什麼？

首先，管理者對成本等作業費用的管理比較容易且直接，其次，成本的改善較容易掌握且被上級看到。至於有效產出則要模糊多了，而且還必須依賴許多環境或條件的配合才能做到，例如整個競爭環境的變化、友廠的壓力或供應商的配合等。所以管理者對外宣示「一個月內降低作業費用10%」比起「一個月內提升有效產出(銷售金額)10%」要有信心多了，不是嗎？

所以一般管理者對作業費用的主動關心程度一定會高過有效產出，但這並不表示有效產出不重要，因為有效產出或銷售額控制著公司的收入。所以當業務員或客戶有要求時，就必須配合其要求。所以整個來看，有效產出的管理優先次序是排列在作業費用的後面。

至於存貨呢？經由換線成本與持有成本(Carrying Cost)而得之經濟批量，其目的是在有效使用資源與降低成本，所以必須忍受存貨的存在。更何況存貨在資產負債表上是列在資產，所以在該產品還未被淘汰前，管理者是不需要花太大的心思在存貨的控制或降低。所以在二十年前，甚至於十年前，存貨是很少引起管理者的注意的。現在，由於產品壽命的快速銳減，所以存貨的問題才會被管理者拿出來檢討。但比起作業費用及有效產出，其被觀注的程度則依然少多了！所以這三個指標對管理者而言，其優先次序是

1. 作業費用。

2. 有效產出。

3. 存貨。

其中第三項的存貨比起前兩者要遠得多，這樣的管理理念稱之為成本觀。

其次讓我們來比較一下一些現代化的製造管理理念，例如及時化生產(JIT)或全面品質管理(TQM)等。

首先來看 TQM。TQM 的基本名言是：「客戶第一(Customer is No. 1)」，而為了取悅客戶所以必須追求品質第一。追求品質的目的是為了降低成本還是追求有效產出？如果是為了降低成本，則一家工廠在一兩年的品質改善後，請問其成本還有多大的改善空間呢？但是，這時候如果因為競爭對手推出品質更好的產品而搶佔了整個市場時，雖然成本已無改善空間，然而我們不得不繼續改善品質。換句話說，TQM 改善品質的目的絕對不是要

降低成本或費用，而是為了追求有效產出(即使要多付出一些成本)。

　　其次再來看 JIT 的製造管理理念。JIT 的管理重心是在存貨或有效產出呢？JIT 以流線化的物流搭配安定化與平準化的混流生產來供應市場的需求。很明顯的，其目的是在追求有效產出。但它比 TQM 更進一步的確認了存貨對有效產出的影響。至於對作業費用的管理優先次序則是在存貨之後，因為 JIT 的名言是「有看板(工作)來時立即完成，沒看板時就不要多做」。

　　所以這些新的製造管理理念對這三個指標管理的優先次序是

1. 有效產出。
2. 存貨。
3. 作業費用。

　　這樣的管理理念稱之為產出觀，限制管理的管理重心是放在瓶頸或限制的管理上，所以當然也是產出觀的一員。

2-6　限制管理的產出觀管理理念

　　如圖 2-8 所示，若將組織內的個體或事件視為一個個的環，則我們的組織相當於是由這群相依個體或事件所組成的鍊。由於一條鍊的強度是決定於鍊中最弱的環，所以一個組織的績效是由組織鍊中最弱的個體或事件所決定。若要改善這條組織鍊的績效(強度)，唯有改善最弱的環，否則不管花多大的功夫在其他的環上，是無法得到任何成效的。因此管理首重最弱環的掌握與管理，這就是限制管理的基本精神。

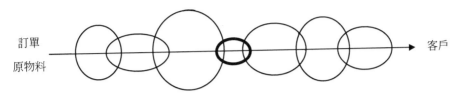

圖 2-8　組織是由一群相依個體／事件所組成的錬

因此限制管理的基本觀念爲：

「任何眞實系統之績效(和目標有關)受制(limitted)於其限制(Constraints)。」

換言之，任何組織由於皆有其限制(最弱的環)而導致績效無法發揮，否則組織的績效(例如工廠所賺的錢)將會是無限大。因此所謂限制的定義即爲：

「任何阻礙系統達到更高績效的事情。」

一般可將限制分爲政策限制(policy constraints)及實體限制(physical constraints)兩類。政策限制是屬於看不見的障礙，例如績效指標、組織文化、公司制度或管理者思維等；而實體限制則是看得到的瓶頸，例如市場、產能或原料之不足等。就限制驅導式現場排程之技術而言，是架構在實體限制而發展出來的，至於政策限制則是這套技術導入組織的障礙。

由於整條錬(組織)中最弱的環的數目相對於所有的環是非常有限的，如 1：99 或 1：999 等，因此就「管理是管重點」的角度來看，限制管理是合理的。其次在應用上，限制管理提出了解決實體限制或持續改善有效產出的五個步驟：

一、確認(Identify)系統的限制(最弱的環)。

二、決定如何充份利用(Exploit)系統的限制。

三、系統<u>全力配合</u>(Subordinate)步驟二之決策。

四、<u>提升</u>(Elevate)系統的限制。

五、如果限制在步驟四被打破，則<u>重回步驟一</u>，而不要讓惰性成為系統的限制。

　　這五個步驟主要是強調在有效產出的改善，因此若能持續的使用，即可無止盡的提升有效產出或財務績效。然而初看這五個步驟，似乎又好像沒有很大的突破，從過去到現在我們的認知或工廠改善的經驗不也都是這樣的程序嗎？即找問題或瓶頸，予以改善；改善後，再找新的問題或瓶頸，再予以改善；…。因此，限制管理不過是將過去的改善程序，透過這五個步驟較有系統的表現出來而已，有什麼創意？！相信各位讀者現在心中一定存有這樣的疑惑。

　　初看這五個步驟，的確看不出有什麼特別的地方，但是再仔細體會，卻會發覺這五個步驟不簡單，而且其精華是在步驟二與三。如果忽略了步驟二與三，則限制管理所提出來的持續改善程序，即和我們過去二三十年來所用的改善程序無差別。

　　這五個步驟基本上可分為兩部份：前三個步驟與後兩個步驟(所以在上面所列的步驟中，步驟三與步驟四間有一空行，是刻意用來隔開上下兩部份的)。

　　前三個步驟表達的是一個短期的管理模式，其主要的管理工作是要在現有的系統限制下，有制度化的發揮系統最佳潛能並使系統穩定，它強調的是一個分工合作的新運作體制。

　　由於系統最大的潛能是受制於系統的限制，所以在步驟一找到限制後，必須全力予以發揮，但是限制的潛能能否全力發揮，則還必須靠系統全體的配合與支持，否則會傷害到限制的績效。換言之，這三個步驟所表達的是一個工廠運作的新模式，它強調的是一個制度化的整體合作(team work)觀念，這種運作模式和目前工廠裡各部門或個人各自追求本身局部最佳績效(例如單位成本或使用率)而各自保護的體制剛好相反。

　　因此為了強化這個整體配合或合作模式的重要性，建議大家將限制資源的績效視為是廠長或總經理的績效，如果能以這個觀念管理工廠則其他的資源是沒有理由不配合的。其次要再強調的一點是，所謂的「全力配合」是以限制的需求為優先或主動提供限制所需的任何配合，以使限制的工作能順利進行，而不是要大家分擔或幫忙做限制資源的工作。若是以分擔或取代限制之工作，即喪失了步驟二與三的意義，而且還有幾個缺點：(1)系統的穩定性會受到影響；(2)無法建立或發揮全力配合的團隊模式；(3)它是以步驟四的方式解決，會回到過去「找問題－改善」的改善程序。換言之，「充份利用」與「全力配合」強調的是建立一套分工合作的制度，不但認同工廠限制存在的事實，而且努力將限制的潛能完全施展開來。(有關限制的「充份利用」與「改善」之意義與不同處，在第五章會有進一步之討論。)

　　如果限制經過前三個步驟的努力後，其改善的幅度還不足以滿足組織的需求，則必須進一步付出較昂貴的代價予以改善，即進入了步驟四。所以後兩步驟所強調的是較長期的改善，其主要工作是針對未來的需求與預測而對限制予以較大幅度的改善，由於大幅改善限制可能會造成系統結構的改變(例如限制的改變等)，所以在改善前必須慎重的評估。評估的重點不只在有效產出的改善績效，還必須注意若造成系統結構的變化，則未來限制可能出現在那裡及未來的運作模式等之評估。

　　限制管理由於能具體的提出產出觀運作的步驟與模式，因此比起 TQM 或 JIT 較為具體些。但是這個程序雖然看起來不錯，要如何應用在工廠呢？或者如何應用在現場排程與管理上呢？這是本書的重點，即下一章即將要討論的主題。

2-7　問題與討論

1. 為何績效評估指標會影響或導引決策或行事之方向？請以學生的考核說明之。

2. 大部份工廠的存貨或在製品在正常運作下(管理者不額外檢討或要求)，為何會自然的往上增加而不會往下降低？現有的工廠個體績效指標是否即為一助因？

3. 解釋下列名詞：
   (1)限制　　　　(2)限制管理　　　(3)成本觀　　　　(4)產出觀
   (5)有效產出(T)　(6)存貨(I)　　　(7)作業費用(OE)

4. 請問使用率/效率如何計算？其管理意義為何？

5. 請問單位成本如何計算？其管理意為何？

6. 請討論工廠整體績效指標(NP、ROI、CF)與現有工廠個體績效指標(使用率/效率、單位成本)間的矛盾。這個矛盾會造成什麼後果？

7. 限制管理之作業績效衡量指標(T、I、OE)之意義為何？如何應用？

8. 限制管理之作業績效衡量指標(T、I、OE)與傳統組織績效指標(NP、ROI、CF)之關係為何？(T、I、OE)能取代(NP、ROI、CF)嗎？

9. 不使用單位成本，請問產品要如何定價(Pricing)？

10. 請比較「成本觀」與「產出觀」管理理念有何不同？

11. 請問 TQM 與 JIT 的管理理念是成本觀或產出觀？爲什麼？

12. 請問買方市場與賣方市場各有何特性？

13. 請問成本觀較適合買方市場或賣方市場？如果錯用的話，會有何不良後果？

14. 請問產出觀較適合買方市場或賣方市場？如果錯用的話，會有何不良後果？

15. 請問目前的競爭市場是買方市場或賣方市場？所以目前的工廠比較適合成本觀或產出觀？

16. 請問 TQM 的目的是在追求作業費用的降低或有效產出的提升？

17. 請問 JIT 的目的是在追求存貨的降低或有效產出的提升？

18. 請用 T、I、OE 三個指標來分析 JIT「有看板(工作)來時立即完成，沒看板時就不要多做」這句名言的管理意義。

19. 請從「管理是在管重點」的這個精神來討論限制管理的意義。

20. 限制管理持續改善的五個步驟爲何？請說明這五個步驟的意義。

21. 在討論排程方法前，爲何要先釐清工廠之「目標」與「績效評估指標」？

22. 請問「充份利用限制」與「改善限制」有何不同？

23. 請問下列公司的支出，是屬於 I 或 OE？

    (1) 總經理的薪水　　　　(2) 員工教育訓練支出

    (3) 購買專利之支出　　　(4) 設備維修費

24. 請分別以(T、I、OE)及(使用率、單位成本)來說明換線(模)作業之決策？

基礎篇

CHAPTER **3**

限制驅導式管理方法
之基本理念

　　由於現場排程與管理是屬於短期計畫，因此在應用限制管理之持續改善程序時，只需使用到前三個步驟即可。不過在應用於工廠前，我們還是先以前述較單純的行軍隊伍來思考如何應用，之後再討論如何應用於工廠。

3-1　限制管理持續改善程序於行軍隊伍之應用

　　有關於行軍隊伍的管理問題與需求，第一章已討論過，所以接下來就直接說明限制管理持續改善程序如何應用在行軍隊伍的管理上，其步驟如下：

步驟一、確認(Identify)系統的限制

　　　　一個行軍隊伍的速度是決定於最慢成員的速度，所以速度最慢的成員即為系統之限制。

步驟二、決定如何<u>充份利用(Exploit)</u>系統的限制

　　　　行軍時若要配合別人速度，即會犧牲自己的速度或較容易疲勞而影響了後續之速度。所以為了充份發揮最慢成員的速度，要讓最慢成員以其最舒適或最有利的速度前進，而不要管別人的快慢或去配合別人。

步驟三、系統全力配合(Subordinate)步驟二之決策

　　　　為了不影響最慢成員的速度，在最慢成員後面的隊員，不可為了追求自己的速度(即追求局部最佳)而催最慢成員，這樣做會破壞最慢成員在步驟二所做的最佳配速之決策。其次在最慢成員的前面必須要有一安全距離，以避免前面隊員發生統計波動時，例如跌倒或休息等，阻礙了最慢成員的進行。最後還有一點最重要的是，最慢成員前面之隊員必須要配合最慢成員的速度進行，否則

隊伍會愈拉愈長。問題是他們如何知道最慢成員的速度呢？第一章曾討論過，為了使行軍隊伍之隊員不會脫隊的方法是利用一根繩子綁住大家，以使得大家能同步進行。但這樣做，任何一個隊員的統計波動都會傷害到最慢成員的速度，並不是最好的方案。其實若只為了不讓隊伍脫隊，最簡單而有效的方法是要求排頭第一位隊員能配合最慢成員的節奏進行，即可獲得如同將最慢成員移到隊伍前一樣的效果。換言之，只要以一條繩子綁住排頭第一位隊員與最慢成員，即可確保第一位隊員與最慢成員同步的效果，如圖 3-1 所示。要注意的是繩子的長度，必須足以吸收最慢成員前這些隊員的統計波動。

圖 3-1　行軍隊伍的管理方法之三：限制驅導式管理方法

　　由於這個方法是先排出最慢成員的行進節奏(Drum)，再以一條有足夠緩衝(Buffer)長度保護最慢成員的繩子(Rope)來驅動第一位隊員的速度，所以這個方法稱之為 Drum-Buffer-Rope，簡稱為 DBR。中文有文章將之直譯為鼓-緩衝-繩子，本書則以意譯，稱之為限制驅導式管理方法，若應用於工廠，則稱為限制驅導式現場排程與管理方法。

　　其次從行軍隊伍的特性來看分析，圖 3-1 的限制驅導式管理方法會比

圖 1-5 的繩子同步法來得有效，亦即除了隊伍不亂且不會拖長外還能使行軍的速度最快。由此看來限制管理持續改善程序於行軍隊伍的應用上是可行的且效果不錯，所以接下來再來討論限制管理的方法與行軍之限制驅導式管理方法如何應用於工廠之現場排程與管理上。

3-2　限制驅導式現場排程方法

　　工廠畢竟比行軍隊伍要複雜多了，尤其是如圖 1-6 所示之依製程別佈置之現場流程更是萬流鑽動，所以將搭配圖 1-6 之例子說明。

　　就工廠之實體限制而言，系統的限制可能爲產能不足或負荷過重之資源、市場不夠或原物料不足等三種。要注意的是工廠裡可能只有一種限制，但由於不同的產品線的製程與原物料不同，因此不同的產品線間也可能同時存在有不同的限制。例如產品線 A 的限制爲某一資源，而另一種產品線 B 的限制卻是在市場，其製程所需資源的產能反而有多餘。所以在應用限制驅導式現場排程方法時，第一個步驟就是要找出系統的實體限制的所在。如何找到眞正限制的所在，在實務上可能和行軍隊伍一樣的簡單，可以一眼就看出來；但也可能很難而無從下手，尤其是受了人爲政策限制的結果，現場更會出現到處都是限制的特性。注意！如果在這一步驟所找到的限制不是實體限制而是政策限制，則無法使用限制驅導式現場排程與管理方法。例如追求最佳資源使用率的管理思維，是管理者要與不要一念之間的決擇，限制驅導式現場排程與管理方法是無法解決這類政策限制的問題。所以本書所要介紹的這套管理技術，是以實體限制爲主(註：政策限制的問題必須使用限制管理的問題分析與決策的思維程序方法才能解決)。其次實體限制中，又以產能限制最爲複雜，如何找到工廠眞正產能限制的機台或工作站，是一般初學這套技術者的最大的困擾，爲了使本章的重點不被模糊掉，先假設某一機台爲限制，至於如何找到眞正的限制，則在第十二章會有詳細的討論。

　　假設第一章圖 1-6 的工廠範例，其資源限制爲拋光站，大部份產品的製程都要經過這一站，這些產品有 A~F 等六種。另外還有一些產品，X、Y 及 Z 三種產品，其製程並不需要經過拋光站，則這些產品的限制爲市場。換言之，這個工廠有兩種限制，分別爲拋光站的產能不足及 X/Y/Z 之市場不足，如圖 3-2 所示。

切	車	熱處理
鑽孔	拋光 A B C D E F	測試
銑	組裝 X　Y　Z	

圖 3-2　某工廠的兩種系統限制：拋光站及 X/Y/Z 之市場

　　在找到系統的實體限制後，第二步驟是決定如何充份利用限制。基本上，充份利用的目的是要追求系統最大之有效產出，因此不同種類的限制必須從不同的角度來思考充份利用限制的意義，然後再據以排出系統的最佳限制驅導節奏(Drum)。若限制爲產能，則充份利用可以從兩種不同的角度來思考，其一是不要有閒置的浪費，另外則是要積極追求該限制單位時間的有效產出，例如客戶已正式下單之訂單其價值就優於預測或尚未正式下單之訂單。若限制爲市場，則是積極提升市場之服務品質，例如交期短而準且產品品質優異等，以便爭取後續之訂單。若限制爲材料，則必須積極提升該材料之單位有效產出。

　　假設圖 3-2 的工廠，各產品各有一張訂單，訂單代碼即以該產品的名稱，即 A 產品的訂單為 A 而 X 產品的訂單為 X 等。屬於產能限制的訂單 A~F，在經過最佳利用拋光站的考量後(如何決策在下一節會有例子說明)，其在拋光站的最佳生產次序或限制驅導節奏(Drum)為 A-C-D-F-B-E。至於屬於市場限制的製令 X/Y/Z，假設其最佳生產次序的安排為 Y-X-Z。其結果如圖 3-3 所示。

　　在步驟二充份利用限制後，接著來討論步驟三的系統全力配合步驟二之決策。所謂全力配合，其目的是在保護限制的有效產出不受到傷害，因此任何的行動只要是有助於限制的有效產出不受傷害或順利工作，即為全力配合。要特別再提醒的是，分擔或幫忙限制的工作並不是全力配合而是提升限制。在工廠裡全力配合的例子可謂千變萬化，不過上述行軍的模式已舉出了三種典型給我們參考。首先是系統統計波動等不穩定狀況的保護，若在最慢成員前面的隊員發生了統計波動時，例如機器故障或製程不穩等，則會阻礙了最慢成員的進行，所以必須要保持一安全緩衝時間或存貨(Buffer)。其次非限制資源必須配合限制的節奏，不可一昧的追求自己的產出量或使用率(即追求局部最佳)，這樣做會破壞 Drum 的次序。最後是必須使用一條繩子綁住排頭第一位隊員與限制，才能確保第一位隊員與限制同步的效果。

切	車	熱處理
鑽孔	拋光 A C D F B E	測試
銑	組裝 Y X Z	

圖 3-3　某工廠之限制生產節奏(Drum)

　　為了解釋緩衝與繩子的效果，必須先知道各產品投料站(即製程的第一站)的所在，所以圖 3-4 假設了各產品的投料站位置。例如產品 B 的原物料為 b，而其投料站在車床這一站；又如產品 X 的原物料為 x，而其投料站在鑽孔這一站等。

　　有了投料站的位置後，必須在投料站與限制間綁一條有適當緩衝長度的繩子，而所謂的「綁住」投料站與限制，就限制驅導式現場排程與管理技術而言，是將各訂單在限制驅導節奏上之預計開始時間往前推一緩衝時間或減去緩衝時間，即可得到各訂單在投料站的投料時間。如圖 3-5 所示的虛線即表示緩衝之長度，透過緩衝這條繩子來「綁住」投料站與限制之節奏，即可確保投料速度與限制的節奏同步，進而可使非限制資源亦和限制的節奏同步，而不再盲目的只為使用率而工作。

切 a f	車 c b z	熱處理
鑽孔 d x	拋光 A C D F B E	測試
銑 e y	組裝 Y X Z	

切 a f	車 c b z	熱處理
鑽孔 d x	拋光 A C D F B E	測試
銑 e y	組裝 Y X Z	

圖 3-4　某工廠各產品之投料站
(以小寫字母表示原物料)

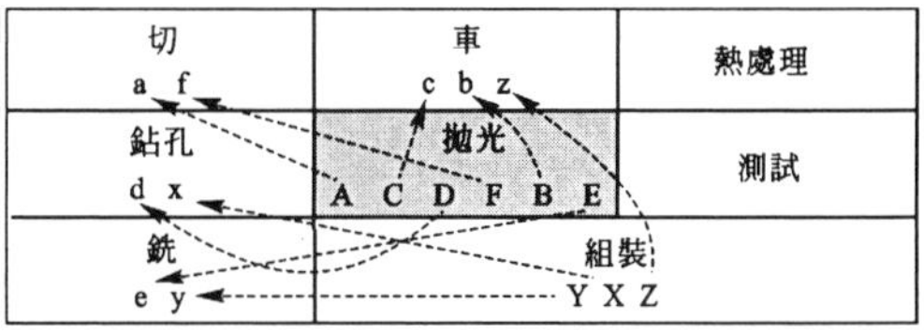

圖 3-5　某工廠應用限制驅導式現場
排程方法之示意圖

　　以上所示，即爲限制驅導式現場排程方法的基本理念與完整過程，其內容再歸納如下：

步驟一、確認(Identify)系統的限制

　　　　。負荷最重或產能不足的資源限制。

　　　　。市場需求限制。

　　　　。原物料之限制。

步驟二、決定如何*充份利用(Exploit)*系統的限制

　　　　。產能限制之產品：必須充份利用該產能限制之機台，所以限制驅導節奏爲該機台的生產排程。

　　　　。市場需求限制之產品：必須充份利用該產品市場需求之限制，所以限制驅導節奏爲該產品之出貨節奏。

　　　　。原物料不足之產品：必須充份利用這些不足的原物料，所以限制驅導節奏爲爲該材料不足之產品的出貨節奏。

步驟三、系統全力配合(Subordinate)步驟二之決策

　　　　。非限制資源的配合。

　　　　。系統不穩定狀況的保護/緩衝(Buffer)。

　　　　。投料節奏(Rope)的配合。

　　接下來再以 1-6 節的個案一範例再完整演練一次這套方法，以使讀者能確實了解這套方法的精神。不過在演練這套方法之前，有必要先介紹產出鍊(Throughput Chain)這套較簡單的產品生產基本資料表達法。因爲在 1-6 節爲了要描述個案一，總共使用了兩個圖及五個表才描述完這個個案的基本內容，這種傳統描述產品基本生產資料的表達方法相當複雜而不易理解，例如讀者在看個案一時一定是前後來回的對照不同的圖表，不但麻煩、不

容易看得懂而且無法了解全貌。所以限制驅導式排程法使用產出鍊的表達法，來描述產品的所有生產資料，不但簡單、易懂且一目了然。

3-3 產出鍊表達法

　　所謂產出鍊是指*一個產品從投料到產品完成之製程所需資源所組成的鍊*。由於產品生產時所需要的資源有原物料及機台兩種，所以產出鍊主要是由物料清單(BOM)及加工途程表所組成，其次還包含了材料成本、產品價格與市場需求、及在製品存貨等，圖 3-6 就是個案一各產品的產出鍊圖。

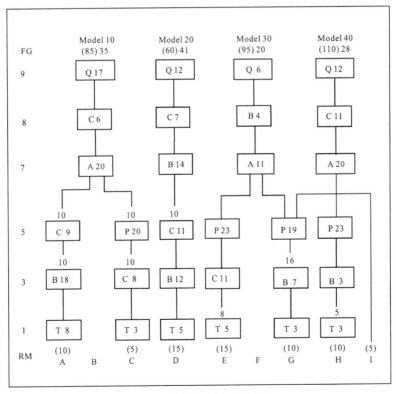

圖 3-6 個案一之產出鍊圖

　　產出鍊圖的縱軸為製程別，以阿拉伯數字(1,2,...)表示，數字 1 代表第一道製程，數字愈大表示愈接近成品。在數字 1 下面有個 RM(Raw Material)字樣是表示原物料的投料點，而在最大的數字(相當於最後一道製程)上則有 FG(Finished Goods)字樣是表示完成品的完成點。產出鍊的橫軸則為材料別、在製品別或成品別，以英文字母(A~Z)表示；至於是材料、在製品或成品，則是由其上之製程狀態決定。如果是材料則在 RM 列上會有一有括弧之數值，該數值是表示該材料之單位成本，例如圖 3-6 橫軸之 A 上之有(10)之數值，表示 A 為一原物料，其材料成本為 10 元。至於成品則在 FG 列上會有一括弧且其內外各有一數值，括弧內的數值是表示該成品之單位價格而括弧外則是市場需求量，例如圖 3-6 橫坐標 B 隨著縱軸往上到最上一行即可看到(85)35 之數值，即表示 B 為一產品，其每件之單位價格為 85 元而市場需求量為 35 個。

　　除了 RM 與 FG 兩列分別表示原物料與成品外，在原物料與成品間，可以看到一個個的方格。這些方格即代表不同的加工作業，而加工作業的代碼是以其所在的 XY 座標稱之，例如圖 3-6 之材料 A 的第一道加工作業為座標 A1 之方格。至於在方格內有一符號及一數值，則分別表示該加工作業所在之機台及加工一件所需之時間。所以材料 A 的第一道加工作業 A1 所在之機台為 T 而每件的加工時間為 8 分鐘。

　　其次，若兩加工作業間有一條線連接著，則表示這兩道加工作業的依序關係，其順序是依縱座標由小到大。所以材料 A 共有三道加工作業，分別為 A1、A3 及 A5。在材料 A 完成了這三個作業後，其下一個作業為 B7，但和 B7 相連的前作業，除了 A5 外，尚有 C5 作業。換言之，B7 是一個組裝作業，完成 A5 加工作業的 A 工件會和完成 C5 加工作業的 C 工件在 B7

上作組裝。當 B7 組裝完成後，再經過 B8 與 B9 兩道作業，即成為成品 B 或 Model 10。

橫座標 D 從投料點到完成點間的一系列加工作業中，都沒有出現其他的旁支，表示材料 D 只需經過一系列加工作業即可變為成品，而不需要有組裝作業。另外材料 G 在完成 G5 加工作業後，必須供應作業 F7 與 H7，即表示其為成品 F(Model 30)與成品 H(Model 40)的共用料。

另外，在圖 3-6 的一些加工作業的方格上方，還可以看到一些數字，例如作業 A3 的方格上有一數字 10。這些數字是用來表示該工廠的期初在製品狀態，所以 A3 作業方格上的數字 10，即表示在期初時，已有 10 個 A 已完成了 A3 作業，而可以立即進行 A5 作業之加工。

由於產出鍊是以各別產品別角度表達該產品從投料到完成之間的產出或製造程序關係，相當於同時表達了該產品的物料結構(BOM，Bill Of Material）與各物料的製造程序。所以任何產品所表達出來的產出鍊一定是單向，而且和工廠實際的機台佈置或物流並無任何關聯，因此若將產出鍊看成是工廠的物料流程，那就錯了。例如同一種產品的產出鍊，可以在專用線生產，亦可在製程別佈置環境生產；換言之，在不同的生產環境下，雖然生產的物流會不相同，但以產出鍊的角度來看卻是相同的。不過由於專用線是以產品別角度而設計，所以產出鍊和專用線的物流會相同。

其次，由於產出鍊並未表達出工廠資源之特性，所以必須另外再搭配一份工廠資源的加工環境，如圖 3-7 所示。加工環境最主要的是表達機台的種類、機台數及各機台的設定時間等加工能力，所有在產出鍊的加工作業上所出現的機台種類在這裡必須都要出現。注意！本書是假設不同產品在同一種機台的設定時間都相同，以簡化製程的複雜性；如果實務上，不同產品在同一種機台的設定時間有很大的差異，則設定時間不可放在加工環境，而必須放在產出鍊的每個作業裡。

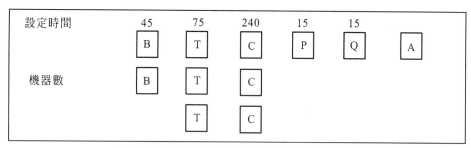

圖 3-7　個案一之加工環境

　　了解產出鍊圖的表達意義後，請讀者再和 1-6 節個案一的敘述過程及所用的圖表作一比較，即可進一步體會產出鍊的好處及用法。所以本書後續章節的個案或範例，就不再使用傳統的描述方式，而只使用產出鍊圖再搭配加工環境及一些條件說明，例如個案一就可以表達成如圖 3-8 所示的格式。

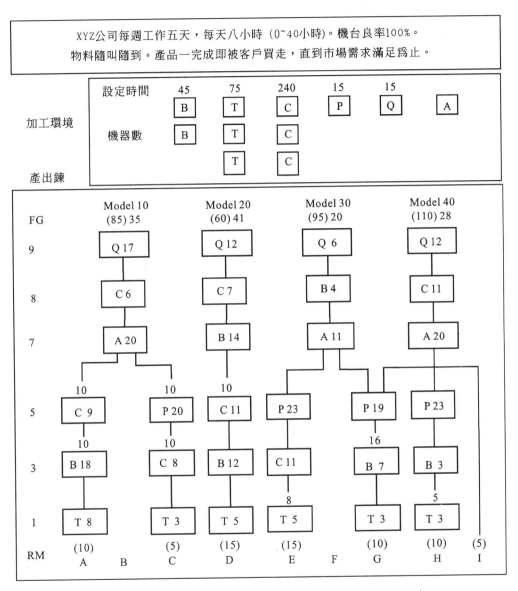

XYZ公司每週工作五天，每天八小時（0~40小時）。機台良率100%。
物料隨叫隨到。產品一完成即被客戶買走，直到市場需求滿足為止。

圖 3-8　使用產出鍊表達之個案一

3-4　個案一的限制驅導式現場排程之設計

步驟一、確認(Identify)系統的限制

　　由於個案一所給的條件是物料可以隨買隨到，因此原物料不可能是限制。其次計算各機台之產能與根據所有市場需求而得之負荷，如表 3-1 所示。在計算負荷時，先不要考慮換線的次數或時間，因為實際的換線次數是無法事先知道的。其次期初在製品數也先不要考慮，這樣可降低計算的複雜性。除非有機台的負荷產能比快接近 100%或大於 100%，再考慮該機台的換線時間與期初在製品數。

表 3-1　個案一之機台每週產能與每週負荷分析

單位：分鐘

機台	機台數	單機產能	每週產能	每週負荷	負荷產能比
B	2	2400	4800	2196	45.8%
T	3	2400	7200	918	12.8%
C	3	2400	7200	2071	28.8%
P	1	2400	2400	2716	113.2%
A	1	2400	2400	1480	61.7%
Q	1	2400	2400	1543	64.3%

　　例如表 3-1 所示之個案一各機台產能負荷關係，除了機台 P 以外，其餘機台的負荷產能比都遠小於 100%，所以必須進一步評估機台 P 的負荷產能比。由於工件 C 有 10 個完成 C5 加工作業的期初在製品，並不需要使用到機台 P，所以可減少 200 分鐘機台 P 的加工時間。所以實際的負荷修正為 2516(=2716-200)，而負荷產能比為 104.8%還是大於 100%，所以不用考慮機台 P 的換線時間，即可判定機台 P 為瓶頸站或產能限制資源。

其次由於個案一的四種產品中，Model 20 的製程並不流經機台 P，換言之，個案一尚有另一種限制，即 Model 20 的市場需求不夠之限制。

步驟二、決定如何*充份利用(Exploit)*系統的限制

找到了系統的限制後，接下來即決定如何*充份利用這些*系統的限制。首先討論機台 P 的生產節奏該如何設計，不過在開始之前，必須提醒讀者，排程是資源分配的決策問題，由於各人的需求不同，所以排程結果不一定會相同。

機台 P 共有 40 小時的產能(0～40)，首先要先排那一作業？從投料到機台 P 可以開始加工，所需時間至少要 5 小時以上，所以一開始能考慮排入機台 P 的作業，只有在機台 P 前有期初在製品的作業，因此能被考慮的只有作業 C5 與 G5。那 C5 與 G5 何者先排？若先排 G5，則需進一步排 E5 或 H5，才有機會出貨，但在 G5 完成前，E5 或 H5 所需的料件不一定能及時到機台 P 前，萬一沒到達，則機台 P 的產能即會浪費掉或者要修正排程，這不是一個好方案。相反的，若先排 C5，則沒有這些令人擔心的事，所以先加工 C5 較有利。C5 前的期初在製品有 10 個，所以生產批量為 10 個，其次由於換線需要 15 分鐘而每件之加工時間為 20 分鐘，所以共需 215 分鐘(=15+10×20)或 3 小時又 35 分鐘：

作業代碼	批量	開始時間	結束時間
C5	10	0:00	3:35

機台 P 完成 C5 作業後，接下來要加工那一作業？若可以繼續加工 C5，則可節省一次換線時間，但料件有機會在 200 分鐘內趕到嗎？這個機會很小(為什麼？)，所以接下來只有一個選擇，有 16 個期初在製品的 G5 作業：

作業代碼	批量	開始時間	結束時間
C5	10	0:00	3:35
G5	16	3:35	8:54

　　排了 G5 作業後，為了使 G5 所完的工件能立即進一步成為成品，所以接下來要考慮的應該是 E5 或 H5 的作業(當然如果能忍受 G5 之在製品存貨，則可以考慮 C5，但本書並不建議這個方案)。排 E5 則可以先賣 Model 30，反之，排 H5，則可先賣 Model 40，何者對有效產出比較有利？這個決擇必須從兩者之賺錢程度來比較，然後先排較賺錢者。所以能否請讀者先自行嘗試看看，何者較賺錢？

　　Model 40 較賺錢，您嘗試的結果相同嗎？(下一章再討論)所以接下來要加工 H5 的作業。其次還有個問題是要加工幾個呢？先生產 16 個，配合 G5 的批量就好，沒有存貨而且有分批出貨的好處(在買方市場客戶喜歡多次送貨)；還是生產 28 個，剛好完成 Model 40 的出貨需求量，則可減省一次換線的時間？兩者各有優缺點，本書選擇的是前者，所以機台 P 的生產節奏為；

作業代碼	批量	開始時間	結束時間
C5	10	0:00	3:35
G5	16	3:35	8:54
H5	16	8:54	15:17

　　機台 P 完成了 H5 作業後，Model 40 即有機會先出貨 16 個。所以接下來還需再生產的產品尚有 15 個 Model 10、20 個 Model 30 及 12 個 Model 40。因此，接下來機台 P 要先安排那一個作業？或者應該說，先生產何者對有效產出幫助最大？

　　既然各作業都已無期初在製品了，這個決擇必須從三者之賺錢程度來比較，然後先排最賺錢者。所以能否再請讀者先自行嘗試看看，何者最賺錢？

　　Model 10 最賺錢，其次是 Model 40，而 Model 30 是最不賺錢者，這一次您嘗試的結果又相同嗎？(如果您精通目前的管理會計，這一次我們的看法應該不相同？這個問題後面章節會討論，現在請先接受這裡所列的次序)所以接下來要加工 C5 的作業，批量為 15 個：

作業代碼	批量	開始時間	結束時間
C5	10	0:00	3:35
G5	16	3:35	8:54
H5	16	8:54	15:17
C5	15	15:17	20:32

　　接下來尚未滿足市場需求的產品為 20 個 Model 30 及 12 個 Model 40，由於要完成兩者所需機台 P 的加工時間至少為 1389 分鐘(=15+20x23+15+32x19+15+12x23)或 23 小時又 9 分鐘，而機台 P 只剩 19 小時又 28 分鐘而已，無法全部生產，所以必須要有所決擇。

　　前面已提到過 Model 40 較賺錢，所以 12 個 Model 40 應該先完成，之後，機台 P 還有 634 分鐘，這些時間大約可再生產 15 個 Model 30。所以所剩的這些時間，可以有兩種的決擇，一種是全部用來生產 Model 30，以便追求本週最大的有效產出；另外一種則是不要全部用來生產 Model 30 而另外留下部份時間生產 Model 10 供下週使用，以便追求未來更大有效產出的機會。基本上後者的考量是因 Model 30 最不賺錢，所以留下一些時間來生產最賺錢的 Model 10 的部份在製品，以便搶佔下週的市場，例如圖 3-8 期初在 C5 之後的 10 個在製品即是前一週所投的料,本週才能立即享受到。換言之,這種做法是在追求未來更大的有效產出,而犧牲目前的小利。相反的,如果將產能全部用來生產較不賺錢的 Model 30,則其出發點是將產能完全用於追求本週之有效產出,而放棄未來有賺更多錢的機會。

由於取後者的排程變化性較大(有利本方法之說明)且實務上市場會一夕變色的機會不大,所以本文取後者,只生產 10 個 Model 30(10 個只是取個整數,沒有特別的理由),而留下大約 200 分鐘的時間生產 Model 10。所以為了生產 10 個 Model 30 與 12 個 Model 40,機台 P 必須要加工 22 個 G5 工件、12 個 H5 工件及 10 個 E5 工件:

作業代碼	批量	開始時間	結束時間
C5	10	0:00	3:35
G5	16	3:35	8:54
H5	16	8:54	5:17
C5	15	15:17	20:32
G5	22	20:32	27:45
H5	12	27:45	32:36
E5	10	32:36	36:41

機台 P 在排完這些作業後,還剩下大約 3 個小時的產能,這些產能是用來為下週的 Model 10 作準備用的,所以接下來安排 C5 作業,批量為 20 個。因為在設計排程時所用的各作業之加工時間(標準工時),都只是一個平均的預估值,但由於現場具有無法預測的統計波動,例如在設計排程時,C5 作業每件的加工時間是以 20 分鐘來安排,但在實際加工時,慢者可能每件需要 30 分鐘,快者可能每件只要 10 分鐘。所以在安排現場生產計畫時,

絕不可只排剛好 40 小時的工作，應該要多排一些，以便能充份滿足機台 P 「萬一」特別順利時的需求，這樣才能充份利用限制資源。同理，這裡所設計的排程只是規劃用，這些排程絕不可以直接給現場而只能給工作的順序，如果將計畫用的加工時間給了現場，還能享受到「萬一」特別順利的好處嗎？(爲什麼？在第五章的 5-1 節會有進一步的說明。)由於 C5 的批量若排 10 個，則稍爲嫌少了些，所以給 20 個。

作業代碼	批量	開始時間	結束時間
C5	20	36:41	43:36

排了 43 小時多的工作給機台 P，就正常狀況而言，這個工作量應該是相當足夠了。但是若再從現場統計波動來看限制資源之排程時，如果萬一某一作業出狀況，例如品質或製程不順等，導致於無法在 40 小時內到達機台 P，則機台 P 可能又會沒有工件可加工了。所以爲了讓限制資源能眞正的發揮充份利用的效果，只排 43 小時的工作可能還不夠，應該再多排一些比較保險。因此再排入批量 16 個的 G5 作業，所以機台 P 最後所完成的生產節奏(Drum)爲：

作業代碼	批量	開始時間	結束時間
C5	10	0:00	3:35
G5	16	3:35	8:54
H5	16	8:54	15:17
C5	15	15:17	20:32
G5	22	20:32	27:45
H5	12	27:45	32:36
E5	10	32:36	36:41
C5	20	36:41	43:36
G5	16	43:36	48:55

　　由於個案一這座工廠有兩種限制(機台 P 與 Model 20 的市場)，所以在排完機台 P 的的生產節奏後，接下來必須安排 Model 20 的生產節奏。Model 20 的製程產能由於過剩，所以生產節奏是以出貨的需求來安排，以便提供最佳的服務品質來滿足市場的出貨需求，例如小批量或每天供貨等。這裡假設市場要求的是分兩批出貨，所以 Model 20 的出貨節奏為：

產品	批量	出貨時間
Model 20	20	20:00
Model 20	21	40:00

步驟三、系統全力配合(Subordinate)步驟二之決策

　　對於系統限制我們已透過完整生產節奏的設計，而充份利用了這些限制。接下來呢？除非這些限制所需之料件能及時到達其前，否則我們所安排的生產節奏能實現的機會是零。為了全力配合限制的生產節奏，有必要為所有的非限制資源都各安排一個生產排程嗎？假如這麼做，則我們會面臨一個大問題：現場到處充滿了意外狀況及統計波動而我們卻無法予以預

測。例如我們設計了一個完整的機台 C 之生產排程，根據排程接下來機台
C 要加工的作業是 C3，但是所需的料件目前卻卡在前一作業 C1 或機台 T
前，而這時 E3 作業的料卻已在機台 C 前等候多時，請問這些機台 C 是要
將機台空下來等 C3 的料件還是自行更改排程而提早加工 E3？換言之，有
了排程後的非限制資源連自身都難保，如何「全力配合」限制的需要呢？(注
意：非限制資源的排程即成了政策限制)其次非限制資源既然有多餘的產能
(相對於限制)，讓它自主性的工作，即先來什麼工作就先做什麼工作，不是
更能有效的反應現場的意外與統計波動，進而發揮「全力配合」限制的需
要。所以非限制資源的「全力配合」限制的第一件事，就是建立「先來的
工作先做，沒工作就不要做」的工作態度(請和銀行櫃台的工作態度做一比
較)。

不過非限制資源若以上述的精神工作，則必須確定其所到的料件及時
間能滿足限制的需求，否則「全力配合」限制又要失效了？如何做到呢？
圖 3-1 行軍的比喻，說明了關鍵在投料節奏，若能使投料節奏與限制的生
產節奏同步，則自然可驅動非限制資源的同步。所以投料節奏的設計是限
制驅導式現場排程方法的另一重點。

為了使投料節奏能和限制的生產節奏同步，所以馬上會面臨要提早多
少時間投料，才不會太早或太晚呢？這個問題就是在問圖 3-1 的那條繩子
要多長(即緩衝的長度)，才不會保護不夠或太過保護瓶頸的需要，我們稱這
種緩衝時間為瓶頸緩衝。所以就個案一而言，要提早多少時間投料，才能
及時到達機台 P 呢？5 小時好嗎？短了些。那 20 小時呢？又太長了。若在
8~14 小時，應該都是可行的，所以本書取 12 小時的長度。如何評估合理
的緩衝時間，在後續章節會有討論。不過這要提醒讀者的是，緩衝時間是

在保護現場的意外與統計波動，這兩者都有機率的成份，所以太過份計較其精確值是沒意義的，倒不如依經驗抓個大概值可能較為可行。

舉個例子來比喻，讀者每天早上上班時，為了準時到公司而必須提早出門的時間，就是緩衝時間。請問各位是如何估計緩衝時間呢？同樣距離的兩段路，會堵車的路段需要較長的緩衝時間；其次，同一條路上班(塞車)時段要較長的緩衝時間。路況不熟時，例如剛到公司報到的第一次上班時，我們的安全系數會訂的較高些，而提早到廠；當路況熟了後，就會估的較有把握。相信沒有人是拿公式或計算機來算的，而只是根據我們的經驗與常識的判斷而已。

個案一這裡所取的緩衝時間為 12 小時，其意思是投料時間不可早於限制所需時間的前 12 小時，既然限制的生產時間前面已設計好了，所以往前前推 12 小時即可計算出投料時間。回到機台 P 的排程，由於前二作業都有期初在製品，所以不需要投料。第三個作業 H5 大約是在第 9 個小時開始，所以應該在-3 小時(上週)就要投料，但那已是不可能，所以唯一補救的方法就是在第 0 點或本週第一天一早上班即投入 11 個 H 的原物料(為何是 11 個而不是 16 個？)。在此有一點必須提醒的是，因為緩衝只是個估計值而現場又充滿了意外與統計波動，所以限制的開始時間取整數即可，而不需要以 8:54 來計算，這麼精細對現場執行而言是無意義的。其次機台 P 的第 4 個作業 C5 大約在 15 點時開始，所以必須在 3 點投入 15 個 C。其餘如下所示：

原物料	批量	投料時間	說　明
H	11	0	(期初已有 5 個在製品)
C	15		
G	22	8	
H	12	15	
E	2	20	(期初已有 8 個在製品)
C	20	24	
G	16	31	

　　上述的投料計畫是從限制資源的生產排程直接減 12 小時就得到了，這裡面並無決策或資源分配的問題，換言之，當限制資源的生產排程與緩衝時間確定後，投料計畫相對的也就被決定了。其次，上述投料計畫中的最後兩種料(C 與 G)，機台 P 本週會加工到的機會並不高，它主要目的為下週的機台 P 而準備的，當然另外還有一個用意，是候補用的。

　　個案一的限制生產節奏除機台 P 以外，不要忘了還有一個市場限制的產品 D，所以也要為它拉一條繩子，以便決定投料的時間。從投料到產品 D 完成的緩衝時間，稱為出貨緩衝，大約需要多少時間呢？一樣取 12 小時如何？從常識上來看似乎不大合理，因為它所經過的加工作業比其他料件多，所以緩衝時間應該長些，但是太多不同的緩衝值在管理上又會帶來麻煩或用錯緩衝值了。所以產品 D 的出貨緩衝一樣給它 12 小時，理由有二：(1)緩衝時間雖然應隨站別增加而增長，但是卻會和現場管理時所用的移轉批量有很大的關係，如果移轉批量不要太大，則緩衝時間不見得會長多少(移轉批量的管理觀念在第五章會討論)。(2)減化現場的管理資料，除非不同產品的製程有很大的差異，否則緩衝值愈單純愈好，這樣的緩衝管理觀念稱為靜態緩衝(在第十一章會再討論)。

　　緩衝時間決定後，接下來就簡單了，將出貨節奏往前推 12 小時即可得到投料時間：

原物料	批量	投料時間	說　明
D	10	8	(期初已有 10 個在製品)
D	21	28	

　　除了上面所列的這些原物料的投料計畫外，個案一所要用到的原物料中似乎還少了 A 與 I 的投料計畫。這兩個料件有一共同特性，他們都是要和機台 P 的完成料件進一步作組裝。如果我們以全力配合機台 P 的角度來想，因爲機台 P 爲限制資源，它好不容易才完成的料件應該立即完成後續之加工作業以便出貨，而不應該等候其他料件，所以 A 與 I 這些料件應該先在裝配站 A 等候機台 P(瓶頸站)完成的料件才合理。

　　所以可以將要和 A 或 I 裝配的機台 P 料件的開始加工時間，當成是要開始裝配的時間，再以此時間來推投料時間，基本上，即可確定 A 與 I 可以提早到達裝配站 A。至於從投料到裝配所需的緩衝時間，稱之爲裝配緩衝，應該給多長呢？A 所需的加工作業數和 C 差不多，可以一樣取 12 小時；至於 I，並不需要任何加工作業，應該可以取爲 0。但是如果每種料件的緩衝時間都不相同，則上百種料件就要有上百個緩衝時間，會大幅增加管理或計算的複雜性，這種做法是動態緩衝的觀念，必須借助電腦的幫忙才可行，第十一章會再討論。這裡先單純些，都取 12 小時。所以 A 與 I 的投料計畫爲：

原物料	批量	投料時間
A	15	3
A	20	24
I	16	0
I	12	15

　　個案一透過限制驅導式現場排程方法推導限制、限制驅導節奏(Drum)、緩衝(Buffer)與投料節奏(Rope)的過程到此告一段落，其結果彙總如圖 3-9 所示。

　　要特別注意的是，本書一再的強調排程是資源分配之決策過程，其結果會隨著決策的需求而變，所以圖 3-9 所示的排程只是眾多決策結果之一，而不是標準答案。本章重點是希望先透過個案一的過程，讓讀者體會限制驅導式現場排程法之基本理念與精神，例如，何謂充分利用？何謂全力配合？等，至於其方法則會在下一章作進一步之說明。

1、確定系統的限制
 。資源限制：機台P(2716分)　　　　　　　 。市場限制：Model 20
2、充分利用系統的限制

資源限制(機台P)的生產節奏

作業代碼	批量	開始時間	結束時間
C5	10	0:00	3:35
G5	16	3:35	8:54
H5	16	8:54	15:17
C5	15	15:17	20:32
G5	22	20:32	27:45
H5	12	27:45	32:36
E5	10	32:36	36:41
C5	20	36:41	43:36
G5	16	43:36	48:55

市場限制之生產節奏

產品	數量	出貨時間
Model 20	20	20
Model 20	21	40

3、系統全力配合限制的生產節奏
 。提供適合之緩衝(Buffer)以保護系統不穩定狀況之發生(瓶頸緩衝＝裝配緩衝＝12小時)
 。非限制資源的配合：先來的工作先做，沒工作就不要做。
 。投料節奏(Rope)的配合。

原物料	批量	投料時間	說明
H	11	0	(期初已有5個在製品)
C	15	3	
G	22	8	
H	12	15	
E	2	20	(期初已有8個在製品)
C	20	24	
G	16	31	
D	10	8	(期初已有10個在製品)
D	21	28	
A	15	3	
A	20	24	
I	16	0	
I	12	15	

圖 3-9　個案一之限制驅導式現場排程結果

3-5　問題與討論

1. 請討論限制驅導式管理方法如何應用於行軍隊伍的管理？

2. 請討論限制驅導式管理方法如何應用於工廠的管理？

3. 假設個案一之產出鍊修改如下所示，其餘資料(含緩衝時間)不變，請設計其限制驅導節奏(DRUM)及投料節奏(Rope)，並說明決策之理由。(假設產品 B 最賺錢，其次為產品 H，再其次是產品 F)

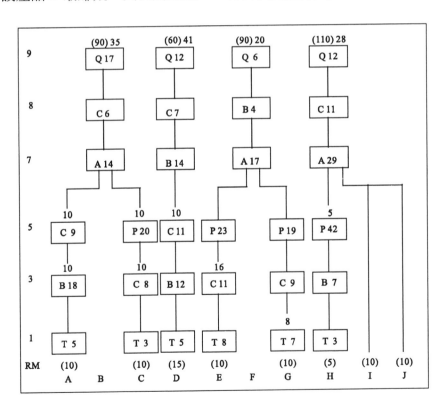

4. 假設個案一之產出鍊修改如下所示，其餘資料(含緩衝時間)不變，請設計其限制驅導節奏(DRUM)及投料節奏(Rope)，並說明決策之理由。(假設產品 B 最賺錢，其次為產品 G，再其次是產品 D)

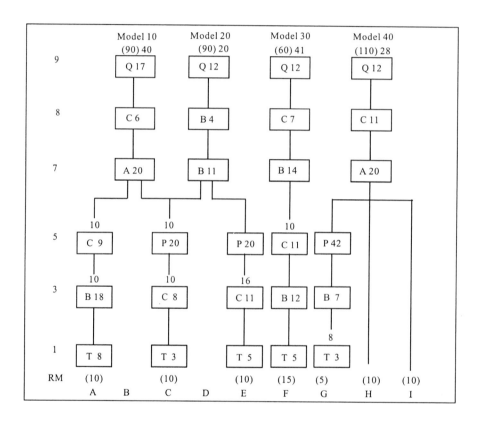

5. 假設個案一之產出鍊修改如下所示，其餘資料(含緩衝時間)不變，請
設計其限制驅導節奏(DRUM)及投料節奏(Rope)，並說明決策之理
由。(假設產品 B 最賺錢，其次爲產品 H，再其次是產品 F)

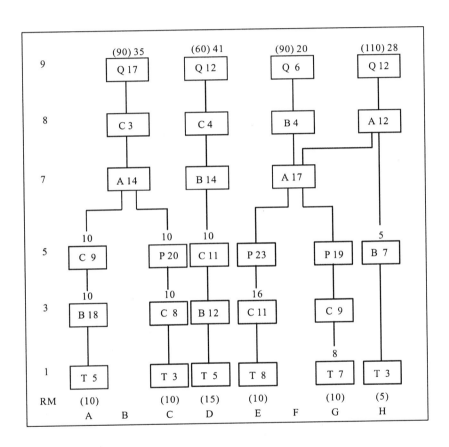

6. 某工廠生產三種產品(RED/WHITE/BLUE)，其產出鍊與加工環境如下所示。請將產出鍊以傳統生產資料的表達法(即圖 1-8 與表 1-1~1-5)敘述一遍。

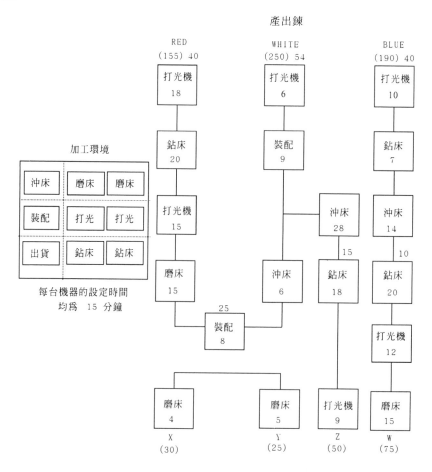

7. 假設第 6 題之工廠每天工作時間為 8 小時，每週上班 5 天。假設出貨緩衝為 12 小時，受限產能及裝配緩衝各為 10 小時。請找出該廠之限制、設計該廠一週之限制驅導節奏(DRUM)及投料節奏(Rope)，並說明決策之理由。(假設產品 BLUE 比產品 WHITE 賺錢)

8.　解釋下列名詞：
　　(1)緩衝(BUFFER)　　　　　　　(2)限制驅導節奏(DRUM)
　　(3)投料節奏(ROPE)　　　　　　(4)產出鍊

9.　請比較限制驅導式管理方法(圖 3-1)與繩子同步法(圖 1-5)之優缺點？

10. 請問設計限制驅導節奏的原則為何？

11. 請問限制驅導節奏、緩衝與投料節奏三者之關係為何？

12. 請問非限制資源要「全力配合」限制，是否應該先設計一個生產排程？

13. 請問非限制資源要如何「全力配合」限制？

14. 請根據成本會計的方法，評估圖 3-8 產出鍊上四種產品，何者最賺錢？

15. 請說明產出鍊表達法的意義。

16. 要如何充份利用行軍隊伍的限制(速度最慢的成員)？

17. 非限制資源為了要「全力配合」限制，所以書中建議的作法為「先來的
　　工作先做，沒工作就不要做」，請問這個作法若要應用在目前的工廠，
　　會有何困難處？

18. 非限制資源為了要「全力配合」限制，所以書中建議的作法為「先來的
　　工作先作，沒工作就不要做」，請比較這個作法是否類似於銀行櫃台的
　　工作方法？您認為合適嗎？

19. 限制驅導式管理方法和(使用率、單位成本)等傳統績效指標有何衝突？

20. 請問圖 3-8 的範例，其限制為何？從這個例子，您得到什麼啟示？如何
　　應用於工廠？

21. 限制驅導式管理方法應用於行軍隊伍時，如圖 3-1，是將第一排隊員與
　　限制(最慢隊員)用一條適當長度的繩子綁在一起，請問這個方法應用於
　　工廠時，請回答下列問題：

(1) 當限制為某機台時，要如何「綁住」投料站與限制？

(2) 當限制為某產品的市場時，要如何「綁住」投料站與限制？

(3) 當限制為某產品的材料時，要如何「綁住」投料站與限制？

(4) 何謂適當長度的繩子？

CHAPTER **4**

限制驅導式
現場排程方法

有了前一章限制驅導式現場排程方法的基本理念後，本章再進一步完整的介紹這套排程方法，首先將這套方法的一些基本術語與觀念作一整理與說明。

4-1 限制驅導式現場排程方法之基本術語

4-1-1 限制

由於任何真實系統之績效(和目標有關)受制(limitted)於其限制(Constraints)。換言之，工廠亦存在有限制(最弱的環)而導致產出績效無法發揮，否則工廠的產出將會是無限大。因此所謂限制的定義為*任何阻礙工廠達到更高績效的事情*。阻礙工廠的限制分為政策限制及實體限制兩類。政策限制是屬於看不見的障礙，例如績效指標、組織文化、制度或管理者思維等；而實體限制則是看得到的瓶頸，可分為市場、產能或原料之不足等三種，如圖 4-1 所示。就限制驅導式現場排程之技術而言，是架構在實體限制而發展出來的，至於政策限制則是這套技術導入工廠的障礙或管理層面的衝突問題。

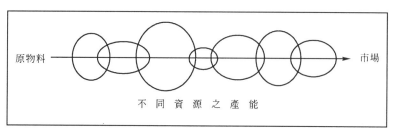

圖 4-1 工廠可能的實體限制

所謂限制驅導式現場排程方法，是要以限制的需求來驅動整個系統運作的節奏。換言之，是一切決策(例如資源分配等)要以系統限制的需求為優先考量，而系統其餘的非限制則要配合限制的決策。因此在應用限制驅導式現場排程方法時，首先要建立的觀念即為實體限制之觀念。

4-1-2　實體限制

工廠的實體限制有材料、資源或市場等三種。如果工廠由於某一或某些材料的不足或無法取得，而影響了產出的績效，則該材料稱為材料受限資源。如果工廠產出的無法發揮，是由於某一或某些產品之市場不足而造成的，則該市場稱為市場受限產品。如果工廠的產出是受限於某一或某些資源之產能，則該資源稱為產能受限資源(Capacity Constrained Resources，CCR)。

因此工廠的產能可分為產能受限資源與非產能受限資源(Non-CCR)兩類，材料可分為材料受限資源與非材料受限資源，而不同產品的市場可分為市場受限產品與非市場受限產品等。這些現象可能同時出現，也可能是這些現象的不同組合，必須依工廠的環境來研判。就限制驅導式的現場管理理念而言，管理重心要放在限制的資源(即產能受限資源、材料受限資源、或市場受限產品等)上。

當工廠的限制是材料或市場時，表示現場之產能有過剩或沒有訂單搶產能的現象，所以沒有排程問題或較為直接而無排程的困難性，所以限制驅導式現場排程方法主要是以產能受限資源為主。

4-1-3　受限產能

現場的資源會發生限制的現象，可能是因產能不夠的瓶頸造成的，或是原本產能足夠的資源，但由於管理不當而浪費了一些產能才導致產能不足而造成的，例如待料時間過長或不當之換線等。因此產能受限資源可能是負荷大於產能的瓶頸資源(Bottleneck)，但也可能是非瓶頸資源(Non-bottleneck)。因此，一個工廠的產能受限資源可能會不只一個。

雖然工廠可能會有一個以上的產能受限資源，但產能不足的程度是所有資源相對比較出來的相對值，而限制驅導式現場排程方法是以負荷最重的產能受限資源為限制，因此在所有的產能受限資源中，本書另外定義負荷最嚴重的產能受限資源為受限產能。例如負荷為 120%的產能受限資源相對於負荷為 110%的產能受限資源，就是整廠的受限產能，但是如果還有一個產能受限資源的負荷為 140%時，則負荷 120%的資源就不能稱為受限產能。因此工廠的資源可分為受限產能與非受限產能兩類，就限制驅導式的現場管理理念而言，管理重心要放在受限產能上。

其次，在產能受限資源中相對於負荷最嚴重的受限產能，其中次嚴重的產能受限資源，稱之為次受限產能，在第十章我們會討論次受限產能的排程方法。

例如圖 4-2 所示為一工廠佈置之示意圖，其中一個方塊代表一個加工站，可能是功能相同的機台，也可能是不同功能機台所組成之加工單元，假設其中一個工作站為受限產能，而另有一工作站為次受限產能。

...	...	...
...	受限產能	...
次受限產能	...	...

圖 4-2　受限產能與次受限產能之示意圖

　　同理，如果工廠的材料受限資源不只一種，而且這些材料受限資源是所有產品的共用料時，我們稱其中最嚴重者為受限材料，其餘材料則稱為非受限材料。但是，如果工廠的材料受限資源不只一種，而各產品所需的材料受限資源又不盡相同時，則受限材料與非受限材料的區分，在管理可能沒有意義(為什麼？)。本書為了不使問題過於複雜，因此後續的討論只考慮受限材料為所有產品的共用料。

　　如果工廠沒有產能與材料限制時，則所有產品都是市場受限產品，若區分彼此間的嚴重程度，在管理上亦無意義，所以直接稱為受限市場。

4-1-4　限制驅導節奏(DRUM)

　　其次在決定了系統的限制後，由於系統最佳的績效是決定於系統之限制，因此限制能否充份發揮是決定系統真實表現的關鍵。由於在排程上前後製程有相依性，先排者有較大的選擇機會，所以在整個系統的排程決策上，唯有讓限制有優先的決策權才能使其有充份發揮的機會，換言之，在排程上必須先決定限制最佳利用的生產節奏。由於這個節奏是依限制的需求而設計，而且要據以驅導整個系統之運作，因此稱之爲限制驅導節奏。在設計排程時，必須先以受限產能最佳利用的角度，來安排各製令在受限產能的最佳加工次序的限制驅導節奏。例如圖 4-3 之限制驅導式現場排程方法示意圖中間之限制驅導節奏部份，經由最佳之安排後，其生產的節奏爲 A 訂單→B 訂單→C 訂單→...→Z 訂單等。

如何設計受限產能的生產節奏是限制驅導式現場排程方法最主要的技術問題之一。例如對於沒有特定交期的計劃型生產型態的限制驅導節奏設計，可以只就工廠最有利的角度來設計，前一章所討論的個案即屬於這類型的例子；至於有特定交期的接單式生產型態(Make-To-Order，MTO)，在設計受限產能的生產節奏則增加了訂單交期的條件，因此較爲複雜，後續章節會有詳細之介紹。

4-1-5 緩衝(Buffer)

其次爲了確保限制驅導節奏的可行，必須要給予一些保護與系統的配合等措施。先就保護措施來討論(系統的配合措施則在下一小節再討論)，保護的目的有二：其一是要確保訂單能及時到達瓶頸資源進而確保出貨的時間不會延誤；其二是要確保受限產能不會斷料或沒工作。因爲若訂單不能及時到達受限產能站，則會攪亂整個限制導節奏的次序(即破壞了組織達成最佳績效之機會)，而且該訂單延誤的機會會大增；其次受限產能若工作中斷，則其一分鐘的閒置即表示組織少了一分鐘賺錢的機會。因此保護限制驅導節奏是非常重要的，限制驅導式現場排程方法是以緩衝時間(time buffer)的觀念來達到保護的目的。

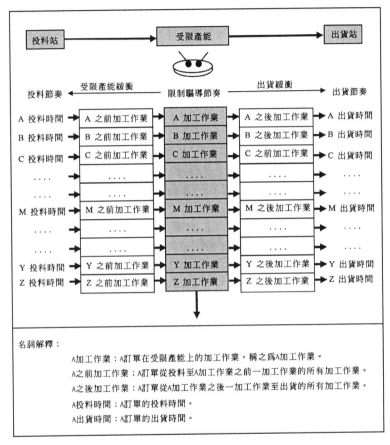

名詞解釋:

　　A加工作業:A訂單在受限產能上的加工作業,稱之為A加工作業。

　　A之前加工作業:A訂單從投料至A加工作業之前一加工作業的所有加工作業。

　　A之後加工作業:A訂單從A加工作業之後一加工作業至出貨的所有加工作業。

　　A投料時間:A訂單的投料時間。

　　A出貨時間:A訂單的出貨時間。

圖 4-3　限制驅導式現場排程方法之示意圖

　　緩衝時間有點類似加了安全前置時間的前置時間,其內容包含加工與設置時間、系統的不穩定寬放及可能發生負荷高峰的寬放等;換言之,緩衝的內容可表達成下列之函式:f(加工/設定時間,製程不穩定寬裕,負荷高峰寬裕)。這裡必須提醒的一點是,緩衝是以產出觀的需求來保護系統而不計較各站的保護;換言之,緩衝所要保護的是訂單在一個區段(數個工作站)內有效的進行,而不是要保護訂單於各站之績效。例如圖 4-3 從投料到出貨，和產出績效有關的控制點，只有受限產能和出貨站兩個點的績效。所以從投料到受限產能之前必須給予一受限產能緩衝(CCR Buffer)，以保護限制驅導節奏的進行；而從離開受限產能後到出貨站之間，亦必須給予一出貨緩衝(Shipping Buffer)，以保護訂單能在交期前及時完成。

其次，要注意的是緩衝的觀念也常和在製品的安全存量相混淆。傳統存貨理論的安全存量觀念主要是以保護工作站不會閒置的目的而設計存量緩衝的大小，而未能考慮到訂單能否準時完成的需求；至於緩衝則是以保護訂單能及時到達保護點(例如受限產能或出貨站等)為考量。這兩者之間的差異，讀者必須要弄清楚，才能體會出緩衝的意義。例如如果所有的訂單都能及時通過受限產能，是否即表示受限產能不會閒置；相反的，如果受限產能沒有閒置(因為前面有 WIP 保護)，並不代表訂單都能及時完成（為什麼）。

所以緩衝必須以產出鍊的方式來了解，如圖 4-4 所示為圖 4-3 第 M 個訂單之產出鍊，其中有陰影的部份是該產品在受限產能的加工作業 M，而整個產出鍊被 M 加工作業分為四部份：M 加工作業本身、M 之前加工作業、M 之後加工作業、以及要和 M 之完成件裝配之工件的前加工作業等。為了有效的保護系統與訂單的運作，限制驅導式現場排程方法共提出了受限產能緩衝、裝配緩衝及出貨緩衝等三種緩衝的保護觀念，如圖 4-4 所示。

受限產能緩衝所涵蓋的範圍是從投料到 M 之前加工作業之間所需的時間，其目的是要保護限制驅導節奏的如期進行或製令投料後能及時到達受限產能站的時間；至於裝配緩衝所涵蓋的範圍為要和 M 所完成工件裝配之工件的前加工作業所需的時間，其目的是要保護受限產能所完成的工件能及時的被裝配，而不要發生閒置在裝配站前的不合理狀況；最後出貨緩衝所涵蓋的範圍為 M 之後加工作業所需的時間，其目的則是要保護訂單能在交期前及時完成。

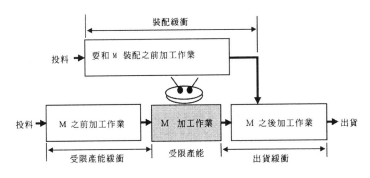

圖 4-4　單一訂單之限制驅導式現場排程方法示意圖

4-1-6　投料節奏(Rope)

　　為了確保限制的生產節奏的可行，除了緩衝時間的保護措施外，系統還必須要有一些配合的措施。首先最重要的就是投料時機必須配合限制生產節奏的需要，因此必須由限制驅導節奏來推導出投料節奏(Rope)，其方法是由該訂單於限制驅導節奏上的計畫開始時間減去受限產能緩衝時間，即可得到受限產能前加工作業或該訂單的投料時間，如圖 4-3 或圖 4-4。同理，若將該訂單於限制驅導節奏上的計畫開始時間減去裝配緩衝時間，即可得到要和完成受限產能加工工件之裝配件的投料時間，如圖 4-4。

　　由於投料節奏是由限制驅導節奏推導而得，現場在備料或投料時一定得依照投料時程的節奏，決不可因非限制資源沒工作做而投料，否則會破壞了限制的生產節奏。如此，投料節奏即可和限制驅導節奏達到同步(in-line)的效果，而確保限制驅導節奏的有效進行。

4-2　限制驅導式現場排程方法之資料與步驟

綜合上面之討論，在應用限制驅導式現場排程方法時，所需的基本資料與步驟如圖 4-5 所示。

如圖 4-5 所示，所需的基本資料可分為兩類。第一類的資料是屬於生產環境的資料，包含現場資源、產品的產出鍊及緩衝時間等，這些資料的特性是不會天天變化。

(1) 現場資源：各種資源之台數、換線時間等。

(2) 產品之產出鍊：產品生產的物料與製程結構。

(3) 緩衝：保護系統不穩定狀況之發生，有三種緩衝，分別為：

　　- 受限產能緩衝：保護限制驅導節奏的有效進行。

　　- 出貨緩衝：保護出貨之交期。

　　- 裝配緩衝：保護受限產能產出後的裝配。

另外一類則是會每天變化的資料，包含新舊訂單及現場的在製品種類與數量。

根據這些資料即可進行限制驅導式的排程，其應用過程可分為三個基本步驟：

(1) 確認系統限制的所在(CCR)。

(2) 設計限制驅導節奏(DRUM)。

(3) 規劃投料節奏(Rope)。

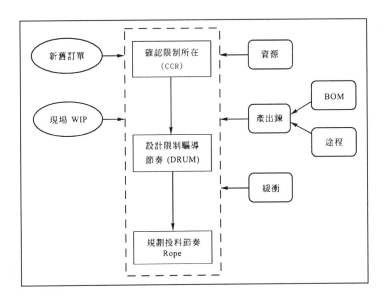

圖 4-5　應用限制驅導式現場排程方法的基本資料與步驟

　　如果工廠訂單的產品組合(Products Mixed)或產品製程的變化性不高時，系統的限制會較固定而不致於每天都不一樣，因此步驟一並不一定在每次排程都要重覆一遍。如果工廠訂單的產品組合(Products Mixed)或產品製程的變化性很高時，要如何確認工廠真正的受限產能，在第十二章會有詳細的說明。

　　其次步驟三投料時程的規劃只要根據限制驅導節奏及緩衝時間，即可計算出來。所以在執行限制驅導式現場排程方法時，最主要的工作即在設計限制驅導節奏，而且限制驅導節奏決定了系統的最佳績效及全廠的配合節奏，因此是限制驅導式現場排程方法的核心。

　　然而由於不同工廠環境的需求不同，限制驅導節奏的設計邏輯亦會不相同，例如計劃型生產型態與接單式生產型態即不相同，其次再如製程有否再回製(re-entry)，例如晶圓製造廠，亦會有不同的排法。所以必須多用一些篇幅來說明，在本章後續兩節介紹計劃型生產型態與接單式生產型態的限制驅導節奏的設計，而在精進篇的章節會介紹製程回流與多機台的限制驅導節奏的設計。

4-3　計畫型生產型態之限制驅導節奏設計

　　計劃型生產型態的最大特性是沒有訂單交期之限制，換言之，不會有兩張以上的訂單由於交期相同或接近而有產能不足之衝突問題。由於少了要配合訂單交期之條件，所以在設計最佳限制驅導節奏時，只需以限制最佳利用或能獲得最大產出的角度來設計即可。有兩個原則可用來協助最佳利用限制的思維：(1)不要有浪費的動作及(2)高附加價值的工作優先。

　　要避免發生浪費的動作發生，必須先了解何謂「浪費的動作」？所謂「浪費的動作」即該作業毫無附加價值，例如機台閒置或換線作業等。機台為何會閒置？如果在設計排程時，所安排的排程其現場執行或配合的可行性很低，則受限產能閒置的機會即會增加。例如前一章在安排圖 3-8 機台 P(受限產能)的生產節奏時，由於從投料到機台 P，所需時間至少要 5 小時以上，所以一開始能考慮排入機台 P 的，只有機台 P 前有期初在製品的作業，即作業 C5 與 G5，這樣的排程才可避免機台 P 的閒置。

　　至於「高附加價值」則是指能獲得較高產出的一種比較。例如能立即出貨的作業就比不能立即出貨或不一定能出貨的作業有較高的附加價值。圖 3-8 在選擇機台 P 第一個(0:00)作業，要先排 C5 而不先排 G5 的理由，即因先排 C5 的附加價值較高。因為若先排 G5，則需進一步排 E5 或 H5，才有機會出貨，但在 G5 完成前，E5 或 H5 所需的料件不一定能及時到達機台 P 前，萬一沒到達，則機台 P 由於不能如期加工 E5 或 H5，而導致之前所生產 G5 工件，由於無法組裝而無法出貨。

其次較賺錢的產品，能得到較高的產出，所以附加價值亦較高。問題是如何判斷那一產品較賺錢呢？例如圖 4-6 上的兩種產品何者較賺錢呢？傳統成本會計或管理會計教了我們一套決策的方法，是以透過產品的邊際貢獻的大小來決擇。而如果要再嚴謹些，則可進一步將所要投入的資源(時間)一併考慮，即以每單位資源時間的邊際貢獻大小來決擇。

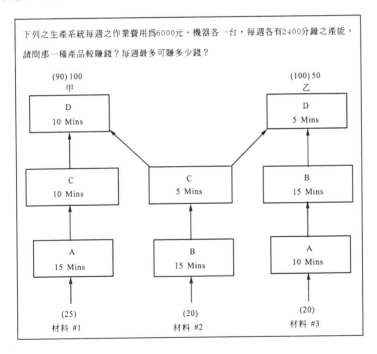

圖 4-6　一個評估何者賺錢的產出鍊例子

因此要決定圖 4-6 上的兩種產品何者較賺錢，必須先計算出兩種產品各自的邊際貢獻或每單位加工時間的邊際貢獻之大小值才能比較，根據傳統成本會計的方法，這些值計算如下：

產品	銷售價格 P	材料成本 C	邊際貢獻 G=P-C	每件所需加工時間 t	每單位加工時間之貢獻 G/t
甲	90	45	45	55	0.82
乙	100	40	60	50	1.20

根據上表所計算之邊際貢獻與每單位加工時間之邊際貢獻，很清楚的可以比較出來產品乙優於產品甲，即較賺錢的產品為產品乙。所以在市場的定位上要先以產品乙為優先滿足，若還有多餘的產能再生產較不賺錢的產品甲。因此就圖 4-6 每週的市場需求而言，在滿足產品乙每週 50 件後，共吃掉了 1500(=50*30) 分鐘之機台 B 的產能。所以機台 B 還有剩 900(=2400-1500)分鐘的產能，可用來生產比較不賺錢的產品甲，因此共可以生產 60 件(=900/15)的產品甲。

所以根據每週 50 件的產品乙及 60 件的產品甲的產品組合，該生產系統每週的收入共有 5700 元(=50*60+60*45)，扣掉每週的作業費用 6000 元後，結果每週為 300 元的淨損。

如果不要理會上述根據成本會計所得的產品乙比較賺錢的決策，而優先生產產品甲，之後有剩餘的產能再來生產產品乙的話，結果會如何呢？

在滿足產品甲每週 100 件後，共吃掉了 1500(=100*15)分鐘之機台 B 的產能。所以機台 B 還有剩 900(=2400-1500)分鐘的產能，可用來生產產品乙，因此共可以生產 30 件(=900/30)的產品乙。

　　所以根據每週 100 件的產品甲及 30 件的產品乙的產品組合，該生產系統每週的收入共有 6300 元(=100*45+30*60)，扣掉每週的作業費用 6000 元後，結果每週有 300 元的淨利。

　　怎麼會這樣呢？根據成會所得到的決策，居然是虧本的決策；而我們隨便試的決策，竟然才是賺錢的決策！？換言之，成會所給我們的是錯誤的訊息，若根據這些錯誤的訊息，則會誤導我們的決策，即會將不賺錢的產品判斷為賺錢的產品，而將賺錢的產品誤判為不賺錢的產品。

　　成本會計會誤判的原因，主要是因為成本會計是建立在成本觀的理念上，而忽略了「限制」的影響。在圖 4-6 的四種機台中，除了機台 B 產能不夠外，其餘三種機台都有剩餘產能，因此必須以限制的邊際貢獻來決策才合理，其結果計算如下：

產品	銷售價格 P	材料成本 C	邊際貢獻 G=P-C	每件所需限制之加工時間 t	每單位限制時間之貢獻 G/t
甲	90	45	45	15	3.0
乙	100	40	60	30	2.0

　　由於機台 B 生產產品甲，每單位時間的邊際貢獻為 3 元，而機台 B 生產產品乙，每單位時間的邊際貢獻只有 2 元，當然是產品甲較賺錢。根據這個決策所得之結果，每週才能賺 300 元。因此工廠何謂「賺錢」或「較賺錢」的產品，是值得大家重新思考的問題。(請試著練習一下，圖 3-8 的產品中那一產品較賺錢？)

　　因此再回到本節的重點，計劃型生產型態的限制驅導節奏的設計，有兩個原則可用來協助最佳利用限制的思維：

(1) 不要有浪費的動作，例如有在製品的作業較不會造成限制之閒置，所以要優先生產；或和前一作業有相同設定的作業可減少一次換線的浪費，所以應該優先生產等。

(2) 高附加價值的作業優先，例如能順利出貨者的附加價值較高，所以要優先；或較賺錢者的附加價值較高，所以要優先生產等，不過要特別注意的是「賺錢」者不可誤判。

4-4　接單型生產型態之限制驅導節奏設計

接單型生產型態相對於計劃型生產型態的最大差異性是多了訂單交期之限制，換言之，在產能的安排上必須優先考慮訂單交期的需求。因此當兩張以上的訂單由於交期相同或接近時，就會發生產能不足之搶資源的衝突問題。所以在設計最佳限制驅導節奏時，不能只以限制最佳利用或能獲得最大產出的角度來設計，而必須兼顧訂單交期之滿足及負荷推平之間衝突的合理化工作。

當訂單有交期要求時，其限制驅導節奏的設計可以大概分為兩個階段，第一階段是計算出各訂單對限制產能的需求程度，若發生產能不足之負荷重疊現象時，即進入第二階段，將負荷予以推平，以得合理的排程計畫。

要計算出各訂單對限制產能的需求程度，首先必須先計算出各訂單在受限產能之作業的計畫生產時間，因此可透過各訂單的交期減去出貨緩衝時間，即可得到各訂單在受限產能之作業的計畫完成時間，再依訂單在受限產能作業大小，即可得到該訂單在受限產能的計劃開始時間。其次先不考慮受限產能產能的可行性問題，而只根據各訂單在受限產能作業之計畫

生產時間先行排出一個很理想化的排程，即可評估出各訂單對限制產能的
需求程度，如圖 4-7 所示。圖 4-7 的受限產能負荷評估圖形，由於某些訂單
的負荷相互重疊，形狀很像一座半倒城牆的廢墟(Ruin)，因此這一階段評估
訂單於受限產能負荷的工作為堆廢墟。

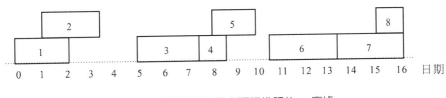

圖 4-7　受限產能負荷之可行性評估 – 廢墟

　　如果在堆廢墟階段所堆出來的廢墟若不像廢墟時(即沒有負荷重疊問
題)，即表示訂單負荷重疊的問題並不嚴重或產能有過剩。若屬訂單負荷重
疊的問題不嚴重的情形，則該廢墟上訂單的次序即為限制驅導節奏；但若
屬產能有太大的過剩時，則表示該站已非限制，必須重新找出系統限制之
所在。

　　如果這一階段所堆出來的廢墟很像廢墟時，即表示訂單交期之滿足及
產能可行性之間有很嚴重的衝突，因此必須予以推平才合理。由於推平負
荷是一個資源分配的決策問題，因此先排那一作業會有很大的影響。

　　若讓交期較晚的訂單先排(即由後往前排)，當產能不足時，交期早的訂
單由於後排，其理想的時段已被先排的訂單佔用，所以會被排在比其理想
時段較前面(早)的時段生產。這些訂單由於提早生產，因此會有一些提早完
成的存貨。相反的，若讓交期較早的訂單先排(即由前往後排)，當產能不足
時，交期晚的訂單由於後排，其理想的時段已被先排的訂單佔用，所以會
被排在比其理想時段較後面(晚)的時段生產，因此會造成這些後排訂單的延

誤。由於訂單的交期是不容延誤的，所以只能選擇犧牲一些存貨的策略，即選擇由後往前排的法則。其次當訂單有相同的交期時，由小訂單提早生產所造成的存貨會比大訂單先生產所造成的存貨來得小，所以當訂單有相同交期時，選擇大訂單先排的法則，以降低訂單提早生產所造成的存貨。同理，當訂單有相同的交期時，應該將比較賺錢的訂單提早生產，其附加價值較高，所以當訂單有相同交期時，選擇比較不賺錢的訂單先排的法則，才能卻保工廠最大的有效產出。

基於這些原因，因此必須使用後推排程(backward)的觀念來推平廢墟，並且使用下列法則來決定作業的先後次序：

　。交期晚者先排。

　。若交期相同，則加工時間長(大)者先，或不賺錢者先等。

接下來將以圖 4-7 的廢墟，來說明廢墟如何推平。由於圖 4-7 上，作業 7 或作業 8 有相同的計畫完成時間，但作業 7 的負荷較重，所以根據上述的推平觀念與法則可知，要先排作業 7，如圖 4-8(a)所示。由於作業 7 是第一個排的作業，所以可以排放在它所需要的理想位置上。

排好作業 7 後，接下來要排的作業即為作業 8。由於作業 8 所需要的理想位置已被作業 7 搶佔，所以只能由後往前推到作業 7 之前，如圖 4-8(b)所示。同理，可將作業 6~作業 1 等 6 個作業依序推平，而得到如圖 4-8(c)所示之排程。

經過這樣的推平過程，原來廢墟上資源重疊的衝突問題即獲得解決。請仔細比較圖 4-7 之廢墟與 4-8(c)推平後之排程，可以發現 4-8(c)推平後之排程各作業的開始時間都普遍比原來在圖 4-7 廢墟上的開始時間來得早，所以這個推平的觀念與法則是以存貨的方法來解廢墟上的資源重疊問題。

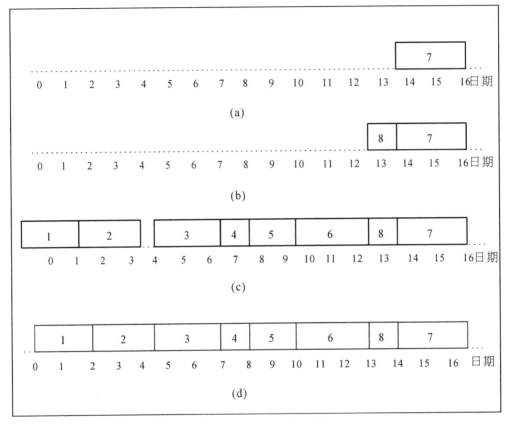

圖 4-8　推平圖 4-7 廢墟之過程

推平廢墟的過程，到此是否已完成了呢？從圖 4-8(c)可以看出來，作業 1 的開始時間是被排到過去的時間上(時間 0 代表現在或可行的原點)，這是不可行的。所以我們別無選擇，只能將其往後推到合理的原點上，如圖 4-8(d) 所示。

在將作業 1 往後推到合理的原點上時，亦會將其他作業往後排擠。因此若作業原來推平後的完成時間是比計畫完成時間提早完成的話，經過這麼一擠後，即可縮小這些作業提早完成的時間，例如作業 8。這是好事，因對於這些在受限產能上延後完成的作業，是否會使該訂單有延誤之慮呢？基本上，還不致於這麼嚴重，因爲這些在受限產能上延後完成的作業，只表示這些訂單的出貨緩衝時間較正常所給的時間來得少。所以當這些作業在受限產能上延後完成，只表示浪費(或吃掉)了一些出貨緩衝時間而已，所以這些訂單還不致於會延誤。除非所吃掉的出貨緩衝時間非常之大，例如超過一半，意即作業在受限產能上的完成時間晚於該訂單交期減去 1/2 出貨緩衝時間。才會導致出貨緩衝的嚴重不足。不過要注意的是，如果依上述推平法則，會發生訂單在受限產能的完工時間比理想的時間，晚了一半或以上的出貨緩衝時間，是否表示受限產能的負荷已過重了呢？果眞如此，則該訂單即可能成了緊急訂單(red batch)，根據第六章的現場控制技術會依訂單延誤程度給予適當的趕工建議。

第 4-3 節與第 4-4 節分別介紹了計劃型生產型態與接單型生產型態的限制驅導節驟設計之觀念，這些觀念將有助於讀者對這套方法與應用之認知興趣。雖然還有更複雜的工廠生產環境，例如受限產能爲多機或受限產能有再回製等，但本書爲了能先完整的介紹這套排程與管理方法，因此如何設計這些較複雜環境的限制驅導節奏，留到精進篇再來討論。所以接下來的一章將分析限制驅導式現場排程的執行上的管理問題，進而如何發揮工廠持續之改善。不過本章在最後，還要交待如果限制不是產能而是市場或材料時，如何設計其限制驅導節奏。

4-5　限制為市場或材料之限制驅導節奏設計

當限制不是產能而是市場或材料時，代表工廠資源產能過剩，因此在設計限制驅導節奏時，應該以市場或材料最佳利用或能獲得最大產出的角度來思考。先就限制為市場的情況來討論。

當限制為市場時，產出鍊上所有資源的產能都過剩，即沒有受限產能或瓶頸，所以產出鍊上不需要受限產能緩衝及裝配緩衝的保護，而只有出貨緩衝的保護，如圖 4-9 所示。

其次，由於產出鍊上所有資源的產能都過剩，不會有訂單負荷重疊之問題，整個工廠或產出鍊的生產節奏必須由市場的需求來決定，因此限制驅導節奏是位於出貨的位置，如圖 4-9 所示。

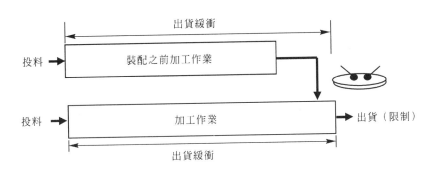

圖 4-9　限制為市場之限制驅導式現場排程方法示意圖

當系統的限制為市場時，現場資源生產的再多，對產出沒有絲毫的幫助，所以不要管現場資源的使用率或效率的績效，而必須以客戶的需求來提供服務，例如客戶要的是小批量的交貨、交期短而準、產品的品質優異等，當客戶滿意後，才有機會提高工廠現在與未來的產出。例如圖 3-8 上之 Model 20，由於限制在市場，所以可以分兩批(星期一與星期四)或更多批出貨，以提升客戶的滿意度。

當系統的限制為市場時，即一般所謂的市場不景氣。這時如果工廠不能依時制宜的提出小批量的交貨、交期短而準或更優異的產品品質等策略，而依然固守著機台或資源(尤其曾是瓶頸的機台或資源)的使用率或效率的成本觀時，該廠的限制即落入所謂的政策限制。這樣的結果，工廠即失去了表現的機會，當然無法比友廠提早接到大單而擺脫不景氣。

接著再來看材料限制。當系統的限制為材料時(該材料稱為受限材料)，表示產能與市場都相當充裕。為了讓受限材料能發揮最大的產出，一樣可以從計劃型生產型態所介紹的最佳利用限制的思維來想，即(1)不要浪費受限材料及(2)提高受限材料的附加價值。

首先，由於產出鏈上所有資源的產能都過剩，不會有訂單負荷重疊之問題，整個工廠或產出鏈的生產節奏必須由市場的需求來決定，因此限制驅導節奏和限制為市場時相同，是位於出貨的位置，如圖 4-10 所示。但在設計限制驅導節奏時，必須考慮如何充分利用受限材料。為了使受限材料不要有浪費的動作，首先受限材料流到裝配站時，絕不可發生沒有其他料可裝配的現象，所以應該是其他的料先到裝配站等受限材料才合理，換言之，非受限材料必須比受限材料早投料。其作法可以將出貨的時間當作是裝配的時間（亦即將出貨計劃視為是裝配計劃），其次再取相同的出貨緩衝與裝配緩衝，即可確保非受限材料會比受限材料早投料。如圖 4-10 所示，只要出貨緩衝與裝配緩衝相同，即可確保非受限材料能較早投料。

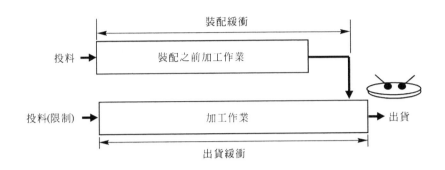

圖 4-10　限制為原物料之限制驅導式現場排程方法示意圖

　　此外，在加工受限材料時，管理重心不要放在資源的效率而要放在品質良率上，也會有助於受限材料不要浪費的需求。

　　其次，如何提高受限材料的附加價值？例如讓受限材料用在交期較急的訂單上，其附加價值即高過不急或交期尚未確定的訂單。另外受限材料能獲得較高邊際貢獻的訂單，其附加價值亦較高。

　　例如圖 4-6 的產出鍊例子，如果供應商只能供應 100 個材料#2 時，則材料#2 即成了受限材料。這時材料#2 要用在那一訂單的附加價值會較高呢？我們必須先算出受限材料對不同訂單/產品能獲得之邊際貢獻，如下表所示：

產品	銷售價格	材料成本	邊際貢獻	每件所需受限材料數量	每單位受限材料之貢獻
	P	C	G=P-C	q	G/t
甲	90	45	45	1	45
乙	100	40	60	1	60

　　根據上表可知，受限產料#2 如果用來生產產品乙，能得到比產品甲較高的邊際貢獻，所以應該優先生產產品乙。

在滿足產品乙每週 50 件後，共用掉了 50 件材料#2，所以還有剩下 50 件材料#2，可用來生產比較不賺錢的產品甲，因此產品甲亦可以生產 50 件。

所以根據每週 50 件的產品甲及 50 件的產品乙的產品組合，該生產系統每週的收入共有 5250 元(=50*45+50*60)，扣掉每週的作業費用 6000 元後，每週為 750 元的淨損。

當系統的限制已從資源 B 移轉成材料#2 時，如果管理者依然執著資源 B 為限制時的決策時(即產品甲較佳)，則 100 件的材料#2 會全部用來生產 100 件產品甲，則該生產系統每週的收入共有 4500 元(=100*45+0*60)，扣掉每週的作業費用 6000 元後，每週會有 1500 元的淨損，其損失為前者的兩倍。

所以適時掌握受限材料的邊際貢獻，以提升受限材料的附加價值，是值得嘗試的。

4-6　問題與討論

1. 解釋下列名詞：

   (1)限制　　　　　　　(2)政策限制　　　　　　(3)實體限制

   (4)產能受限資源　　　(5)材料受限資源　　　　(6)市場受限產品

   (7)瓶頸資源　　　　　(8)受限產能　　　　　　(9)次受限產能

   (10)限制驅導節奏　　　(11)緩衝　　　　　　　　(12)受限產能緩衝

   (13)出貨緩衝　　　　　(14)裝配緩衝　　　　　　(15)投料節奏

   (16)廢墟

2. 在設計接單型生產型態之限制驅導節奏過程中，在推平廢墟時，本書是使用後推法(backward)的觀念來推平廢墟，相對於後推法則另有一前推法(forward)，所以請嘗試使用前推法的觀念來推平廢墟。再與後推法作一比較，何者較優？

3.~6. 第 3 題為圖 3-8 之個案而第 4~6 題為第 3 章問題與討論之第 3~5 題，請根據其產出鍊與生產環境，考慮下列條件，各重解一次。假設該廠改為接單型生產型態，每天工作時間為八小時，而緩衝時間(出貨/受限產能/裝配)都各為 12 小時，請根據下列訂單(Qty:市場需求量，DD:交期)，設計其限制驅導節奏及投料節奏。

產品 B		產品 D		產品 F		產品 H	
Qty	DD	Qty	DD	Qty	DD	Qty	DD
--------------------		--------------------		--------------------		--------------------	
10	1	15	2	10	3	12	2
9	3	14	4	10	7	8	5
16	4	12	5			8	6
11	6	12	7				

7. 請以第 4-3 節所提出的計劃型生產型態最佳利用限制的思維：(1)不要有浪費的動作及(2)高附加價值的工作優先等，來評估您在前一章問題與討論之第 3~5 題所設計之限制生產節奏。

8. 請就第 3 章問題與討論之第 6/7 題產出鍊與生產環境，假設該廠改為接單型生產型態，其餘資料不變。請根據下列訂單(Qty:市場需求量，DD:交期)，設計其限制驅導節奏及投料節奏。

RED		WHITE		BLUE	
Qty	DD	Qty	DD	Qty	DD
--------------------		--------------------		--------------------	
10	1	15	2	10	2
19	3	20	4	10	3
16	4	17	5	15	4
11	6	16	7	20	6

9. 請舉例說明材料受限資源、非材料受限資源、產能受限資源、非產能受限資源、市場受限產品及非市場受限產品在工廠可能的組合。

10. 試舉例說明工廠的材料受限資源不只一種，而各產品所需的材料受限資源又不盡相同時，則受限材料與非受限材料的區分，在管理上沒有意義之原因。

11. 請問緩衝的單位是時間或數量(在製品)？以時間為緩衝單位和以數量為緩衝單位，在意義上有何不同？

12. 一個工廠有沒有可能材料受限資源、產能受限資源及市場受限產品三者都沒有？

13. 在設計接單型生產型態之限制驅導節奏過程中，在推平廢墟時，本書建議的法則是交期晚的先排，而當交期相同時是加工時間長(大)的訂單或比較不賺錢的訂單先排，請說明其理由？

14. 當工廠限制為材料時，要如何充份利用材料？當工廠限制為市場時，要如何充份利用市場？

15. 請問在應用限制驅導式現場排程方法時，所需的基本資料有那些？其設計步驟為何？

16. 請以 4-3 節的方法評估圖 3-8 產出鍊四種產品，何者較賺錢？並和傳統成會的結果(第三章問題與討論之第 9 題)作一比較。

17. 下列共有(a)~(k)個產出鍊，假設其中機台 P 為限制，請就各產出鍊，標示其出貨緩衝、受限產能緩衝及裝配緩衝所涵蓋之範圍。其次並請說明各產出鍊所有原料在計算投料時間時所要根據之參考點為何？

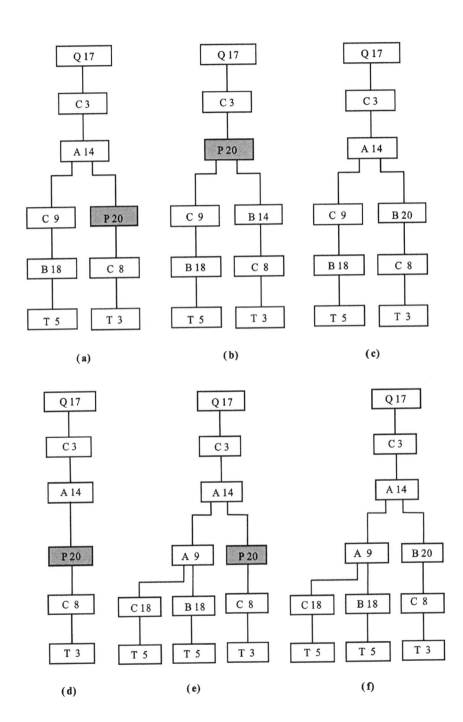

(a)   (b)   (c)

(d)   (e)   (f)

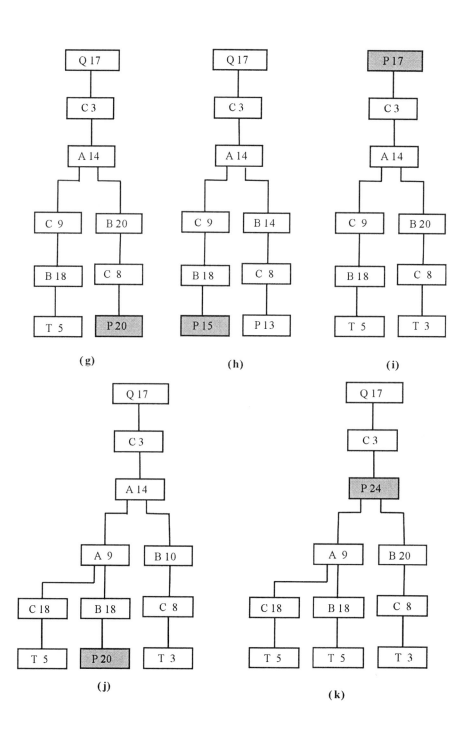

18. 假設下列產出鍊的限制為 R 機台：

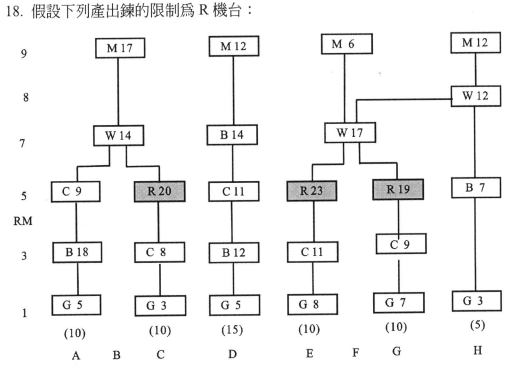

其出貨緩衝＝受限產能緩衝＝裝配緩衝＝12 小時，現在有四張訂單，交期都為第 40 小時，其訂單代碼與生產內容如下：M_b(產品 B)，M_d(產品 D)，M_f(產品 F)及 M_h(產品 H)。如果各訂單在 R 機台的作業所需之加工時間如下表所示：

訂單	在 R 機台的作業	所需工時(小時)
M_b	C5	5
M_d	-	-
M_f	E5	3
	G5	7
M_h	E5	2
	G5	9

因此所求得之限制驅導節奏與投料節奏如下：

訂單	交期	在 R 機台之作業	限制驅導節奏		投料節奏
			完成時間	開始時間	
M_b	40	C5	28	23	C: 11 , A: 11
M_d	40	-	-	-	D: 28
M_f	40	E5	28	25	E: 13
		G5	28	21	G: 9
M_h	40	E5	28	26	E: 14 , G: 7
		G5	28	19	H: 14

請檢討所求得之限制驅導節奏與投料節奏之可行性並說明理由？如果您認爲不可行，是否能提出一個比較可行之限制驅導節奏與投料節奏？

19. 請比較計畫型生產型態(無訂單交期)與接單型生產型態(有訂單交期)之限制驅導節奏設計之不同？

20. 工廠的限制可能爲產能、市場或材料，本章在分析那一產品有較高附加價值時，會依不同的限制而有不同的決策，請說明之。但以傳統成本會計而言，不管工廠的限制如何變化，產品的附加價值並不會因限制的改變而有所變化，請說明之。請比較這兩類方法，您會選擇那一種方法？爲什麼？

CHAPTER **5**

限制驅導式
現場管理方法

5-1　限制驅導式現場派工理念

由於限制驅導式現場排程方法的排程計畫，只包含了限制（受限產能）之限制驅導節奏及投料節奏，至於非受限產能則沒有任何生產排程。這樣的排程法，所引申的現場派工/管理理念為：受限產能與投料站要採集中式派工/管理，而非受限產能則必須採分散式派工/管理。所謂集中式派工/管理指的是該站的一切生產活動必須完全依照計畫指示或上層管理者的需求來進行；而分散式派工/管理則剛好相反，該站的一切生產活動是由該站領班或技術員依現場的狀況與需求而自行決定。

由於限制驅導節奏決定了整廠的最大產出與生產節奏，而限制驅導節奏的設計是訂單與受限產能分配之程序與結果，因此限制驅導節奏的設計必須由具備整廠宏觀之相關管理者負責，這些人至少應包含製造部、業務部與生產管制部等部門之資深人員。以這樣宏觀的角度設計出來的限制驅導節奏，在執行時當然不允許再被任意更動，所以受限產能必須採取集中式派工/管理，即現場領班或技術員必須依限制驅導節奏的次序依序執行，而不可自作主張，才不會破壞系統的最大產出。

要特別提醒的是，在給受限產能站的派工單或生產計畫上，只要列出各訂單加工之先後次序即可，而不要列出各訂單計畫上詳細的開始與完成時間。因為若讓現場領班或技術員知道各訂單計畫上詳細的開始與完成時間，只會有壞處而無好處(為什麼？)。例如某一訂單技術員提早了五分鐘完成(9:55)，而派工單上清清楚楚的寫著計畫完成時間為 10:00，請問這五分鐘技術員會用來休息或放慢效率，還是會繼續保持著原來旺盛的工作效率，而提早進行下一張訂單？現場既然充滿了各種的統計波動，各訂單在受限產能上詳細的開始與完成時間，只能供計畫參考用，若用在管理與控制現場是毫無意義的！

　　至於投料點，由於其投料的目的是要配合受限產能生產的需要，所以不可以太早投料，也不可以太晚投，而必須依投料節奏的時程投料，才能和限制驅導節奏同步，因此亦必須採取集中式派工/管理。除非限制驅導節奏有變動，投料時程才能跟著修正，否則投料的時程或次序絕不可任意更動，而最忌諱的則是絕不可因工作站沒有料可工作而仁慈的投料。

　　其次對於工廠其餘的非受限產能，亦採取集中派工/管理模式嗎？前面曾討論過，系統最大的產出是由受限產能決定，而非受限產能必須全力配合受限產能的需求。所以非受限產能為了全力配合受限產能，如果採集中式派工，即和受限產能一樣，必須先設計好一生產排程來全力配合受限產能的限制驅導節奏，可行嗎？

　　例如有一非受限產能機台 y1，若照所設計之生產排程，接下來它應該要生產的是 a 訂單，但目前 a 訂單的工件卻還卡在之前某一機台 y2 上，而另一張訂單 b 的工件卻已在 y1 前等候。請問這時候機台 y1，應該先生產訂單 b，還是應該依照排程的要求繼續等訂單 a？

　　由於現場充滿了許多不可預測的莫非(murphy)或統計波動，若要規定非受限產能依照先行設計的生產排程進行，即採取集中式派工的方式來全力配合受限產能的限制驅導節奏是不可行的。所以花那麼大的代價為為數眾多的非受限產能設計或維護排程是沒必要也沒意義的。

　　其次在工廠資源中產出速度最慢的資源為受限產能，當投料節奏是依受限產能的需求而規劃時，表示現場其餘非受限產能會有多餘的產能或者其前之在製品存貨會非常的有限。既然負荷不高或在製品存貨有限，即表示訂單搶資源或負荷重疊的問題不嚴重，所以沒有太多的排程或資源分配之決策需求。

　　因此非受限產能應該採取分散式派工/管理之模式，意即可授權現場領班或技術員自行負責其站別之派工或管理問題。而現場的派工/管理原則或紀律則愈簡單愈好，例如使用最簡單的先到先做(FCFS)之派工法則或儘快做完往後送等，只要現場領班或技術員確實遵守，即可發揮全力配合受限產能的需求。

5-2　限制驅導式現場排程的有效性

　　所謂排程的有效性，是指一個排程的計畫內容與實際執行間的差異程度，如果差異愈小即表示管理的有效性愈高。因此接下來要從排程管理的有效性，例如訂單的交期與投料時間的掌握的準確性等，來評估限制驅導式現場排程方法的意義。

　　一張訂單從投料到完成所需的時間，一般稱為訂單的製造時間或流動時間，這之間所有的時間可以分為五個部份：

(1) 準備或設定時間(setup time)：設備為了加工工件而必須要先完成的各種準備工作，例如換模具、清理、調整精度或參數等，這時工件必須在一旁或機台上等候的時間。

(2) 加工時間(run/processing time)：這段時間是花在將工件變成更有價值的物品。

(3) 待工時間(queue time)：當設備忙著加工某工件時，其他工件必須排隊等待加工的時間。

(4) 等候時間(waiting time)：等候時間亦是工件花在等待加工的時間，但不是為了等候加工設備，而是為了等候其他的工件。等候時間大致可分為兩類，第一類是等待其他工件，以便一起被裝配為成品的等待時間；另一類等候時間，則是工件加工完成，被卸下機台後，等候同批的其他工件完成而一起被搬到下一站的等候時間。

(5) 搬運時間(moving time)：工作在工廠內，從一站被移送到另一站的搬運時間。

這五種時間中，準備時間與加工時間爲製程技術資料，一般有標準工時可參考；至於後三者(簡稱爲 MWQ)，則決定於工廠當時之負荷與動態狀況，而無標準資料可參考。因此一張訂單的流程時間可表達如下：

訂單流程時間=設定時間+加工時間+MWQ 時間。

所以一張訂單的流程時間中，較不確定的部份爲 MWQ 時間，而 MWQ 時間則是決定於該訂單在工廠流動時，當時工廠的現場負荷與工廠之穩定狀態，亦即 MWQ 時間=f(現場之負荷狀態，工廠之穩定狀態)。如果現場的負荷低或較穩定，則 MWQ 時間就小，反之，則會變大，因此當現場的負荷變化很大時，MWQ 時間大小就會很難掌握。

由於現場在使用限制驅導式現場排程方法之規劃後，投料與受限產能會同步進行，換言之，非受限產能的負荷或在製品存貨會非常有限且變化不大，因此可有效的預估或控制 MWQ 時間的準確性或進一步之改善。換言之，一張訂單的計畫流程時間與實際流程時間兩者間的差異，比起傳統工廠較能有效的預估與管理。

由於在限制驅導式現場排程的規劃下，各訂單的完成時間爲該訂單在限制驅導節奏上的完成時間加上出貨緩衝時間，而出貨緩衝時間相當於訂單從離開受限產能後到製程最後一站所需的流程時間。由於出貨緩衝時間所含蓋的範圍都是非受限產能，因此出貨緩衝時間可有效掌握，換言之，各訂單的計畫完成時間與實際完成時間兩者之間的差異，比起傳統工廠當然更能有效的預估與管理。

　　同理，由於各訂單的投料時間為該訂單在限制驅導節奏上的開始時間減去受限產能緩衝時間，而受限產能緩衝時間相當於訂單從投料與受限產能站(不含)之間的流程時間，因此各訂單的計畫投料時間與實際投料時間兩者之間的差異，比起傳統工廠亦能有效的預估與管理。

　　現場排程最主要且最重要的工作之一，是訂單交期與投料時間的掌握，其次還包含有在製品或訂單流程時間的管理等。基本上，限制驅導式現場排程方法都能簡單而有效的做到，且可以比傳統工廠來得好，因此限制驅導式現場排程方法在管理上其有效性是很高的。

　　根據上述限制驅導式現場排程與管理技術所強調的管理觀念，雖然對現場可以有很大的改善，但是卻出現了一個很麻煩的問題：這套技術的現場管理觀念和現有之現場管理觀念有很大之衝突，或者應該說兩者對於「資源績效」或「有效使用資源」的定位各有所不同的訴求吧！至於兩者之間何者較合理或較合乎買方市場之工廠管理需求，是值得深思的！所以接下來即來討論資源績效的管理問題。

5-3　資源績效的再定位

　　從第一章開始，本書一再有意無意的強調「不要過份斤斤計較資源績效」，由於這個觀念和現有工廠的績效制度完全違背，相信有很多人(尤其是具有工業工程背景或從事效率改善的專家)一定認定本書是一派胡言，甚至是妖言惑眾。所以接下來必須再花些篇幅來討論資源績效的問題。

　　首先先回到資源績效定位的原點。所謂追求資源績效，基本上是在追求有效使用資源，所以想請問各位讀者，何謂「有效使用資源」？

「產能充份利用：沒有閒置(浪費)、高使用率及最大的產量。」

這是一個不用想就能回答的基本「常識」，所以這個問題似乎問的有點沒有水準！？

不過請各位讀者再忍耐一下，再思考一下「在買方市場，工廠所面臨的競爭壓力是什麼」？

買方市場的最大特性是產品壽命短、多種少量而且交期要求快且準等。換言之，在買方市場，工廠必須以最少的成品與在製品存貨(風險最低)，提供交期快而準、多種少量且高品質的服務(客戶滿意)，進而發揮最大的有效產出(最大利潤)，如此工廠才能贏得競爭。

目前工廠正是處在一種前所未有的買方市場的競爭壓力下，請各位讀者仔細想想，現有「有效使用資源」的定位和「贏得競爭」的需求，這兩者間的關係是否薄弱了些呢？

過去在賣方市場時，沒有現在買方市場的這些競爭壓力，所以強調產能充份利用的「有效使用資源」是有其道理的。但是現在若再追求過去產能充份利用的資源績效，請問對「贏得競爭」會有何幫助呢？其次，在買方市場我們不能忽視的是：「工廠的產出應該為多少，不是工廠自己能作主的，而必須決定於客戶的需求。」如果工廠一廂情願的自己作主(產能充份利用)，其後果會如何呢？

所以我們是否可以來個逆向思考，如果工廠是以追求訂單績效而讓客戶滿意為管理重心，是否亦發揮了另一種「有效使用資源」的意義呢？

以客戶需求為導向的「有效使用資源」，立意雖好，但是會讓大家無法接受的是會犧牲了工廠的最大產出，即犧牲了工廠賺錢的機會，是不是？這個問題就是長久以來，「訂單績效」與「資源績效」間所存在的衝突，如圖 5-1 所示。

訂單績效在目前的買方市場是必須做到的，在圖 5-1 的衝突圖上，當

我們要了訂單績效後，還能兼得目前工廠所定位的資源績效嗎？如果我們

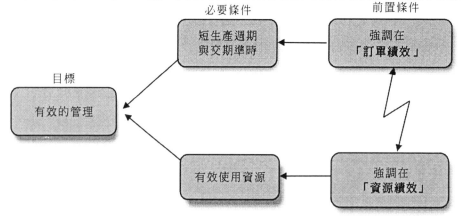

圖 5-1　訂單績效與資源績效的衝突圖

兩者都要，其結果自然是無止盡的衝突與妥協(注意！妥協是一種雙方各讓一步的雙輸而且是一種看人做事的人治制度)。

　　為了打破圖 5-1 的衝突，限制管理(TOC)的觀念給了我們一線希望，即工廠最大的產出是決於限制(可能是受限材料、受限產能或受限市場)，和其餘的非限制沒有直接關係。但是非限制若不能配合限制的需求，則又會影響限制的表現。所以，「有效使用資源」是否可重新定位為：

限制　　：充份利用以追求最大產出。

非限制：配合限制的需求以改善訂單績效。

　　例如當限制為某一受限產能時，則工廠的最大產出是由該受限產能決定。亦即不管其他非受限產能的產出有多大，對工廠的最大產出是不會有幫助的，但是這些資源如果不能配合受限產能的需求時，則受限產能的產出會受影響，進而影響了整體的最大產出。所以非受限產能的績效不應該還定位在過去的高使用率或高產量上，這樣的定位只會拖垮整廠的績效；

而應該重新定位為對限制的配合程度(對產出的幫助)及對訂單績效改善的程度(對競爭的幫助)。

　　根據上述資源績效的再定位，很明顯的可以比較出傳統(現有)資源績效定位與限制驅導式資源績效定位的不同，如表 5-1 所示。

　　傳統(現有)資源績效的定位無視於環境的變化，而完全定位在充份利用各站資源之產能(當然對於非受限產能或限制不在產能時，管理者會「違背」自己所訂績效制度而另下命令，又是一個人治的例子)；至於限制驅導式資源績效的定位，則是將各站資源區分為受限產能與非受限產能兩種，唯有當某站資源的產能為受限產能時，才定位為充份利用，否則即定位為配合限制(可能為受限產能、受限材料或受限市場)之需求以改善訂單績效。因此在限制驅導式資源績效的定位下，管理者從此不用再「違背」自己所訂的績效制度。

表 5-1　傳統(現有)資源績效定位與限制驅導式資源績效定位之比較

工廠之限制	傳統資源績效	限制驅導式資源績效
1.限制為產能時(有受限產能)	各站資源之產能要充份利用以追求該站最大產出	受限產能：充份利用 非受限產能：配合受限產能之需求以改善訂單績效
2.限制為材料時(有受限材料而無受限產能)	各站資源之產能要充份利用以追求該站最大產出	受限材料：充份利用 各站資源：各站都為非受限產能，要配合受限材料之需求以改善訂單績效
3.限制為市場時(有受限市場而無受限產能)	各站資源之產能要充份利用以追求該站最大產出	受限市場：充份利用 各站資源：各站都為非受限產能，配合受限市場之需求以改善訂單績效

　　其次在限制驅導式資源績效的定位下，工廠的最大產出不但不會被犧牲而且還有了改善重心，而訂單績效亦有了責任歸屬及努力之方向。這是在現有資源績效要求下，工廠改善最茫然而無法掌握到重點所在的管理問

題，當然更別談如何兼顧產出與客戶的需求了。因此在限制驅導式資源績效的定位下，「資源績效」與「訂單績效」兩者間的衝突不但因而化解了而且還得到了雙贏，如圖 5-2 所示。

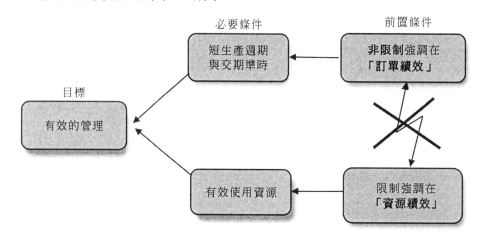

圖 5-2　訂單績效與資源績效的雙贏圖

　　由於產能是工廠最重要的資源，也是限制最常發生的地方，所以接下來，將分別討論受限產能與非受限產能的管理與改善問題，進而發揮工廠持續改善的效益。至於受限材料與受限市場的管理，則可以類推。

5-4　受限產能之管理

　　由於受限產能的定位為充份利用以發揮最大的產出，因此必須從下列兩個原則思考受限產能的充份利用：

(1)　不可以有絲毫的浪費。

(2)　發揮更大的附加價值。

　　首先討論不可以有絲毫的浪費(waste)。由於工廠的產出是決定於受限產能，所以受限產能一分鐘的浪費是整廠一分鐘的浪費；反過來看，受限產能多了一分鐘時間，即相當於整廠多了一分鐘賺錢的機會。所以工廠可以從幾個方向來思考受限產能的浪費：

(1) 制度或規定方面：休息時間是最常見的制度浪費，例如午休的 30 分到一小時的休息時間或上下午作業間(如 10:00 或 15:00)的 10 分鐘休息時間等。如果能體會到受限產能一分鐘的費用，不只是該站的人事費及折舊，而是全廠一分鐘的費用時，一定會讓管理者覺得值得改變受限產能站的規定的，例如透過某種補償而取消受限產能站的休息時間或改為輪休等。

(2) 有不良品的存在：受限產能如果做了一個不良品，則不管該不良品是報廢或重修(rework)，所投入的時間就是浪費，而且無法挽回。如果這個不良品是由於受限產能站的製程不穩定而產生，必須從技術面改善，尚且情有可原。然而如果這個不良品是在流入受限產能站前就已不良時，那受限產能的寶貴時間就浪費的很冤枉了！所以以受限產能每分鐘的價值（相當於全廠的價值），在其站前設個全檢站，以防止不良品的流入，一定值得的。其次受限產能站所完成的良品，如果再被後續站所做壞，那之前受限產能所投入的時間又相當於是白做工的浪費了，所以必須要求受限產能的後續站別絕對不可做壞良品。(要憑什麼理由或論點才能說服受限產能後續站別不可以做壞良品呢？)

(3) 受限產能站有待料或閒置的現象：例如受限產能站的料已做完了，但其前一站為了追求效率或產量的績效而捨不得換線來滿足受限產能的即將斷線需求，而造成受限產能站的待料的浪費。其次例如受限產能的換線或故障，但維修人員卻先處理其他非受限產能站的問題，而增加了受限產能的停工時間等。所以受限產能不應該待料或閒著而換線或維修保養的停機應優先處理以使閒置時間降至最低。

(4) 有半成品或成品存貨的存在：如果工廠有存貨的存在即表示受限產能的產能有浪費或未妥善管理的潛在問題。存貨的存在可能來自三種可能的狀況：(a)存貨可能是因為製造所需的前置時間遠大於客戶訂單所願意等的時間，而必須先製造一些半成品或成品以等待客戶下單，這種存貨是策略性造成的，例如訂單裝配之生產策略(Assembly-To-Order，ATO)等。由於必須大幅改善製造前置時間才能解決這類交貨問題，因此透過策略性存貨以換取時間是最快的方法，但要注意的是存貨一定是來自於預測，預測一定有風險。如果將受限產能浪費在高風險的存貨上，是值得三思的。(b)存貨可能是因為怕機台產能閒置的浪費，而強迫生產一些未來可能(或萬一急需)的訂單產品而造成的。這類存貨比起前一項的策略性存貨不只風險大，而且是盲目追求使用率與「低」單位成本而造成的，由於和市場或業務毫無關係，所以有點沒道理。將昂貴的受限產能浪費在這些沒道理(高使用率與「低」單位成本) 或不需要的存貨上，而影響了正常訂單的交期或抱怨產能不夠，是不是很冤枉。(c)存貨可能是先生產了不急需的零件或成品而造成的。當工作站前的待工製令有兩張以上時，就有了先生產那一張訂單的派工決策問題，如果派工決策指標不是很明顯，或現場在追求使用率或產量時，則可能會先生產一些好做或不需換線的製令，存貨因此而產生。當現場的在製品存貨愈多時，則這類的存貨就會愈嚴重。為了避免這類的存貨，所以限制必須先設計最佳的限制驅導節奏，而經由此節奏來導引投料與非受限產能站的運作。

其次再來討論如何使受限產能發揮更大的附加價值。由於產出是以金額為單位，所以每單位限制的邊際貢獻(不是傳統成會的公式，請參考 4-3 及 4-5 兩節的說明)高的訂單，其附加價值較高，因而要優先生產。其次交期較近的訂單比交期較遠的訂單，不只訂單風險低而且立即有產出，所以相對的附加價值自然較高。

因為限制驅導節奏決定了工廠的最大產出，所以若能事先好好的規劃限制驅導節奏，則工廠就有機會提升受限產能的附加價值及降低受限產能的浪費，這點是限制驅導節奏的一個很重要意義。因此不只規劃的態度要慎重而且規劃的人選更為重要，這是為何在前一節會建議要由具備整廠宏觀的資深人員負責規劃的原因之一。

最後，有關「充份利用」還有兩點重要的觀念要在這裡特別提醒讀者注意。第一點是所謂的「充份利用」是不花錢的，花錢的稱為「改善」，例如改善換線時間、改善製程時間、增加產能、減少負荷給其他資源或外包等改善，都是要花錢的。

其次第二點是所謂的「充份利用」是在打破目前的政策限制及建立新的管理典範，這些管理典範的建立是不需花時間的(因打破政策限制只在做與不做一念之間)；至於「改善」則需花很長的改善時間。

工廠應先建立受限產能充份利用的管理典範，至於改善則留至典範建立了再使用！(為什麼？)這兩個重點，請各位讀者務必深入體會其意義，否則這套限制驅導式現場排程與管理技術的效益是會打很大的折扣的。

5-5　非受限產能之管理

由於非受限產能的定位為配合限制之需求以改善訂單績效，因此可以從下列兩個原則思考非受限產能的管理：

(1) 配合限制之需求。

(2) 改善訂單之績效。

工廠的最大產出是決定於限制的限制驅導節奏，但若非受限產能不能配合限制的需求時，則限制驅導節奏自然會受到影響而無法如期進行，進而影響工廠的最大產出，所以非受限產能一定要配合限制的需求。但是工廠就如同一座叢林戰場，誰也看不到誰，而且狀況隨時在變化，非受限產能要如何掌握住限制的需求或限制驅導節奏呢？

所以投料節奏很重要，透過投料節奏與限制驅導節奏的同步，其配合限制有兩個層面：第一是所投入的料都是必須的，所以現場不會有不需要的工件而且在製品存貨可降至最低；第二是投入的時間能及時滿足限制或出貨之需求。由於所投的料在種類、數量與時間，都配合了限制驅導節奏的需求，所以非受限產能只要建立「來什麼工作就做什麼工作，而且是以最快的速度往後送」的工作倫理，即可以發揮配合限制的需求。

上述的工作倫理之後半句「以最快的速度往後送」的意義，除了在配合限制驅導節奏的需求外，尚有一重要的意義是在建立非受限產能的「速度」觀念。傳統資源績效是以量或使用率來考核現場的表現，但量或使用率並不完全是現場各站能自行掌握的，其中很關鍵的一個因素是所送來的量有多少。如果所送來的量不夠，不管該站人員表現的再好，其使用率是不可能好的。換言之，傳統資源績效以量或使用率來考核現場的表現，對非受限產能之現場人員而言是很不公平的。

　　就非受限產能而言，其所能自己掌握的不是量而是完成的速度，而速度又是目前競爭最重要的指標；換言之，速度是管理所追求的指標而且對現場人員又是一較客觀而公平的指標。所以非受限產能只要建立「來什麼工作就做什麼工作，而且是以最快的速度往後送」的工作倫理，即可以做到「配合限制的需求以改善訂單績效」的要求。

　　但是目前最重要的訂單績效是製造時間要短，而且是要大幅縮短，因此只靠非受限產能的「來什麼工作就做什麼工作，而且是以最快的速度往後送」的新工作倫理，可能還不夠，所以如何大幅縮短訂單績效所要求的製造時間，有必要進一步討論。

5-6　訂單績效之改善

　　如何縮短訂單的製造時間，必須從訂單的投料到完成且運出大門之間，所耗費的時間來探討。一批貨從投料到變為成品，這之間所有的時間前一節已分析過，可以分為五個部份，分別為準備時間、加工時間、待工時間、等候時間、及搬運時間。

　　在這五個部份中，只有加工部份才有直接提升工件的附加價值，至於準備和搬運兩部份，則是為了加工的需求而不得不配合的技術工作，算是間接提升工件附加價值的工作。這三種屬於技術面的工作，要改善它必須在技術上有所突破才有機會，所以不但耗時、耗錢而且可遇不可求。至於待工與等候兩部份，則是屬於管理或協調面的工作，和工件附加價值的提升毫無關係。很不幸的是，工件在工廠裡所耗費的時間中，準備、加工和搬運時間都只佔了一小部份，而大部份的時間卻是浪費在待工與等候時間上。這部份毫無附加價值的時間，根據學者專家的調查，其比例在 70%~80% 或以上，所以要快速且大幅壓縮訂單的製造時間，從待工與等候這兩種時間下手是唯一的機會。

　　然而待工與等候時間大都是政策限制所造成的，例如批量問題即是工廠最普遍政策限制，所以接下來即以批量問題為例，來說明如何做到製造時間大幅度的改善。

　　提到批量問題馬上會聯想到的即是經濟批量(Economical Order Quantity，EOQ)長久以來所導引我們的管理思維。為了要降低每件所分攤的設定(換線)成本(Setup Cost)必須增加生產批量，但每次生產的批量若不能馬上用完，則必須付出持有的管理成本(Holding Cost)，所以必須降低生產批量。由於換線成本與持有成本間的衝突，所以 EOQ 模式給了我們一個兩者總成本最低的妥協批量值，如圖 5-3 所示。

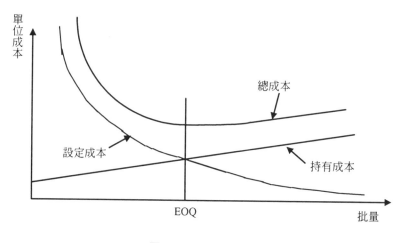

圖 5-3　EOQ 模式

　　所以 EOQ 是在追求最低單位成本或最佳設備使用率，而儘可能的減少換線次數而增大生產批量，所以是屬於賣方市場的管理觀念。換言之，不用再進一步分析 EOQ 公式裡所隱藏的錯誤假設，只以上一節所重新定位的有效使用資源的觀念來看，就可以明顯的看出不合理的地方。例如非受限產能的換線次數，只要不會導致其成為受限產能，換線是不會增加費用的。其次多換線可降低生產批量而降低工件待工與等候的時間，不但可降低在製品存貨的投資而且改善了訂單的出貨速度，客戶喜歡而且對市場的反應也可變得更快。

　　例如一批 80 件之工件，假設在某一機台的換線時間為 10 小時而加工時間為每件一小時，則共需 90 個小時的時間，該站才能完成整批工件之加工，而後才被搬移至下一站。就每個工件而言，它只花了一小時的加工時間及十小時的換線時間，但是卻花了 79 小時的待工與等候時間(第一件的待工時間為 0 而等候時間為 79 小時，第二件的待工時間為 1 小時而等候時間為 78 小時，依此類推，第 80 件的待工時間為 79 小時而等候時間為 0)。相對的，如果將批量減為 10 件而換線與加工的時間不變，則共需 20 個小時的時間，該站才能完成整批工件之加工，而後才被搬移至下一站。就每個工件而言，它花在換線與加工的時間並沒改變，一樣為 11 小時，但是花在待工與等候時間卻可大幅縮短為 9 小時。

　　所以若從各別工件所花的製造時間而言，小批量多換線，可大幅縮短工件之待工與等候的時間，即可大幅縮短製造時間。但是若從各別設備的角度來看，批量小而要多換線，則會降低設備的使用率或產量。然而這是局部最佳的看法，如果從整體的需求來看，只要該設備不是受限產能，小批量而多換線剛好可以充份利用多餘產能，不但不用多花錢，而且可以發揮非受限產能改善訂單績效之目的。

　　所以既然非受限產能佔工廠的大多數，其多換線並不需額外付出費用，但是卻有數不盡的好處，為何不降低生產批量而多換線呢？如果經過這樣詳細的分析後，還執著於 EOQ 而不敢多換線，這就是典型的政策限制了。

　　雖然前面已討論了生產批量的降低可大幅縮短製造時間，但是卻有一個條件，不可因換線次數過多而使非受限產能變爲受限產能。換言之，生產批量的降低會受換線時間的影響，如果換線時間很長而且有技術上的障礙而無法改善，則要想從管理面來壓縮製造時間，還是有限的。所以要想在短時間內，大幅壓縮製造時間，就必須另謀改善之途，那就是移轉批量。

5-7　移轉批量：快速且大幅壓縮出貨時間的方法

　　所謂移轉批量(transfer batch)是工件每次從前一站被搬移到下一站的批量大小。例如一批生產批量爲 80 件的工件，如果等 80 件都在某站加工完成後，才一起被搬移至下一站，則移轉批量即爲 80 件；相反的，可以在該站每完成一件時，即將該完成之工件移至下一站，則移轉批量即爲 1 件。所以移轉批量愈大，則搬移的次數愈少，相反的，移轉批量愈小，則搬運次數愈多。所以經過這樣的說明後，各位讀者是不是注意到了，生產批量與移轉批量兩種批量大小的考慮因素是不相關的，影響生產批量的因素是換線時間與次數，而影響移轉批量的是搬運時間與次數。

　　既然上一節已討論了生產批量與換線時間的關係，由於生產批量的降低會受換線時間的影響，如果換線時間很長而且有技術上的障礙而無法立即改善，則要想從管理面來壓縮製造時間，還是有限的。但是移轉批量卻沒有換線之技術障礙，而移轉批量和生產批量在待工與等候時間的改善上卻有類似的效果，所以要想在短時間內，大幅壓縮製造時間，就必須從移轉批量下手了。

　　例如一批 80 件的工件，在某一設備上的加工時間是每件一小時，如果等 80 件都加工完成才一起被搬移到下一站，則第一件在第一小時完成後，必須再等後續 79 件都完成後才能被搬至下一站；而第 80 件卻需等前面的 79

件都完成後，才輪到它的加工；換言之，每件所需的加工時間都為一小時，但是第一件卻必須再花 79 小時的等候時間，而第 80 件卻需花 79 小時的待工時間，而後才能被搬至下一站。

　　如果該工件共需要 4 個站的加工，工件在每站的加工時間都為每件一小時，而移轉批量為 80 件，亦即各站都必須等 80 件加工完成才一起被搬移到下一站，而且假設各站前沒有 WIP，則這批 80 件的工件共需 320 小時才能完成這 4 站的加工，如圖 5-4(a)所示。對第一個工件而言，它花在加工的時間總共只有 4 小時，但是花在等候的時間卻有 316 小時；對第 2 個工件而言，它花在加工時間亦為 4 小時，但是花在待工與等候時間卻一樣有 316 小時(待工時間為 4 小時而等候時間有 312 小時)；以此類推，對第 80 個工件而言，它花在加工時間亦為 4 小時，但是花在待工的時間卻一樣有 316 小時。

　　如果將移轉批量改為 20 件，則這批 80 件的工件只需 140 小時才能完成這 4 站的加工，如圖 5-4(b)所示。對所有工件的加工時間而言，都同樣還是 4 小時，但是對每一移轉批量的第一個工件而言，花在等候的時間卻減為 76 小時；對每一移轉批量的第 2 個工件而言，花在待工的時間為 4 小時而等候的時間只有 72 小時；以此類推，對每一移轉批量的第 20 個工件而言，花在待工的時間卻減為 76 小時。

　　如果進一步將移轉批量改為 1 件，則這批 80 件的工件只需 83 小時即可完成這 4 站的加工，如圖 5-4(c)所示。對所有工件的加工時間而言，都同樣還是 4 小時，但是花在待工與等候的時間卻都降為 0 了。而且由於各站是同時作業，所以四站完成 80 件所需的時間為 83 小時，和各站完成 80 件所需的時間 80 小時，幾乎相同。所以移轉批量愈小，則各工件所花在待工與等候的時間愈小；如果移轉批量為單件時，各工件所花在待工與等候的時間會降為零，這時整個製程所需的時間會接近單站所需的時間。

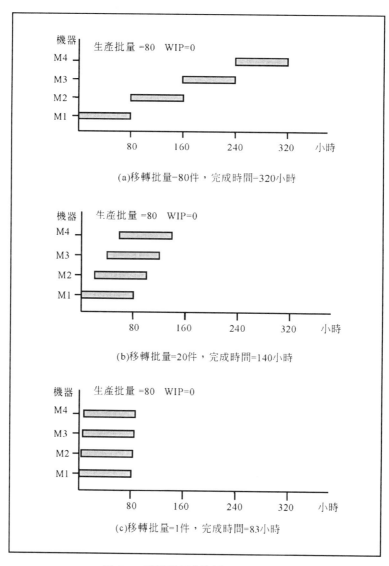

圖 5-4　移轉批量對製造時間之影響

　　所以移轉批量可大幅縮短訂單的製造時間，而最重要的是移轉批量和換線技術毫無關係，而完全是在於現場管理或協調的方法上，因此透過移轉批量的管理方法，大幅縮短訂單的製造時間的目標，工廠是可以在短時間內達成的。

　　移轉批量對各工廠並不陌生，只是目前的工廠將它視為趕工的法寶，亦即平常是不使用的而只有在趕工時才會使用它。例如正常需花一星期製造時間才能出貨的工件，而在趕工時卻只需半天即可完成而出貨。這是一個很矛盾的現象，一個可以大幅壓縮製造時間的方法，為何平時不拿出來使用，而只有在趕工時才敢動用呢？

　　其實不是目前的工廠平常不用移轉批量，而是因為在技術上與管理上各有其障礙。從技術面來看，現場使用移轉批量要有效，必須具備下列的條件：

(1) 現場站與站間沒有或只有很少在製品存貨。如果站與站間有存貨，則先移轉至下一站的批量，只是提早排隊而已，並不能發揮一批貨在前後站同步進行的效果，所以移轉批量所發揮縮短待工與等候時間的效果，會隨著站與站間在製品量的增加而降低。例如圖 5-4 的例子，如果各站前都有 80 小時的在製品存貨時，則當移轉批量為 80 件時，其完工時間為 640 小時，若移轉批量降為 20 件，其完工時間縮為 460 小時，若移轉批量降為 1 件時，其完工時間只縮為 403 小時，如圖 5-5 所示。圖 5-5 所示的製造時間改善的幅度比起圖 5-4，顯然降低了許多，所以在製品存貨是移轉批量的最大剋星。

(2) 不可產生混料的問題：由於移轉批量是分數次將一批貨逐次往下一站移，所以在一個站前的在製品可能會有來自於不同站或不同製令的部份工件，由於部份工件的管理比起整批工件的管理較為複雜，所以混料的機會自然較大。但是這個問題的嚴重性是決定站前最多只有一批或兩批貨時，是不會有混料的問題，亦即沒有混料的問題。但是如果在製品有很多時，則混料的機會即會大為增加，管理的複雜性相對的會倍增。

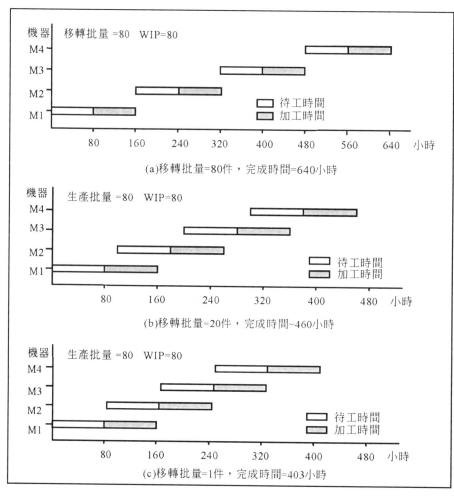

圖 5-5　在製品對移轉批量改善製造時間之影響

　　所以從技術面來看，如果現場的在製品無法降低，則採用移轉批量所帶來的好處會非常有限，而又要冒混料的風險，是不值得的。

　　其次，就目前的管理制度而言，現場使用移轉批量亦會帶來一些管理問題：

　　(1) 增加製令控制的複雜性：目前工廠用來追蹤(tracking)或控制現場製令狀態的系統，不論是人工作業或電腦化系統，例如現場監控系統 (Shop Floor Control System，SFCS) 或製造執行系統 (Manufacturing Exective System，MES)等，是以一批(lot)或一張製令為控制單位，如果使用移轉批量會使一張製令的料散在數個站上，會導致目前的這些管理系統失效、增加困難度、或資料量大增等問題。

　　(2) 違反目前的成會原則：使用移轉批量會使一張製令的料散在數個站上，如果要計算各製令在各站所發生的成本時，其難度會大為增加或不可行。很不幸的是，製令在各站所發生的成本是目前成會所必須的，所以在目前的成會制度下，移轉批量是不被歡迎的。

　　由於目前的工廠，現場的在製品一定不在少數，所以就技術面而言，在正常運作下是不可能使用移轉批量的；其次就管理面而言，移轉批量又會違反目前工廠的管理制度(政策限制)。這就是為何大家明知移轉批量可以大幅壓縮製造時間，而平時不拿出來使用的原因。但是在趕工時，為何又敢動用呢？因為可以透過人為的特權(又是一個人治的例子)！

　　如果現場有很多的在製品，但是要緊急縮短某一製令之製造時間時，只要附予該製令有絕對之特權，而將所有機台全都停止目前的工作，而只加工該製令。則該製令即可如入無「料」之地，所以透過移轉批量的特性，就可大幅縮短該製令的製造時間。所以所謂的特權，就是為了緊急出貨而不計代價的趕工手法。這裡的代價包含了停止目前工作的有形成本、違反工廠製令控制與成會原則的無形成本、以及最嚴重的管理者建立了不守工廠規定的人治制度。

在限制驅導式的現場環境下，是否具備了使用移轉批量的條件呢？答案是肯定的。首先從技術面的問題來看，當現場的投料是以受限產能為依據時，其餘非受限產能都會有多餘的產能；換言之，非受限產能的使用率不會很高，所以其站前所堆的在製品一定會非常的有限，甚至沒有在製品。至於會有存貨的只有受限產能，但是工廠的受限產能只是少數。其次再從管理面來看，在限制驅導式的管理環境下，各站的表現已和製令或產量無關而單位成本亦已不存在。所以移轉批量可以應用在限制驅導式的管理環境，以大幅縮短製造時間。

所以經由資源績效的重新定位後，非受限產能的管理重點，除了配合限制的需求外，主要的定位即在改善訂單績效。在改善訂單績效的製造時間上，前面共建議了三種改善策略：

(1) 來什麼工作就做什麼工作，而且是以最快的速度往後送。

(2) 只要在不會造成非受限產能變為受限產能的條件下，儘可能縮小生產批量。

(3) 充份發揮移轉批量的效益。

然而訂單績效除了製造時間要短以外，另外還有要滿足交期準時的要求。由於交期準時是屬於訂單在現場生產執行中的控制面問題，限制驅導式現場管理的控制技術為緩衝管理(buffer management)，這部份於下一章再進一步討論。

5-8　問題與討論

1. 在給受限產能現場領班或技術員的生產計畫或派工單上，是否應該列出各訂單計畫的開始與結束時間？請討論列出與不列出之優缺點。

2. 請問「充份利用」受限產能與「改善」受限產能有何不同？並舉例說之。

3. 「存貨可能是因為怕產能閒置的浪費，而強迫生產一些未來可能(或萬一急需)的訂單產品而造成的。」請問在這種狀況下，工廠的限制為何？工廠要如何管理產能或如何因應？

4. 解釋下列名詞：

    (1)派工　　　　　(2)集中式派工　　　(3)分散式派工

    (4)等候時間　　　(5)待工時間　　　　(6)訂單製造時間

    (7)資源績效　　　(8)訂單績效　　　　(9)移轉批量

5. 請問移轉批量最大為何？移轉批量最小為何？搬運次數最多為幾次？搬運次數最少為幾次？

6. 請問一條有輸送帶的裝配線，其生產批量與移轉批量各為何？

7. 請問 JIT 的看板系統，其生產批量與移轉批量各為何？

8. 請比較傳統資源績效定位與限制驅導式資源績效定位之差異性。再進一步討論這兩者分別在買方市場與賣方市場之適用性。

9. 所謂派工單是給工作站生產之指示，請比較下列六種派工單的優缺點：

工令號	作業序	開始時間	完成時間	加工及設定時間
A1	020	6/25-2:55	6/26-6:30	215
C1	030	6/26-7:05	6/28-4:20	315
B2	020	6/27-5:30	6/29-1:00	210
C2	030	6/27-7:05	6/29-4:20	315

(a)

工令號	作業序	開始時間	完成時間	加工及設定時間
A1	020	6/26	6/26	215
C1	030	6/27	6/28	315
B2	020	6/28	6/28	210
C2	030	6/28	6/29	315

(b)

工令號	作業序	開始時間	完成時間
A1	020	6/26	6/26
C1	030	6/27	6/28
B2	020	6/28	6/28
C2	030	6/28	6/29

(c)

工令號	作業序
A1	020
C1	030
B2	020
C2	030

(d)

工令號	作業序	開始時間
A1	020	6/26
C1	030	6/27
B2	020	6/28
C2	030	6/28

(e)

工令號	作業序	加工及設定時間
A1	020	215
C1	030	315
B2	020	210
C2	030	315

(f)

10. (1)假設一條有輸送帶的生產線，共有五站，如果各站完成一工件所需的時間分別為 8 秒、6 秒、10 秒、9 秒及 7 秒等。請問一批 100 件的工件，從投入到完成共需多少時間？

(2)假設另有一條生產線亦有五站，如果各站完成一工件所需的時間和(1)相同，但由於各站間是靠人工送料，工廠為了降低人工搬運成本，所以設計了一種可以裝 100 件的搬運容器，規定必須容器裝滿時才能搬至下一站。請問一批 100 件的工件，從投入到完成共需多少時間？

(3)請比較(1)與(2)兩種生產線的優缺點。

(4)請問(2)生產線的限制為何？

11. 請問一個工廠的現場若完全採集中式派工/管理，有何優缺點？相反的，若現場完全採分散式派工/管理，有何優缺點？限制驅導式現場排程與管理技術的現場派工/管理是採何方式？這種方式有何優缺點？

12. 請舉例說明若不照投料節奏來投料，而早於投料時間投料會有何問題？相反的，若晚於投料時間投料會有何問題？若晚於投料時間投料，但並未超 1/3 受限產能緩衝時間，會有何問題？若晚於投料時間投料，且超過了 1/2 受限產能緩衝時間，會有何問題及要如何應對？

13. 假設某工廠的機台共有 50 台，該廠每天的費用為 400 萬元，而 R 機台為工廠的受限產能，R 機台目前帳面上每天的折舊為 3 萬元，直接人工費用每天為 2 萬元，所分擔的間接費用為 3 萬元，該廠每天上班 10 小時，請問 R 機台停機一小時的損失有多少？

14. 請問圖 4-6 的範例，C 機台做壞一件材料#1 與做壞一件材料#2 的損失，各為多少？如果 C 機台的不良品都是人為造成，您要如何改善呢？

15. 下面所列之績效指標，請問何者適用於非受限產能？何者適用於受限產能？為什麼？(a)使用率　(b)效率　(c)產出量　(d)停留時間　(e)在製品水準　(f)不良品率　(g)單位成本　(h)交期

16. (1)傳統的資源績效指標和賣方市場工廠贏得競爭間的關係。

　　(2)傳統的資源績效指標和目前買方市場工廠贏得競爭間的關係。

　　(3)資源績效要有助於買方市場工廠贏得競爭，應該要如何重新定位？

　　(4)何謂以客戶需求為導向的有效使用資源？其最大缺點為何？

　　(5)如何化解以客戶需求為導向的有效使用資源的缺點或衝突？

17. (1)請問要如何充份利用受限產能？

　　(2)何謂浪費受限產能？並舉例說明。

　　　　(3)何謂發揮受限產能更大的附加價值？並舉例說明。

18. 請討論爲何「充份利用」是在建立工廠的管理典範？其次討論爲何在「充份利用」的管理典範建立後，才進行現場的改善？

19. 非受限產能的管理應如何定位？這個定位和傳統的績效指標有何衝突？

20. 請討論 EOQ 在買方市場的競爭環境下，有何錯誤的假設？若修正了這些錯誤後，EOQ 的合理值會是多少？

21. 如果工廠不願意改變其追求效率的資源績效指標，但又要滿足買方市場的競爭，則這家工廠要如何管理？

22. 移轉批量能有效且大幅度的縮短訂單製造時間，請問爲何目前的工廠平常不用，而只有在緊急出貨時才會使用？

23. 何謂排程的有效性？影響排程有效性的因素爲何？請討論限制驅導式現場排程的有效性。

24. 非受限產能如果已建立「來什麼工作就作什麼工作，而且是以最快的速度往後送」之工作典範，但投料並未和限制同步，而是只要投料站(第一站)沒工作就投料，請討論這樣的作法結果會如何？

25. 請討論受限產能的工作典範、限制驅導節奏、投料節奏、與非受限產能的工作典範之間的意義。

CHAPTER **6**

限制驅導式
現場控制技術

6-1　緩衝保護區的計畫在製品存貨內容

在第四章介紹緩衝時曾說明過，一個產品的產出鍊，如果其中有一加工作業（假設為 M 加工作業）要經過受限產能站，則該產品的產出鍊可由 M 加工作業而分為四部份，如圖 6-1：M 加工作業本身、M 之前加工作業、M 之後加工作業及要和 M 所完成工件裝配之工件的前加工作業等。由於其中只有 M 加工作業本身有事先設計了排程(限制驅導節奏)，所以為了有效保護系統與訂單的進行，其餘三部份各由一緩衝來保護：受限產能緩衝保護 M 之前加工作業、出貨緩衝保護 M 之後加工作業及裝配緩衝保護要和 M 所完成工件裝配之工件的前加工作業。

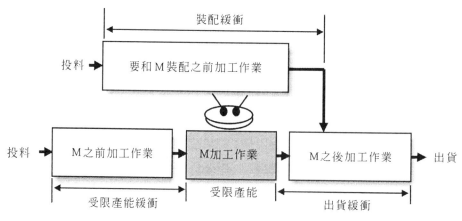

圖 6-1　產出鍊之緩衝保護區

由於各緩衝有其保護的加工作業之區域範圍，所以所謂的緩衝保護區即是指各緩衝所涵蓋的加工作業物流所流經之範圍。例如受限產能緩衝保護區所涵蓋的加工作業範圍是從投料到受限產能站(不含)之間的加工作業。而所謂的緩衝保護區的計畫在製品存貨內容，是指依照排程計劃而不考慮任何意外狀況下，在緩衝保護區裡的所有在製品存貨的內容。

就受限產能緩衝保護區而言，由於投料是依限制驅導節奏的開始時間而提早受限產能緩衝的時間長度而投，所以在不考慮任何意外狀況下，受限產能緩衝保護區的在製品存貨量，即為受限產能緩衝時間的長度，例如受限產能緩衝為兩天，則受限產能緩衝保護區上最多的在製品存貨即為兩天。至於受限產能緩衝保護區的在製品存貨的內容，則為限制驅導節奏上，從現在的時間(含)往後(未來時間)推一個受限產能緩衝時間長度所包含的工件內容(為什麼？)。

舉例來說，假設某工廠每週上班 7 天而每天工作時間為 8 小時(全年無休)，其受限產能站未來 5 天的限制驅導節奏如表 6-1 所示，12/4 要先生產 50 個產品 R 需要 5 個小時，其次生產 10 個產品 S 需要 3 個小時，而 12/5 要生產 10 個產品 S 需要 3 個小時，其次生產 10 個產品 T 需要 5 個小時等。

表 6-1　某受限產能之限制驅導節奏範例

	12/4		12/5		12/6		12/7		12/8	
工件	R	S	S	T	T	W	W	R	T	S
數量(個)	50	10	10	10	4	4	2	50	4	20
時間(時)	5	3	3	5	2	6	3	5	2	6

如果所給之受限產能緩衝時間為三天，意即投料時間比限制驅導節奏上要生產的時間提早三天投料，則從投料到受限產能站之間的計畫在製品存貨內容，在 12/4 早上所見到的計畫在製品存貨內容即為限制驅導節奏 12/4、12/5 與 12/6 等三天之內容，而在 12/5 早上所見到的計畫在製品存貨內容即為限制驅導節奏 12/5、12/6 與 12/7 等三天之內容，如圖 6-2 所示，所以從投料到受限產能站之間的計畫在製品存貨量為三天的量。

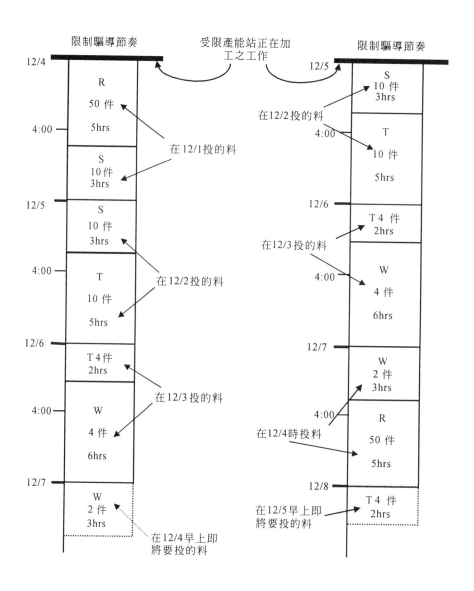

圖 6-2   受限產能緩衝為三天之受限產能緩衝保護區之在製品存貨內容

如果所給之受限產能緩衝時間為二天，意即投料時間比限制驅導節奏上要生產的時間只要提早二天投料即可，則從投料到受限產能站之間的計畫在製品存貨內容，在 12/4 早上所見到的計畫在製品存貨內容即為限制驅導節奏 12/4 與 12/5 兩天之內容，而在 12/5 早上所見到的計畫在製品存貨內容即為限制驅導節奏 12/5 與 12/6 兩天之內容，如圖 6-3 所示，所以從投料到受限產能站之間的計畫在製品存貨量為二天的量。

所以受限產能緩衝時間愈長，則受限產能緩衝保護區裡的在製品存貨量即愈多。其次由於受限產能緩衝保護區的計畫在製品存貨內容是動態的，會隨著不同的時間而變化，所以某一時間所見到的在製品內容，為限制驅導節奏在該時間往未來推一個受限產能緩衝時間所涵蓋的工作內容，如圖 6-4 所示。

由於裝配緩衝的特性和受限產能緩衝類似，所以裝配緩衝保護區的計畫在製品存貨內容，可以依照受限產能緩衝保護區的方法而得到。所以接下來，要討論的是出貨緩衝保護區的計畫在製品存貨內容。就出貨緩衝保護區而言，由於出貨時間是依限制驅導節奏的完成時間再加上一個出貨緩衝的時間長度而得，所以在不考慮任何意外狀況下，出貨緩衝保護區的計畫在製品存貨量，即為出貨緩衝時間的長度，例如出貨緩衝為兩天，則出貨緩衝保護區上最多的計畫在製品存貨即為兩天。至於出貨緩衝保護區的計畫在製品存貨的內容，則為限制驅導節奏上，從現在的時間(不含)往前(過去時間)推一個出貨緩衝時間長度所包含的工作內容(為什麼？)。

再以表 6-1 的限制驅導節奏例子來說明，如果所給之出貨緩衝時間為三天，意即工件出貨時間會比限制驅導節奏上完成的時間晚三天。則從受限產能站到出貨站之間的計畫在製品存貨內容，在 12/7 早上所見到的計畫在製品存貨內容即為限制驅導節奏 12/4、12/5 與 12/6 三天之內容，而在 12/8

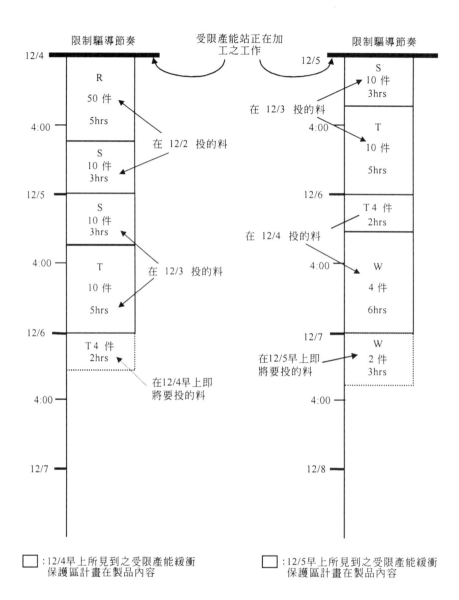

圖 6-3　受限產能緩衝為二天之受限產能緩衝保護區之在製品存貨內容

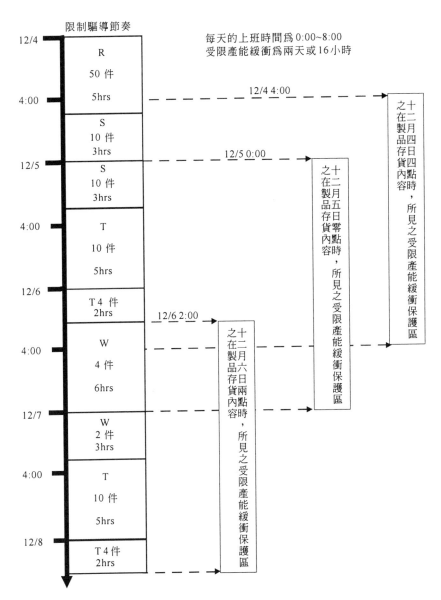

圖 6-4　不同時間所見之受限產能緩衝保護區在製品存貨內容之變化

早上所見到的計畫在製品存貨內容即爲限制驅導節奏 12/5、12/6 與 12/7 三天之內容，如圖 6-5 所示，所以從受限產能站到出貨之間的計畫在製品存貨量爲三天的量。由於出貨緩衝保護區的計畫在製品存貨內容亦是動態的，會隨著不同的時間而變化，所以某一時間所見到的在製品內容，爲限制驅導節奏在該時間往過去推一個出貨緩衝時間所涵蓋的工作內容，如圖 6-6 所示。

　　雖然緩衝有受限產能緩衝、裝配緩衝與出貨緩衝三種，但是對後續所要討論的緩衝管理的觀念而言是類似的，所以接下來的介紹中，將只以受限產能緩衝來說明，至於其餘兩者則請讀者自行類推。

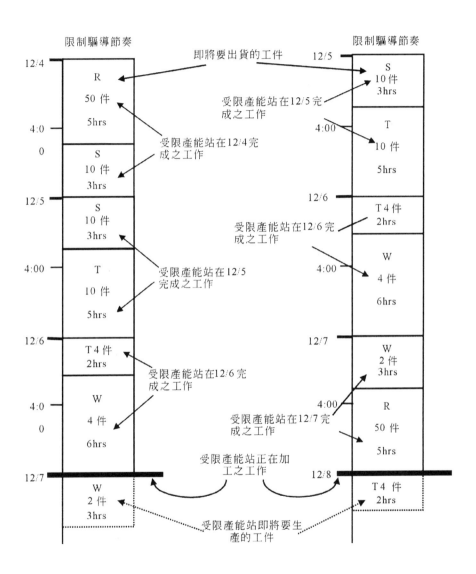

圖 6-5　出貨緩衝時間為三天之出貨緩衝保護區之在製品存貨內容

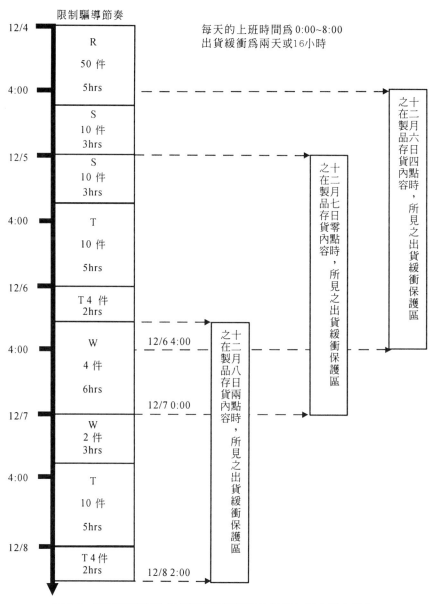

圖 6-6   不同時間所見之出貨緩衝保護區在製品存貨內容之變化

6-2　緩衝的意義

　　有了緩衝保護區的計畫在製品存貨內容的觀念後，接下來即可進一步討論緩衝應該為「時間」而不是「存貨」的意義，以及如何利用緩衝來控制與管理現場訂單之進行。

　　由於緩衝時間的內容包含加工與設置時間、系統的不穩定寬裕及可能發生負荷高峰的寬裕等，所以在不考慮任何意外狀況下，一訂單從投料至到達受限產能站前，只需花加工與設置時間即可到達(若再使用移轉批量之管理方法則所需的時間可以更少)，所以所需的流程時間會比受限產能緩衝時間來得短。

　　但是若實際考量現場的意外狀況時，則一訂單從投料至到達受限產能站前所需的時間，就不一定了。如果這趟路很順利，沒有碰到任何意外時，則該訂單從投料到受限產能站前之間的流程上所花的時間會很少，而會提早到達受限產能站前等待加工，換言之，會花較長的時間在受限產能站前等待加工。相反的，如果這趟路很不順利，碰到了許多意外時，則該訂單從投料到受限產能站前之間的流程上所花的時間會較長，而花在受限產能站前等待加工的時間會較少。

　　換言之，同樣的緩衝時間長度，若大部份的訂單花在流程上的時間少(沒碰到意外)而在受限產能站前等待的時間較多時，則受限產能站前待工的在製品存貨量就會較多；相反的，若大部份訂單花在流程上的時間多(碰到較多的意外)而在受限產能站前等待的時間較少時，則受限產能站前待工的在製品存貨量就會較少。所以在受限產能站前待工的在製品存貨的多寡主要決定於兩個「因」：所給的緩衝時間長短及流程上的順暢程度，而待工的在製品存貨的多寡則成了上述兩個因的「果」了。

　　由於當受限產能站前待工的在製品存貨量太多時，則造成庫存與時間的浪費，反之，若受限產能站前待工的在製品存貨量太少時，則受限產能發生斷料或挨餓的機會就會增加而影響了系統的最大產出。所以合理的在製品存貨水準該訂為多少，一般很直覺得會直接從存貨的需求來解決或思考存貨水準的問題。但是當了解了上述造成存貨的因果關係後，即可體會直接從存貨的需求(果)來思考合理的存貨水準(果)並不是一個好思維，其次還會有無法兼顧到各別訂單交期需求的缺點。

換言之，合理的存貨水準其意義是現場以保護限制產能不會挨餓為目的，則只要保持受限產能站前的在製品不會斷料(至於什麼料就不是重點了！)即可做到；然而若受限產能站不斷料，並不代表訂單能及時到達受限產能站。所以，只為了受限產能不挨餓，並無法有效的管理到訂單及時到達或延誤的問題。

然而相對的，若能換一個角度而從訂單的需求來思考，如果能讓各別訂單都能及時到達受限產能站，則限制驅導節奏即可如期進行；而若限制驅導節奏能如期進行，則受限產能站自然不會挨餓而且可發揮最大的產出。換言之，只要訂單能依限制驅導節奏而及時到達，則受限產能即不會挨餓而且可發揮最大的產出。

所以緩衝是讓訂單能及時到達受限產能站的時間長度，這個時間是造成在受限產能站前等待的在製品存貨量多寡的原因之一。如圖 6-7 所示，所給的計畫緩衝時間的大小決定了緩衝保護區之計畫在製品量的多寡，但受限產能站前的實際在製品量的多少，除了計畫緩衝時間外，尚有許多現場生產過程中所發生的實際因素，例如實際投料時間的配合，生產過程之動態性、不確定性、統計波動及依存關係，以及訂單之動態性與不確定性等。由於生產過程之動態性、不確定性、統計波動及依存關係，以及訂單之動態性與不確定性等因素，是無法事先預期掌握的，而只能以一緩衝時間予以保護或管理，因此計畫緩衝時間或投料時機即成了現場生產計畫上唯一能掌握的「因」了。

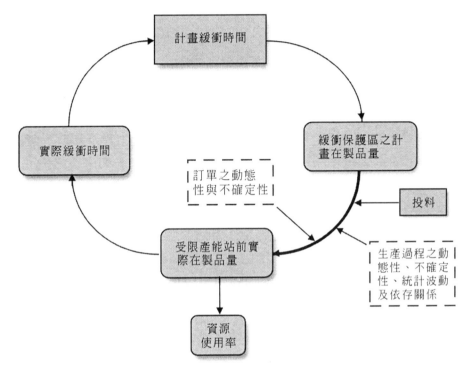

圖 6-7　緩衝時間與在製品量之關係圖

　　由於計畫緩衝時間是用來保護現場或訂單所可能發生的一些無法掌握的因素，而它又是現場生產計畫唯一能掌握的「因」，所以所給的計畫緩衝時間長度是否恰當，就非常的重要了。如果給的太長，是可以充份保護訂單在進行中所遭遇的意外因素，但卻會造成訂單在受限產能站前等待太久的問題(相當於在製品存貨量太高或製造時間太長的問題)；相反的，如果給的太短，則無法保護訂單在進行中所遭遇的意外因素，而造成訂單無法及時到受限產能站的問題(相當於破壞了限制驅導節奏或工廠最大產出的問題)。

　　所以要如何決定一個適當的緩衝時間，必須從生產過程之動態性、不確定性、統計波動及依存關係，以及訂單之動態性與不確定性等因素的嚴重程度來衡量。不過要注意的是，這些未知的變數是只能感覺而不可能直接衡量的，唯一能衡量的是「因」與「果」的差異，也就是說計畫緩衝時間或計畫在製品量與實際緩衝時間或實際在製品量之間的差異。例如各位讀者早上上班的例子，這一趟路下來所遇到狀況的嚴重程度，也是只能感覺而不可能直接衡量的，唯一能衡量的是所給的上班時間的「因」(例如一個小時)與實際所花時間的「果」(例如 40 分鐘或 80 分鐘)的差異。透過這個差異即可衡量這一趟路下來所遇到狀況的嚴重程度，如果實際所花的時間是 40 分鐘，則表示很順，反之，如果是 80 分鐘，則表示狀況很嚴重。

　　透過這種「因」與「果」的比較，就可用來管理與控制現場訂單的進行與計畫緩衝時間的大小。例如衡量訂單是否會延誤、控制訂單之交期、衡量計畫緩衝時間是否適當、或調整計畫緩衝時間等。例如前面上班的例子，平常是 60 分鐘的車程，今天已經過了 40 分鐘，居然還走不到一半，表示遲到的機率增高(即衡量訂單是否會延誤)，所以要想辦法趕上(即控制訂單之交期)。如果連續幾天都遲到或都很趕，則表示所給的上班時間不夠(即衡量計畫緩衝時間是否適當)，接下來一定會提早出門(計畫緩衝時間之修正)。這樣的控制觀念，就是限制驅導式現場控制技術-緩衝管理的基本觀念。

6-3　緩衝區

　　了解了緩衝時間為「因」，而受限產能站前集結的在製品存貨為「果」後。接下來，即可進一步說明在受限產能站前集結的在製品存貨之特性。

　　假想受限產能站前有一在製品集結的待工區(不管現場實際有或沒有這一區域)，稱之為緩衝區。至於緩衝區的內容是動態的，它是由計畫緩衝區內容與實際緩衝區內容兩者所構成。

　　所謂的計畫緩衝區，是指已到了投料時間之訂單(至於實際投料了沒有，則是現場執行的狀況)，在受限產能站前依限制驅導節奏上訂單排列之次序，所構成的虛擬緩衝區內容。所以計畫緩衝區包含了這些已到了投料時間之訂單與訂單彼此依限制驅導節奏次序排列之次序。因此依照計畫緩衝區的定義，其內容和緩衝保護區之計畫在製品存貨的內容是相同的，但兩者對存貨所在位置的表達上卻有些差異。以受限產能緩衝為例，其計畫緩衝區是依各訂單在限制驅導節奏上的先後次序，而事先為該訂單在受限產能站前虛擬了一個位置與順序，至於受限產能緩衝保護區之計畫在製品存貨並未表達出該訂單目前實際所在的位置，除非到現場實際盤點，否則是不知道的。

　　例如圖 6-2 所示的在 12/4 與 12/5 早上所見的受限產能緩衝保護區之計畫在製品存貨，我們只知道這些存貨是在受限產能緩衝保護區內，至於目前各存貨實際所座落的站別，除非我們在 12/4 或 12/5 早上實際到現場盤點，否則我們是無從知道的。但是根據計畫緩衝區的定義，12/4 與 12/5 早上，受限產能緩衝區即為圖 6-2 所示之內容與順序。

　　其次所謂的實際緩衝區，則是在受限產能站前已實際出現的訂單，依限制驅導節奏順序排列的次序，所構成的實際緩衝區內容。所以實際緩衝區是到受限產能站前實際盤點的結果。例如表一在 12/4 早上，在受限產能站前實際盤點的在製品存貨為 50 件 R、10 件 S 與 10 件 T，而在 12/5 早上受限產能站前實際盤點到的在製品存貨有 10 件 S、10 件 T 與 4 件 W，則 12/4 的實際緩衝區為 50 件 R、10 件 S 與 10 件 T，而 12/5 的實際緩衝區為 10 件 S、10 件 T 與 4 件 W，如圖 6-8 所示。

　　因此所謂的緩衝區是由計畫緩衝區與實際緩衝區兩者所構成的，計畫緩衝區提供了緩衝區的內容與各訂單的次序，而實際緩衝區則提供了緩衝區上的訂單是否已出現之訊息。所以如果將實際緩衝區與計畫緩衝區的內容作一比較，即可發現計畫緩衝區上的訂單會比實際緩衝區上的訂單來得多。如果在計畫緩衝區上有的訂單而實際緩衝區上沒有，則稱該訂單為緩衝區上的一個空洞 (hole)。因此所謂的空洞，為已到了投料時間之訂單而尚未出現在受限產能站前的訂單。

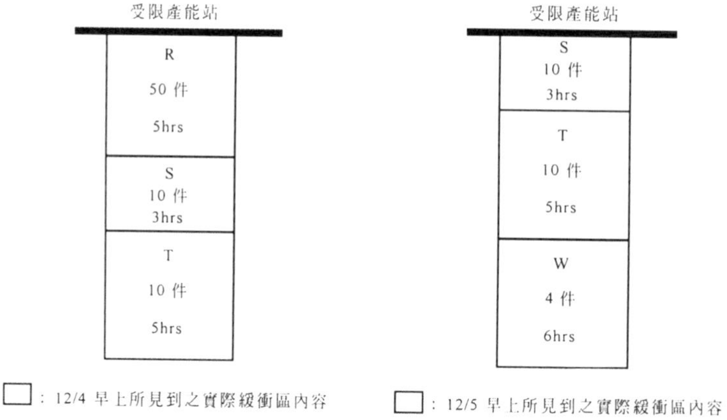

圖 6-8　表一之受限產能站 12/4 與 12/5 早上所見到之實際緩衝區內容

例如將圖 6-2 之計畫緩衝區與圖 6-8 之實際緩衝區比較結果，即可得到 12/4 早上緩衝區的空洞為 10 件 S、4 件 T 與 4 件 W，而 12/5 早上緩衝區的空洞為 4 件 T 與 2 件 W 與 50 件 R，如圖 6-9 所示。這些緩衝區的空洞表示是在受限產能站前還沒有出現之訂單，而目前還在受限產能站前的某一工作站上，所以計畫緩衝區上的內容會比實際緩衝區上的內容來得多。由於計畫緩衝區的內容與實際緩衝區的內容是動態的，即會隨著時間而變化，所以緩衝區的內容亦是動態的。

由於緩衝時間包含有保護的時間，例如系統的不穩定寬裕及可能發生負荷高峰的寬裕等，所以實際緩衝區與計畫緩衝區兩者不應該相同，而實際緩衝區應該要比計畫緩衝區小才合理，亦即緩衝區上要有一些空洞才合理，否則就不需有緩衝的保護了！換言之，緩衝區上有空洞是合理的，其次透過空洞所在的位置(離受限產能站加工時間之遠近)的訊息，不但可用來控制訂單的進度而且提供了現場改善的方向，這樣的管理觀念即為緩衝管理。

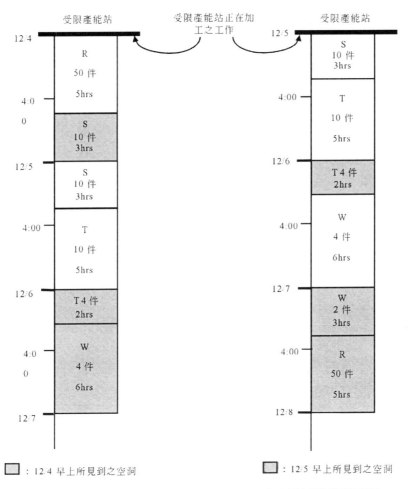

圖 6-9　表一之受限產能站於 12/4 與 12/5 早上所見到之緩衝區與空洞

6-4　緩衝管理

　　有了上一節所討論的緩衝區與空洞的觀念後，接下來即可進一步說明緩衝管理的技術。

　　由於緩衝時間包含有保護的寬裕時間，所以緩衝區上一訂單出現的時間，決定於該批貨流程的順利程度。如果該訂單從投料到緩衝區的流程很順利，沒有碰到任何意外(如機台故障或品質不穩等)或負荷高峰(如在某一站同時有好幾張訂單等著加工等)，則這批貨可以很快就到達緩衝區，意即這張訂單所造成的緩衝區空洞很快就不見了。相反的，如果從投料到緩衝區的這趟路走的很不順利，碰到了許多意外或負荷高峰時，則這批貨到達緩衝區的時間會拖得很長，意即這張訂單所造成的緩衝區空洞存在的時間會持續得較久。如果持續的時間過久，則會造成這張訂單無法趕上限制驅導節奏的時程，意即該訂單即延誤了。

　　為了讓評估緩衝區上空洞存在時間的長短有一個依循的標準，可以將緩衝區分為三區(是否為等分的三區決定於個人的需求，本文以等分來說明)，如圖 6-10 所示。在第一區的空洞，其存在的時間已快接近緩衝時間的長度了，例如圖 6-10 在 12/4 早上所見到的緩衝區的 10 件 S 的空洞，是在第一區上，其存在的時間已快兩天半了(緩衝時間為三天)；而在第二區的空洞，其存在的時間已快接近三分之二的緩衝時間的長度，例如在 12/5 早上所見到的緩衝區的 4 件 T 的空洞，是在第二區上，其存在的時間大約是兩天；至於在第三區的空洞，其存在的時間大約是在三分之一緩衝時間的長度，例如在 12/4 早上所見到的緩衝區的 4 件 T 與 4 件 W 的空洞，是在第三區上，其分別存在的時間只有了一天及六小時而已。

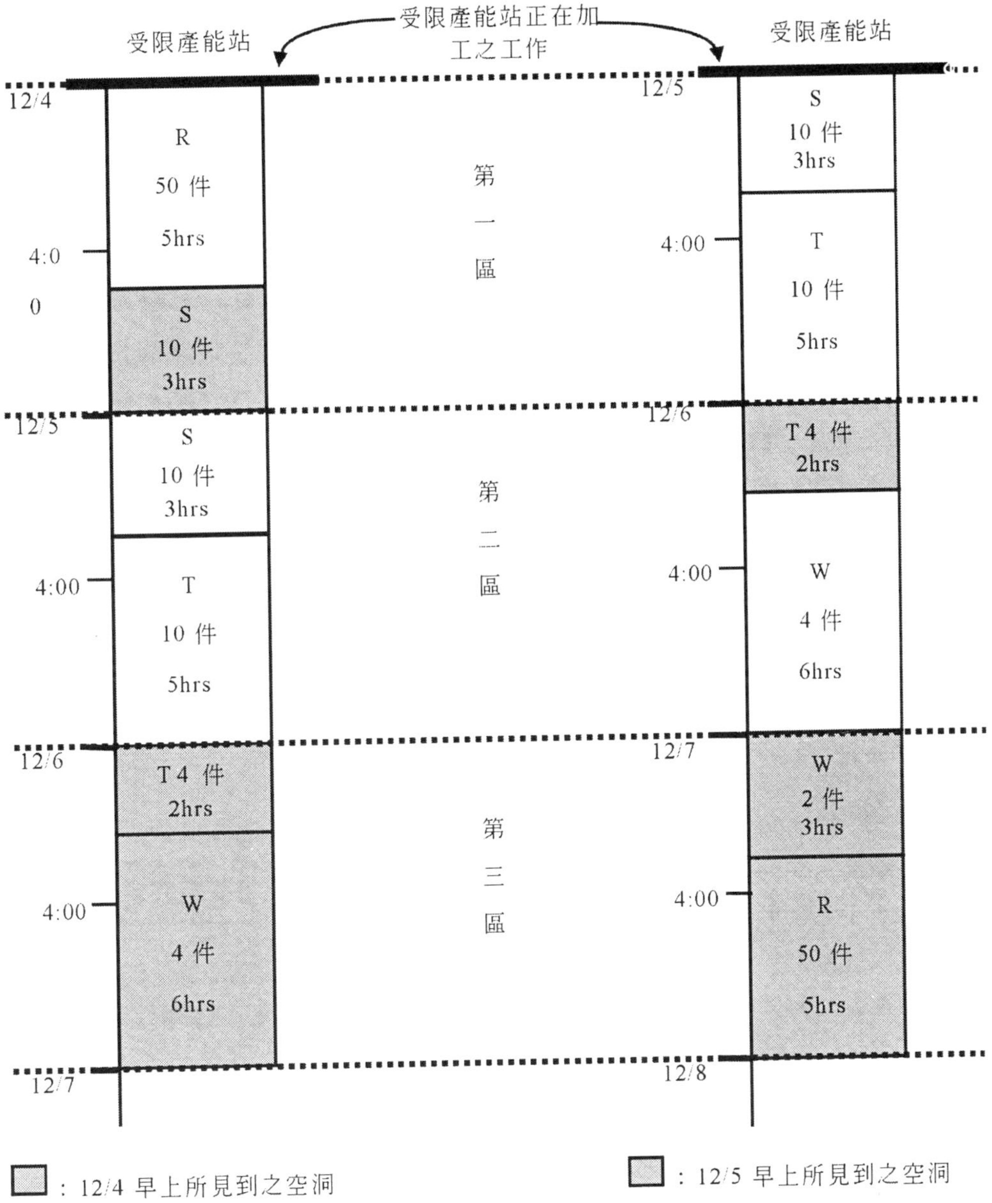

圖 6-10　三等分的緩衝區

　　所以將緩衝區分為三區，相當於是將緩衝區上的空洞分為三類，屬於第三區的空洞，或愈靠近第三區的空洞，其存在的時間愈短(若是剛剛才投料的訂單，其空洞才剛形成，所以存在的時間最短)；相對的，屬於第一區的空洞，或愈接近第一區的空洞，其存在的時間愈長。

　　其次由於緩衝時間在計畫或投料時已決定了，相當是一固定值了。所以當某一訂單的空洞在第三區時就已被填平時(即該批貨已出現了)，代表其空洞的壽命很短或其流程很順利，而要在緩衝區等待受限產能加工的時間即會很長；相反的，當某一訂單的空洞到第一區時才及時被填平時，代表其空洞的壽命很長或其流程很不順利，但是要在緩衝區等待受限產能加工的時間即會很短。

　　在前一節圖 6-7 已曾解釋了造成緩衝區上等待加工之在製品存貨的多寡的兩個「因」中，除了能被掌握的緩衝時間長短的這個「因」外，另外還有一個是無法掌握的「因」，它是生產過程之動態性、不確定性與統計波動，以及訂單之動態性與不確性等。這個無法事先予以掌握或預測的「因」，卻可以從緩衝區上空洞的壽命與分佈狀況，而觀察出來其目前之表現。換言之，緩衝區上空洞的壽命與分佈狀況，是工廠目前體質好壞所呈現之徵兆，只要掌握了這些徵兆，即可對症下藥而予以控制與管理，這就是緩衝管理的基本觀念。所以接下來就來介紹一些常看到的緩衝管理的應用，包含了：

　　(1)訂單進度的控制。

　　(2)緩衝時間長短的調整。

　　(3)現場紀律的管理。

　　(4)現場改善重點的掌握。

要強調的一點是緩衝管理的應用絕不只這些，各位只要詳細體會從前幾節所介紹的緩衝管理觀念，以及這些應用的方法，在實務上可以再找到其他的應用，例如前置時間如何持續改善或受限產能站漂移的掌握等。

6-5　緩衝管理之應用一：訂單進度控制

就訂單之進度控制而言，唯有訂單能在限制驅導節奏要開始加工該訂單的時間前就已到達緩衝區了，則該批貨才有機會能準時進行加工，否則即會延誤。其次若該批貨愈早到達緩衝區，則管理者即可愈早放心；反之，若該批貨遲遲不出現，則隨著加工時間的逼近，延誤的壓力即會隨之而升高。換言之，緩衝區上空洞存在的壽命不可以太長，若空洞遲遲無法填平時，即會造成穿透緩衝區之現象，所以從緩衝區上空洞存在的壽命(訂單到達否？)的掌握，即可有效的控制訂單的進度。

由於空洞能存在的最長壽命為緩衝時間的長度(為什麼？)，所以若空洞存在的時間愈短，相當於該訂單所剩的緩衝時間愈多或離受限產能站加工之時間愈遠，亦即該訂單還有很充裕的緩衝時間。相反的，若空洞存在的時間愈長，相當於該訂單所剩的緩衝時間愈少或離受限產能站加工之時間愈近，亦即該訂單愈急。當然，若空洞存在的時間超過了緩衝時間的長度時，則該空洞即穿透了緩衝區，相當於該訂單已發生延誤了。

所以接下來的問題，即在於如何研判緩衝區上空洞存在時間的長短或訂單所剩緩衝時間的多寡了！基本上，前一節所定義的緩衝區上的三個區域，提供了一個簡單、快速而有效的交期控制機置，如圖 6-11 所示：

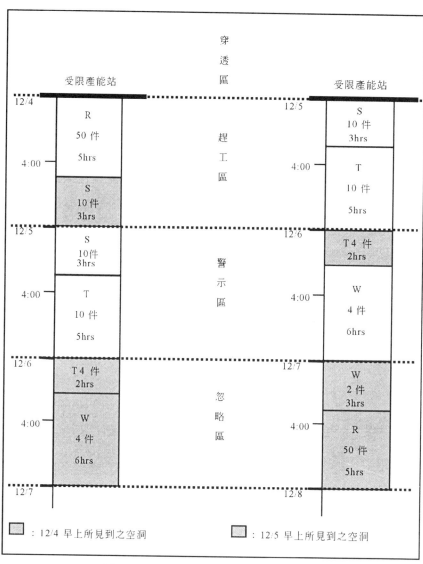

圖 6-11　緩衝管理應用於訂單交期之控制

。忽略區：屬於緩衝區上第三區的空洞，由於大都是才投料不久的訂單，
　其空洞存在的時間都還很短，亦即該訂單所剩的緩衝時間還有三分之

二以上的時間或離受限產能站加工之時間還遠的很。由於緩衝時間包含有系統不穩定的保護時間，所以訂單在這時候尚未出現是合理的，亦即這一區的空洞還不需要煩惱交期問題，根本不要介入干涉，因此這一區稱為忽略區(ignored zone)。例如圖 6-11 在 12/4 早上所見到的 4 件 T 與 4 件 W 之空洞，是在第三區上，是合理的，不要理會它。

- 警示區：隨著時間的進展，第三區的空洞若未出現即會進入第二區。所以第二區的空洞，其存在的時間比第三區來得長，大約已有三分之一到二分之一的緩衝時間了。雖然如此，距離加工時間依然還有一些寬裕(約三分之一到二分之一的緩衝時間)，所以訂單尚有機會及時出現，所以管理者還不必急著採取管理手段，但是比起第三區的空洞，則要慎重些。所以這區域的空洞要予以監示，以掌握其後續之狀況，如果在接近第一區前能及時出現，則危機即可解除，否則該空洞即進入趕工區。因此這一區稱為警示區(mentioned zone)。例如圖 6-11 在 12/5 早上所見到的 4 件 T 空洞，大約是在 12/4 0:00 時進入警示區，所以先予以監示而還不需要急著採取管理行動，如果它一直不出現，則會在 12/5 早上進入趕工區。

- 趕工區：隨著時間的過去，當第二區的空洞依然沒出現而進入第一區時，即表示空洞存在的時間已經很久了，亦即該訂單所剩的緩衝時間已經非常有限(不到三分之一的緩衝時間了)，而很快的就輪到它在受限產能站的加工，如果再不及時出現即會造成延誤。所以這時管理者必須立即採取管理手段(例如趕工等)而予以特別照顧，以確保該批貨的及時到達(只要在輪到其加工前到達，即可準時加工)，所以本區稱為趕工區(expediting zone)或行動區(action zone)。例如圖 6-11 在 12/4 早上所見到的 10 件 S 之空洞，大約是在 12/3 的 5:00 進入了趕工區，所以在 12/3 的 5:00 時即要採取管理手法而予以趕出來。

。穿透區：如果空洞沒來得及在第一區時出現或在輪到它加工前出現在緩衝區，亦即該空洞的壽命已超過了緩衝時間，或該批貨的緩衝時間已消耗盡了，則該空洞即會穿透緩衝區而成了延誤訂單。所以這類空洞必須在緩衝區外另給一區域，稱之為穿透區(penetration zone)或延誤區(tardiness zone)。

所以緩衝管理的訂單進度控制觀念不但簡單而有效，在管理上亦是很有意義的：

(1) 是一套預警式的進度控制方法：它能在訂單可能會延誤而尚未延誤時(即趕工區)，就讓管理者採取趕工行動，即管理者在採取趕工時，該訂單尚未延誤。其次管理者在趕工時，尚有足夠的時間(大約三分之一的緩衝時間)，所以才有趕工的價值與意義(注意！趕工是要/很花錢的)。

(2) 管所當管：當空洞還在第二或第三區時，管理者並不過問，而讓現場有充份的調適與自主的空間，而當空洞持續到第一區時，表示該批貨一定碰到了極嚴重的困難，這時管理者又能適時伸出援手予以協助。對現場有相當的尊重，而又能適時的掌握現場的問題，發揮了管理之精神。

(3) 重建了現場之管理循環：所謂管理循環是指計畫→執行→考核(修正)之過程，在限制驅導式現場排程與管理的環境裡，其計畫是限制驅導節奏與投料節奏，而執行則是要求受限產能站與投料站要依計畫進行，而考核則是以計畫為依據而透過緩衝管理之訂單進度控制之方法，以導引或修正現場的進度。即計畫、執行與考核三者都是以限制驅導節奏為準，所以現場管理循環可以有效施展開來，換言之，管理制度才能建立而擺脫人治的矛盾。

(4) 所需的資訊非常少卻有效：緩衝區所需的資訊有計畫緩衝區內容及實際緩衝區內容兩種，其中計畫緩衝區內容來自於現成的限制驅導節奏，取得沒有問題；至於實際緩衝區內容的取得會比較麻煩，它必須是到現場實際盤點才能獲得。但是由於這些資料都是在受限產能站的緩衝區上即可得到；換言之，管理者只要站在受限產能站前掌握了緩衝區的內容，而不需在整廠東竄西竄的跑來跑去，卻能輕鬆的掌握緩衝保護區上所有物流或工作站之狀況。

6-6　緩衝管理之應用二：製造時間的合理化

由於緩衝區上空洞存在的時間愈長或個數愈多，表示訂單從投料到緩衝區的流程愈不穩定，而受限產能站可能挨餓的機會增加；反之，空洞存在的時間愈短或個數愈少，則表示這趟流程愈穩定，而緩衝區的在製品存貨過高的機會增高。所以合理的緩衝區空洞分佈，應該要同時兼顧受限產能站不會挨餓與緩衝區在製品存貨不能過高之需求，換言之，緩衝區上空洞的比例大約佔 50%左右是較合理的，亦即有一半的訂單已經到達緩衝區等待加工(能確保受限產能站不挨餓)，而還有一半尚在路途上(緩衝區的在製品存貨不會太高)。

其次，若再進一步考慮訂單交期的掌握，則緩衝區上 50%的空洞，應該分佈在第二區與第三區上而呈現一個倒 S 形；亦即第一區已到達的訂單大約在 90%以上或空洞少於 10%(訂單能準時加工)，而第二區的空洞則大約約一半，至於第三區的空洞則大約在 90%，如圖 6-12 所示。

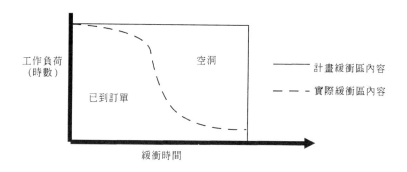

圖 6-12　合理的緩衝區空洞之分佈

　　所以透過緩衝區上空洞分佈的分析，可用來調整緩衝時間的合理性。但要注意的是現場有統計波動的特性，所以不能以一次的觀察就下結論，而應該是經過一段時間的觀察(樣本要有代表性)與統計後的結果來分析，才有代表性。

　　例如經過一段時間取樣與統計後，得到了如圖 6-13(a)所示的緩衝區空洞的分佈圖，其緩衝時間為四天，在緩衝區上未來兩天要加工的訂單都已到達了而沒有空洞，其次兩天後才要加工的訂單亦已到達了 90%以上(即只有不到 10%的空洞)，而三天後才要加工的訂單亦已到達了 75%(空洞只有25%而已)。換言之，這個緩衝區的在製品存貨過高或空洞過少，表示緩衝時間被高估了或太過度保護了，所以可以將緩衝時間砍掉兩天，而得到如圖 6-13(b)之結果，較為合理。

　　相反的，如果經過一段時間取樣與統計後，得到了如圖 6-14(a)所示的緩衝區空洞的分佈圖，其緩衝時間為三天，在緩衝區上第一區已到的訂單大約只有 75%或 25%的空洞，由於第一區未到的訂單比例很高，所以管理者常常要趕工，這是不正常的現象。換言之，這個緩衝區的在製品存貨過低或空洞過高，是由於緩衝時間被低估而造成的，所以可以將緩衝時間延長為四天，而得到如圖 6-14(b)之結果，如此即可大幅降低現場常常趕工之不合理現象。

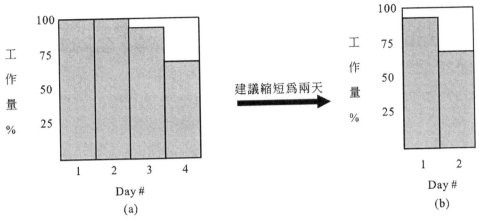

圖 6-13　過高的緩衝區在製品存貨分佈及緩衝時間之修正

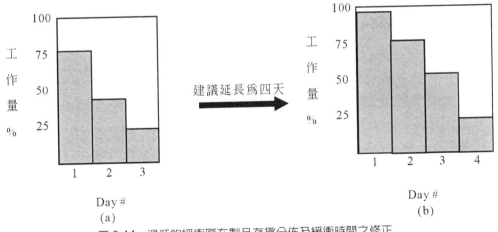

圖 6-14　過低的緩衝區在製品存貨分佈及緩衝時間之修正

6-7　緩衝管理之應用三：現場工作紀律之考核

　　現場的工作紀律很多，要如何一一考核是一件大工程。但是就考核的目的而言，考核現場是否做對事(do right thing)比起考核現場是否在做事，要來得重要而有意義多了，因此接下來謹就現場是否做對事來討論。

　　由於現場猶如一座叢林戰場，不但彼此看不到對方，而且瞬息變化，所以要考核所有的個體與其狀況，並不是件容易的事，或者應該說是不只辛苦也是不可能的事。所以唯有從制度重新檢討與設計，考核才有可能。

　　限制驅導式現場管理制度提供了這樣的機會，它首先將整體複雜的流程與各站的派工決策問題，簡化為只有投料站與受限產能站兩個點才有做對事的派工決策問題，其餘非受限產能站則是來什麼就做什麼的直覺反應。所以在限制驅導式現場管理制度下，可能會出錯而需要考核的重點就可簡化為下列幾點了：

　　(1) 該投的料，其種類與數量是否正確？

　　(2) 該投的料，其種類與數量雖然正確，但有否過早投料？

　　(3) 該投的料，其種類與數量雖然正確，但有否過晚投料？

　　(4) 現場是否出現了非計畫中的料？

　　有了上列的考核重點後，接下來的問題是考核的時機與地點為何了？如果現場的錯誤率很高，則投料站的防呆或防錯措施就很重要，例如投料前都要先經管理者的審查後才能正式投料等。但是這樣做不但成本很高而且會影響現場的時效性，其次一般現場會犯錯的比例都很低，所以在投料站的雙倍人力的投入並不經濟。所以在限制驅導式現場管理的環境下，最簡單、經濟而有效的方法，其實是透過緩衝管理來完成，意即在緩衝區上做考核。

　　由於任何訂單要出現在緩衝區，必須在計畫緩衝區上有的訂單或緩衝區有它的「空洞」，才算「合法」的訂單。例如圖 6-15，粗黑線的框框所表示是計畫緩衝區的內容，或是在 day#1 早上所見到的合法訂單或空洞，而實際已出現的訂單則是以灰色的區塊來表示。所以根據圖 6-15 所示，在所有已出現的訂單中，有一張訂單 E 找不到它的空洞，而被放在粗黑線的框框外，換言之，在 day#1 早上訂單 E 出現在受限產能站前是不合法的。

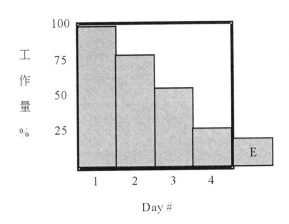

圖 6-15　現場工作紀律之考核

　　所以，如果緩衝區上出現了一批貨，但在緩衝區上卻找不到它的空洞，即表示該批貨的投料或生產過程中可能出了一些紀律上的問題，例如：

　　。投錯料了，如料號弄錯了或備錯料了等。

　　。太早投料了，所以太快到達緩衝區。

　　。該批貨跑錯站了，如途程資料錯誤或應該到別站卻送到受限產能站。

　　。現場還存在有過去「不能閒」的觀念，所以有人很「認真」的偷料來做。

　　所以在緩衝區上發現非法的訂單時，則必須往前追究是在那裡出了問題，以便改善現場是否做對事的工作紀律。

　　此外在受限產能緩衝區考核訂單的合法性，還有一項很重要的意義，是避免非法的訂單流入受限產能站，而浪費了受限產能珍貴的資源。

6-8　緩衝管理之應用四：現場改善重點之掌握

現場需改善的問題相當多，要如何找到改善的重點呢？緩衝管理提供了非常好的管理訊息。

基本上，緩衝區上一個空洞即代表現場的一個需改善的問題點。這個問題點目前所發生的位置，則為該空洞之訂單目前被擱置之所在。這個位置只要根據該訂單的製程資料，從緩衝區所在位置往前找即可找到，可能是卡在某一個工作站前、可能是在倉庫或是因供應商的料未到等。而只要找到位置，即可找到造成該空洞的問題現象。例如圖 6-16 所示的緩衝區(虛線部份)上的一個空洞為 A 訂單，該訂單目前被擱置在工作站 Z 的前面，所以造成該空洞的問題現象即為 Z 工作站的某一問題，例如製程不穩、換線時間過長、品質不良或機台故障等。

其次該問題點影響系統之嚴重程度大小，則決定於該批貨對限制驅導節奏可能造成的影響來決定，而影響限制驅導節奏的因素，基本上可以從三個層面來衡量，如圖 6-17 所示。

第一個層面是完成該批貨尚需花的加工時間有多少(以 P 表示)，如果該批貨目前所擱置的位置離受限產能站愈遠(即未完成之製程數愈多)，則完成該批貨所需的加工時間即愈長，而愈長的加工時間可能碰到的變數會愈多，因而對限制驅導節奏可能造成影響的機會就會愈大。換言之，P 愈大對系統的影響程度會愈嚴重，所以 P 對系統的影響程度是正向的，例如成正比等。

第二個層面是該空洞在緩衝區上距離受限產能站要開始加工的時間還有多少時間，以 W 表示。如果該空洞距離受限產能站要開始加工的時間愈近(即很快就要輪到它加工了)，則對限制驅導節奏可能造成影響的機會就會愈大。換言之，W 愈小對系統的影響程度會愈嚴重，所以 W 對系統的影響程度是反向的，例如成反比等。

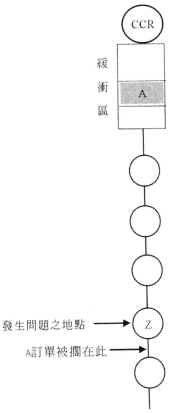

圖 6-16　緩衝區上某空洞之訂單目前所被擱置之位置

最後第三個層面是該批貨本身的大小，以 Y 表示。如果該批貨愈大(即所需的受限產能站的加工時間愈長)，則對限制驅導節奏可能造成的影響就會愈大。換言之，Y 愈大對系統的影響程度會愈嚴重，所以 Y 對系統的影響程度亦是正向的，例如成正比等。

所以造成緩衝區空洞之問題現象，其對系統的影響程度的大小可以(P，W，Y)這三個指標所構成的函數值 f(P，W，Y)來判斷。即問題現象對系統的影響程度=f(P，W，Y)。

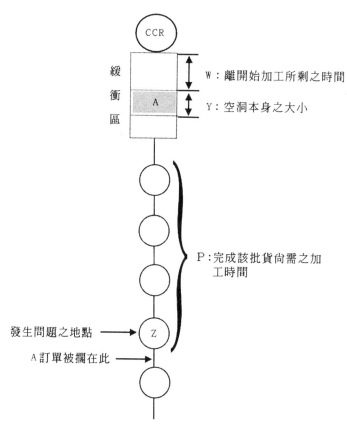

圖 6-17　緩衝區空洞對系統影響之因素

至於 f(P，W，Y)的內容則決定於各人的需求與喜好。例如某工廠所使用的函數值為 $f(P，W，Y) = \dfrac{2PY}{W^2}$，而假設在某次的抽樣中發現了某一問題現象所造成之空洞其 P=10，Y=5 而 W=0.5 時，則該問題現象所造成的空洞對系統的影響程度即為 $400(=\dfrac{2\times10\times5}{0.5^2})$ 個單位。

　　所以經過一段時間之累計與分析後，即可得到影響系統嚴重程度之問題點或問題現象之排行榜，如圖 6-18 所示。透過圖 6-18 之排行榜即可找出影響系統的最嚴重問題點及所在之位置，而可進一步予以改善。

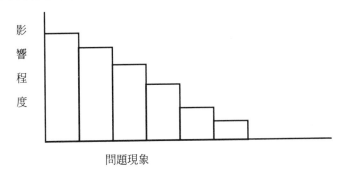

圖 6-18　影響系統嚴重程度之問題點或問題現象之排行榜

6-9　問題與討論

1. 請解釋下列名詞：

    (1)　緩衝　　　　　　(2)　緩衝時間　　　　　(3)　緩衝保護區

    (4)　緩衝區　　　　　(5)　緩衝保護區的計畫在製品存貨內容

    (6)　計畫緩衝區　　　(7)　實際緩衝區　　　　(8)　空洞

    (9)　空洞存在的時間　(10) 空洞的壽命　　　　(11) 忽略區

    (12) 警示區　　　　　(13) 趕工區　　　　　　(14) 穿透區

    (15) 延誤區

2. 請各位讀者以您每天上學(班)的時間管理方法，來解釋何謂緩衝管理？

3. 請討論緩衝區上空洞的壽命與緩衝區三區的關係。當空洞的存在時間為零的那一剎那(即空洞的誕生)，該空洞的訂單應該在那裡及做什麼事？

4. 假設某工廠每週上班 7 天(不考慮假日問題，即全年無休)而每天工作時間為 8 小時(0:00~8:00)，其受限產能站未來 10 天的限制驅導節奏如下表所示：

	11/1			11/2			11/3		11/4			11/5		
工件	R	U	S	S	Z	T	T	W	W	U	R	T	V	S
數　量 (個)	50	8	10	10	20	10	4	4	2	6	50	4	10	20
時　間 (hr)	2	4	2	2	1	5	2	6	3	3	2	2	2	4

	11/6			11/7			11/8			11/9		11/10	
工件	S	W	R	U	T	Z	Z	V	W	W	R	T	S
數　量 (個)	20	2	25	6	6	40	60	10	2	2	125	4	30
時　間 (hr)	4	3	1	3	3	2	3	2	3	3	5	2	6

假設受限產能緩衝與出貨緩衝都各為 3 天。請回答下列問題：

(1) 在 11/5、11/6 與 11/7 等三天的 0:00 所見到之受限產能緩衝保護區的計畫在製品存貨內容為何？出貨緩衝保護區的計畫在製品存貨內容為何？

(2) 在 11/5、11/6 與 11/7 等三天的 2:00 所見到之受限產能緩衝保護區的計畫在製品存貨內容為何？出貨緩衝保護區的計畫在製品存貨內容為何？

(3) 在 11/5、11/6 與 11/7 等三天的 4:00 所見到之受限產能緩衝保護區的計畫在製品存貨內容為何？出貨緩衝保護區的計畫在製品存貨內容為何？

(4) 在 11/5、11/6 與 11/7 等三天的 6:00 所見到之受限產能緩衝保護區的計畫在製品存貨內容為何？出貨緩衝保護區的計畫在製品存貨內容為何？

5. 第 4 題的受限產能緩衝為 16 小時而出貨緩衝為 12 小時，請回答第 4 題的四個問題。

6. 請仔細觀察第 4 題與第 5 題之結果，是否得到了「緩衝保護區上的計畫在製品存貨量即為緩衝的長度」之結論？請說明這個結論一定成立的理由？

7. 觀察第 4 題與第 5 題之結果是否體會了緩衝保護區上的計畫在製品存貨內容是動態的？而且是隨著時間(如 0:00 → 2:00 → 4:00 → 6:00 → 8:00)進展而依序在消長，請比較第 4 題與第 5 題在 11/5 四個觀察時間所得到緩衝保護區上的計畫在製品存貨內容之減少部份與增加部份？

8. 如果受限產能緩衝為 24 小時，根據第 4 題所示的限制驅導節奏，請問在 11/5、11/6 與 11/7 等三天的 0:00 所見到之計畫緩衝區內容為何？

9. 根據第 4 題所示的限制驅導節奏，而受限產能緩衝為 24 小時，則在下列時間所見到之緩衝區上三區的訂單分別為何？

(1) 11/1 2:00　(2) 11/2 7:00　(3) 11/3 0:00　(4) 11/3 3:00

(5) 11/4 4:00　(6) 11/5 5:00　(7) 11/6 1:00　(8) 11/7 7:00

10. 根據第 4 題所示的限制驅導節奏，如果受限產能緩衝爲 24 小時而在 11/6 0:00 到受限產能站前盤點到的貨有 20 個 S、25 個 R、6 個 U、3 個 T 及 60 個 Z，請回答下列問題：

    (1) 緩衝區上有那些空洞？

    (2) 這些空洞分別落在緩衝區上的那一區？

    (3) 那一張訂單可能會延誤？

11. 請問就緩衝區上空洞的壽命而言，理論上的最短壽命爲多少？實際上可能發生的最短壽命應該爲多少？

12. 請問就緩衝區上空洞的壽命而言，最長的壽命爲多少？如果空洞存在的時間超過其最長壽命時，代表何意義？

13. 緩衝區上空洞存在的時間可不可能爲負值？爲負值代表何意義？

14. 根據第 4 題所示的限制驅導節奏，而受限產能緩衝爲 24 小時，如果受限產能站前某一工作站在 11/2 生產 10 個 V 時故障了，而且一直修不好，請回答下列問題：

    (1) 請問這 10 個 V，何時開始成爲緩衝區第三區的空洞？

    (2) 請問這 10 個 V，何時開始成爲緩衝區第二區的空洞？

    (3) 請問這 10 個 V，何時開始成爲緩衝區第一區的空洞？

    (4) 請問這 10 個 V，其空洞何時會穿透緩衝區？

15. 在第三區的空洞爲何不要介入干涉？若介入干涉會有何後遺症？

16. 在第一區的空洞爲何要及時介入干涉(趕工)？若未及時介入干涉會有何後果？

17. 造成緩衝區空洞之問題現象，其對系統的影響程度大小，決定於那三個因素？這三個因素對系統的影響分別爲正向或負向(請說明原因)？

18. 造成緩衝區空洞之問題現象對系統的影響程度的函數，若取下列之公式 $f(P，W，Y)=2P-2W+Y$，有何缺點？

19. 工作站 R 為工廠之受限產能站，其受限產能緩衝為三天(每天 16 小時)。
　　假設其限制驅導節奏計畫之訂單如左下表，而目前實際已出現之訂單
　　如右下表：透過緩衝管理的應用，您得到了那些管理訊息？

訂單	工件	計畫數量	需要工時
101	A	600	6
126	B	250	4
128	C	400	8
143	A	1200	12
148	D	200	8
150	B	250	4
156	A	600	6

訂單	工件	已到數量	需要工時
101	A	600	6
128	C	400	8
143	A	600	6
150	B	250	4
162	E	480	4

CHAPTER **7**

限制驅導式現場排程 與管理系統

　　有關限制驅導式現場排程與管理技術基本理念的介紹，到目前已告一段落，至於一些較特殊的技術，例如次受限產能的排程如何排等，或一些較特殊環境的應用，例如受限產能有迴流之特性等，將會在精進篇再進一步說明。而為了使讀者對限制驅導式現場排程與管理技術有一全貌或完整之認知，並體會出這套技術的意義及應用，所以本章接下來的重點，則對這套技術作一歸納與分析，包含了整個技術的架構、整個技術所濃縮的十個簡單理念、現場決策之應用、現場之持續改善、從排程技術面來看這套方法之意義、以及相對於看板系統或流線型生產線之意義等。

7-1　　限制驅導式現場排程與管理技術之架構

　　如圖 7-1 所示，限制驅導式現場排程與管理技術的架構可分為三部份：第一部份為最裡面的三層，這部份為這套技術之基礎；第二部份為中間有箭頭的一層，這部份為這套技術的主要技術部份，即工廠管理循環(即計畫→執行→考核)之方法；最後第三部份為最外層，這部份為這套技術的應用。

　　首先來看最裡面的三層。由於限制驅導式現場排程與管理技術基本上是建立在實體限制的管理上，亦即實體限制為這套技術的核心，所以將實體限制放在圖 7-1 架構圖的最內圈。

　　要注意的是，雖然這套技術並不直接從政策限制切入，但透過有效管理實體限制的需求，自然會導引出很多管理或政策上不合理的限制，例如資源使用率之績效等。因此針對這些不合理的政策限制，這套系統即會予以正視而提出導正，例如資源績效的再定位等。

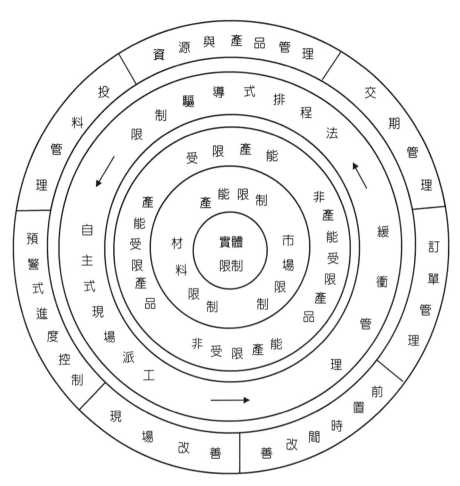

圖 7-1　限制驅導式現場排程與管理技術之架構

　　換句話說，這套技術並不主動面對政策限制，而是透過實體限制的管理過程來凸顯政策限制的管理意義，進而才具體的解決了政策限制的問題。這是由於政策限制所牽涉到的都是有關行為模式的問題，要直接談這種問題是很難掌握到重點、共識或施力點的，然而透過實體限制的幫助，可以讓大家把注意力集中在真正的政策限制上，進而提出具體的解決方法。例如當一個工作站為限制時，這套技術並不要我們直接解決這個實體限制，例如花錢去買更多的產能等，相反的，這套技術要我們改變現有的管理模式以充份利用這個限制。所以這套技術雖然並不直接從政策限制切入，但所解決的卻都是政策限制的問題，例如充份利用系統的限制、非受限產能要配合限制的需要或改善訂單之績效等。

其次，實體限制有產能限制、材料限制及市場限制等三種，所以要隨時掌握工廠目前限制的所在，以便根據目前限制的種類來管理工廠或應用這套技術。由於這三類限制的識別是應用這套技術的基礎，所以將這三類的限制放在圖 7-1 架構圖上的第二圈。當掌握了工廠限制的所在後，工廠設備資源即可區分為受限產能資源或非受限產能資源，如圖 7-1 架構圖上的第三圈。透過設備資源特性的了解，即可分別採取有效的管理方向，例如受限產能的定位在於有效產出而非受限產能的定位則在改善訂單績效等。其次在掌握了設備資源的產能特性後，工廠不同的產品線，亦可據以分類為產能受限產品與非產能受限產品兩類。所謂產能受限產品是指其製程中至少會有一個製程需要受限產能的加工，而非產能受限產品則是其製程所經的資源都為非受限產能。從資源產能與產品的特性，可以提供不同單位的決策或努力方向。

所以有了前三層的基礎後，接下來即是這套技術的主要部份，這部份包含了現場管理循環所需的方法，如圖 7-1 架構上的第四圈。首先在計畫方面的方法是限制驅導式現場排程法，其計畫內容為限制驅導節奏、投料節奏與計畫出貨(完成)時間。其次在執行方面的方法是自主式的現場派工，即投料站與受限產能站必須依投料節奏或限制驅導節奏而進行，而非受限產能站則是「來什麼做什麼，沒事就不要找事做」。由於受限產能站是依限制驅導節奏派工，而非受限產能站亦無複雜的派工決策問題，因此現場各站的資源分配決策可降至最低，因此稱為自主式現場派工模式。而最後在考核方面的方法則是緩衝管理，依計畫來考核現場狀況嚴重的程度、是否採取趕工行動、或計畫所採用的緩衝時間是否適當等。由於這三種方法的努力方向都是在於追求系統的最大產出(注意！是產出而非產量)，以及改善訂單的績效，因此透過這套技術所提供的計畫、執行與考核的管理循環，即可建立一套有效的且一致性的現場管理制度。

　　有了內三層的限制管理觀念及中間層的現場管理循環的制度後，工廠即可進一步發揮出許多管理的應用，如圖 7-1 的最外層所示的範例：

(1) 資源與產品管理：若資源為受限產能，則負有工廠最大產出之使命，所以除了必須充份利用外並且要負責驅導全廠的運作，因此限制驅導節奏的設計與有效的進行是非常重要的。相反的，若資源為非受限產能，則必須全力配合限制(產能、市場或材料)之所需，進而要將管理重心放在訂單績效的改善上。同理，若產品為產能受限產品，則管理或業務推廣的重心應該放在質的提升而不要再追求量，例如更好的價格等(注意！產出為一金額而非數量，所以價格提升亦可反應在產出上。)。至於非產能受限產品，由於該產品線的產能還有過剩，限制相當於在市場，所以應該全力衝量，只要價格高過材料成本的訂單即可考慮接單，而不要受制於單位成本的政策限制。

(2) 投料管理：由於限制驅導式現場排程法在計畫時，包含有投料節奏的規劃，所以投料有了具體的依據，而不是看第一站(投料站)沒料或擔心現場沒事做而投料。所以投料管理可依其投料節奏(計畫)、實際投料的進行(執行)、及兩者間差異程度的評估(考核)而有效執行。

(3) 交期管理：由於限制驅導現場排程法所得到(預估)的計畫完工時間很準，所以可透過計畫完成時間評估現場進行的程度，進而控制或改善現場。當然準確的計畫完工時間的預估，會有助於工廠其他許多單位的運作，例如業務單位對客戶的交期承諾管理等，因此可進一步建立這些單位的管理制度。

(4) 預警式進度控制：透過緩衝管理的進度控制方法，當一張訂單的空洞落在第一區(趕工區)時，管理者即要採取趕工手段予以改善。由於該方法是在該訂單即將延誤而尚未延誤時，及時提醒管理者，因此進度的控制不但有預警效果而且兼顧了趕工的有效性。

(5) 訂單管理：訂單是很動態而不確定的，例如插單或緊急訂單、訂單取消、內容變更或交期提前或延後等。當客戶有這些要求時，如何評估影響的程度及因應措施，基本上，都可以透過限制驅導節奏而很快且有效的評估影響的程度及因應措施。以插單或緊急訂單的管理為例，雖然所要評估的內容很多，但最重要的評估內容不外是這張緊急訂單有多急？料來得急供應嗎？以及對現有訂單的影響程度？等。這些問題透過限制驅導節奏可以很快且有效的得到評估。因為只要將該訂單的交期減去出貨緩衝時間，即可得到該訂單在受限產能站的計畫生產時段。根據該訂單的計畫時段，即可在限制驅導節奏的同時段上得到相對應的訂單，所以將這張訂單與同時段的訂單作一比較，即可比較出這張訂單有多急。其次，如果這張訂單真的很急，則它會搶了現有某些訂單在限制驅導節奏的位置，所以這時可以根據這張緊急訂單在限制驅導節奏的位置，來評估其所剩的受限產能緩衝是否還來得及投料，以及對那些被排擠訂單的交期影響程度。

(6) 前置時間改善：透過緩衝區上各區空洞的分佈，即可掌握及改善緩衝時間及訂單的製造前置時間。

(7) 現場改善：透過緩衝區上空洞對限制驅導節奏影響的嚴重程度，即可掌握現場問題的重點及造成問題的所在，因此即可予以改善，持續這樣的程序，即可持續改善現場。

所以根據圖 7-1 所示之架構，限制驅導式現場排程與管理技術有合理的理論基礎與管理觀念、完整的管理制度與不同的應用領域。但是為了使用上更為方便與有效，這個架構可簡化為十個簡單的精簡法則，以易於應用來掌握限制與非限制之間的關係，以及管理工廠的重點。

7-2 限制驅導式現場排程與管理的精簡法則

限制驅導式現場排程與管理技術的理念和現有的制度有相當多不同的管理思維，所以為了使用上容易上手，或能潛移默化的深入日常工作典範中，學者專家們已將之歸納為下列十個基本理念：

(1) 要平衡的是流量(flow)而非產能(capacity)：所謂產能的平衡是指要讓每一種設備的產能都接近於市場的需求，而不要有多餘或閒置的浪費。換言之，是在追求所有設備 100%的使用率。當設備愈機械化/自動化而且替代性愈低時，要使所有設備產能都能接近市場的需求，就技術面而言，已是愈來愈不可能的事實。其次就算在技術上能使所有設備的產能都平衡了，但是產能的平衡代表的是 100%的使用率，至於 100%的使用率則表示在製品高而等待時間長等，這些結果和買方市場所需求的在製品低、交期快而準剛好相反，有意義嗎？在買方市場，由於產品量產的時間愈來愈短，所以製程的統計波動愈來愈大，而交期要求愈來愈短，所以應該將管理重心放在流量的平衡上，亦即追求產品在工廠的流量和市場需求之間的平衡，以及各站間流量的快速與通暢。

(2) 資源的使用率/稼動率(Utilization)與可動率(On-Demand Utilization)並非同義字：所謂使用率/稼動率是設備實際使用的產能除以該設備的最大產能，例如某機台每天的最大產能為 100 個，而今天的實際生產量為 70 個，則今天該機台的使用率為 70%的水準。在賣方市場，設備的使用率當然愈高愈好；然而在買方市場，設備的使用率必須由市場決定，因此使用率不是愈高愈好，而是愈接近市場的需求愈好。至於可動率則是指某一設備要被使用時，它是在可動或能被使用的機率有多大，例如我們的愛車，每天上下班各需要一小時的開車時間，所以它的使用率只需 8.3%即已足夠，但是在我們每天上下班使用它時，我們需要它都在 100%的可用狀態。如果某天在上班途中，它出了狀況，而有 30 分鐘無法使用，則該天車子的可動率則只有 75%。當設備的可動率小於100%時，即會造成流量的不順暢或堆積，進而影響進度或產生損失，例如上班遲到或交期延誤等。所以設備的使用率與可動率是不相同的，而追求產品在工廠的流量和市場需求之間的平衡，以及各站間流量的快速與通暢，我們必須主動追求 100%的可動率，至於使用率則不是我們能自行作主的而必須決定於市場的需求。
在買方市場若繼續追求使用率，其後果是可想而知的！

(3) 非受限產能的使用率不能自行決定，而是由系統的限制決定：由
於設備的使用率不是愈大愈好，而是要適合需求，至於需求則是
由系統的限制決定。當系統的限制為市場或材料時，工廠所有設
備都為非受限產能，當然所有設備的使用率都要依市場或材料的
需求而決定。當系統的限制為產能時，則受限產能會決定通過工
廠和進入市場的流量(即限制驅導節奏)，換言之，亦決定了非受
限產能的使用率。所以非受限產能的使用率不能自行決定，而是
由系統的限制決定。但是可動率卻是非受限產能能自行作主或追
求的，所以非受限產能應該努力追求可動率以加快工廠流量的順
暢；換言之，非受限產能的績效指標應該和可動率有關才合理，
至於現有利用使用率來評估非受限產能的表現，是不是就和要求
消防隊一年要滅幾場火一樣的無理或可笑呢！？

(4) 受限產能一小時的損失就是整個系統一小時的損失：當產能為工
廠的限制時，則整個系統的最大產出是決定於受限產能。所以假
如受限產能損失了一個小時，或甚至於只損失了十分鐘，這些時
間都是無法再補回來的，也無法再從其他的地方給彌補回來（除
非額外付出代價），所以反應到整廠的產出上，就是整廠一小時
或十分鐘的損失。換言之，受限產能所代表的費用，不是自己一
站的費用，而是全廠的費用。因此，從損失來看，受限產能一小
時的損失就是整個系統一小時的損失；若從產出來看，受限產能

少了一小時的損失就是整個系統多了一小時的產出，這就是爲何受限產能必須要「充份利用」的主要原因了。

(5) 非受限產能一小時的節省只是一種假象：由於非受限產能的使用率是由系統的限制決定，其使用率非 100%或已有多餘的產能。如果再花代價去節省或改善其加工時間，則只是會使使用率變得更低或多餘產能更多而已。這些多增加出來的多餘產能，就工廠有效產出的改善而言，毫無意義；其次就流量順暢的改善而言，亦非常有限，甚至於是有害。但是就傳統的效率或單位成本之績效指標而言，非受限產能的改善，卻有很大的效率提升或單位成本的降低帳面效果，所以非受限產能一小時的節省或改善只是一種假象。

(6) 受限產能決定了整個系統的有效產出與存貨：由於受限產能的限制驅導節奏決定了系統的有效產出與投料節奏，而爲了保護限制驅導節奏的進度或受限產能不會有待料閒置之浪費，投料時間會適當的提早，所以在受限產能站前有很長的零件在排隊(queue)是合理的。因此，對於要通過受限產能站的零件而言，在受限產能站前會花很長的排隊時間(queueing time)；至於只通過非受限產能的零件，則會在裝配站前花很長的時間等待(waite)從受限產能站來的零件。換言之，受限產能掌控了所有零件耗費在工廠的時間，亦即受限產能決定了整個系統的有效產出與存貨。

(7) 移轉批量不必/不應該等於生產批量：所謂移轉批量是工件每次從一站被搬移到下一站的批量大小。移轉批量愈大，則搬移的次數愈少，相反的，移轉批量愈小，則搬運次數愈多。所以移轉批量與生產批量兩種批量大小的考慮因素是不相關的，影響生產批量的因素是換線時間與次數，而影響移轉批量的是搬運時間與次數。由於生產批量的降低會受換線時間的影響，如果換線時間很長而且有技術上的障礙而無法改善，則要想從管理面來壓縮製造時間，是很有限的。但是移轉批量和生產批量在待工與等候時間的改善上卻有類似的效果，而移轉批量卻沒有換線之技術障礙，所以要想短時間內，大幅壓縮製造時間，就必須從移轉批量下手了。所以移轉批量不必也不應該等於生產批量。

(8) 生產批量應該是變動而非固定的：由於不同產品在各站的換線時間是不相同的，所以生產批量絕不可一層不變。其次若從各別工件所花的製造時間而言，小批量多換線，可大幅縮短工件之待工與等候的時間，即可大幅縮短製造時間。而若從產能而言，只要該設備不是受限產能，小批量而多換線剛好可以充份利用多餘產能，不但不用多花錢，而且可以發揮非受限產能改善訂單績效之目的。因此只要不會造成非受限產能變為受限產能的條件下，應該儘可能縮小生產批量。

(9) 排程必須同時考慮產能與加工優先順序之限制，前置時間是排程的結果而無法事先得知：排程基本上是如何分配資源給訂單的決策分配問題，所以在決策過程中牽涉了有限產能與訂單優先次序的兩種限制。如果是先給每一製程一個固定的前置時間，而後利用 MRP 的後推原理推出每一道製程的加工時間，其次各站再依各訂單事先所給的優先次序先加工優先次序高的訂單。則這樣的作法相當於是先排定了各訂單的優先順序，之後再評估各站產能的可行性。這樣的作法忽略了前後製程的相依性，意即產能與優先次序間的交互關係是無法評估到的，所以這樣的排程送到現場，現場是很難/無法配合執行的。其次各訂單於各站的前置時間是決定於其排程後的排序或各訂單優先次序比較的結果，如果訂單被排在很前面則所需等候的時間很有限，前置時間比較短；反之，如果訂單被排在很後面則所需等候的時間就會很長，前置時間就比較長。所以前置時間是排程的結果，事先是無法知道的。

(10) 局部最佳的總和並不等於整體之最佳：局部最佳是一種化整爲零的管理制度，其管理理念是爲各單位訂下一局部績效指標，以作爲各單位努力之方向，當各單位達成了局部績效指標，即可彙總成整體之績效指標而完成整體之目標。所以這種管理方法要有意義，必須先具備整體績效指標與局部績效指標間要有一直接彙總之關係。但很不幸的是，目前工廠所使用的局部績效指標，例如單位成本、資源使用率或產量等，其與工廠的整體績效指標，如工廠的有效產出、淨利、或投資報酬率等，兩者間並無直接的關係或不存在有彙總的關係。換言之，當各部門努力達成了其局部之最佳成果，並不表示達成整體之最佳，甚至於可能是在破壞整體之最佳。例如爲了追求使用率或產量的績效，現場即會儘量努力減少換線次數，而以大批量生產，其結果可能是生產了一大堆無法馬上賣掉的存貨、小批量的訂單被犧牲了、及製造時間很長等，這些結果可以使各單位得到局部最佳，但是對工廠整體而言卻全是負面的。尤其工廠目前所處的是買方市場，追求局部最佳無異是死路，所以透過局部最佳的總和並不等於整體最佳這樣的理念來提醒大家。

這十個法則說明了限制與非限制之間的關係以及應該如何管理工廠的基本觀念，所以可以視之為整個限制驅導式現場排程與管理技術的精簡或濃縮精華。

其次討論了限制驅導式現場排程與管理技術之架構與其精簡法則，相信讀者已能更進一步的掌握了這整套技術的全貌，所以接下來的兩節將討論如何應用這套系統在日常作業的決策與工廠持續改善上。

7-3　現場管理相關決策之應用

還記得在 1-5 節曾經討論過的三個決策例子嗎？

 。業務員之難處：如果售價能降低且確認未來交期之承諾，則客戶同意增加訂購量！

 。現場領班之難處：是否要為一緊急製令而將目前正在加工之製令換下來？（需要重設定）

 。PC 之難處：某製令是否會延誤？要趕工嗎？

這三個例子都是工廠每天要面對的作業決策問題，所以工廠如何定義一套有效而簡單的系統化管理思維來提供大家依循，而不是把這個問題丟給大家而各憑各的「本領」？透過限制驅導式管理系統統或理念給了我們一個有效而簡單的系統化管理思維。

第一個業務員之難處的例子，在限制驅導式管理制度下，業務員的決策目標只有一個，即提升工廠產出。由於產出是由銷售量及毛利(單價-材料成本)相乘而得，即產出=銷售量×(價格-材料成本)，所以業務員可以努力的方向有銷售量的提升或價格的改善兩方面。因此業務員首先可依產品的特性，而了解該產品為產能受限產品或非產能受限產品，據以思考這兩種產品特性的努力方向。

如果該產品為非產能受限產品，則表示該產品的限制在市場而該產品線的產能過剩，因此業務努力的重心應該在量的成長上。所以(1)只要價格能高過材料成本，及(2)訂購量的成長是在一個合理的範圍(如果為倍數成長就不應該是業務員作業面的決策，而是公司策略面的決策)，則業務員就可以大膽的把訂單接下來了。至於交期承諾的問題，對限制驅導式現場排程與管理技術而言，交期是很好且能有效管理的，所以業務員根本不用考慮這個問題。

其次如果產品是屬於產能受限產品，則表示該產品的限制在產能，所以業務員的決策重心是在價格的提升。但是這個例子客戶要求的卻是降價的問題，所以必須以 4-3 節所討論的高附加價值的觀念，來比較這張價格降低後的訂單相對於其他訂單的優先次序。

例如某工廠之受限產能站的產能每週有 4800 分鐘，而有五張訂單所需的受限產能站的產能為 6800 分鐘，因此所需評估之訂單附加價值與決策之相關資料，如表 7-1 所示。

表 7-1　訂單附加價值之計算與決策個案

訂單	訂購量	價格	材料成本	毛利	每件在受限產能的加工時間	附加價值	優先次序	可生產量
A1	30	120	60	60	40 分鐘	1.5	3	30
A2	10	125	35	90	90 分鐘	1	5	0
A3	70	75	25	50	40 分鐘	1.25	4	42
A4	70	90	50	40	20 分鐘	2	2	70
A5	100	35	15	20	5 分鐘	4	1	100

　　根據表 7-1 所列各訂單附加價值之比較結果，受限產能站若生產 A5，則每分鐘的附加價值為 4 元，依此類推，若生產 A2，則每分鐘的附加價值只有 1 元。所以依優先次序分配結果，A1、A4 與 A5 三張訂單可完全生產，其次所剩的產能只夠生產 42 個 A3 的產品，至於 A2 訂單則放棄了。在表 7-1 的狀況下，如果訂單 A3 要求降價而增加訂單量，則必須將降價後的 A3 與 A2 的附加價值，重新比較即可判斷 A3 是否值得接受。

　　其次第二個現場領班的難處的例子，由於在限制驅導式現場排程與管理技術下，資源被分類為受限產能與非受限產能，所以這個現場資源如何分配的決策問題即有了頭緒。如果該機台為非受限產能，則增加一次的換線並不會影響到產出，其次非受限產能的定位在改善訂單績效，所以現場領班即可大膽的換線。如果該機台為受限產能，則換線會影響產出，而且會破壞限制驅導節奏的次序，所以不可以私自換線，而必須交由維護限制驅導節奏的成員決定。

　　至於第三個 PC 之難處的例子，要掌握訂單是否會延誤或是否要採取趕工，在限制驅導式現場排程與管理技術下，PC 只要有緩衝區的資訊即可掌握全局並有效決策。比起傳統工廠，PC 要滿廠跑來跑去或東問西問，還掌握不到現況，非得訂單交期已到了、延誤了或客戶講話時，才曉得事態嚴重，是否有意義且輕鬆多了呢？

7-4　現場之持續改善

　　「改善」的方法或說法很多，但可以確定的是，唯有改善了淨利、投資報酬率或現金流量的「改善」才是真正的改善。同樣的，「持續改善」的方法或說法也不少，而唯有能持續使淨利、投資報酬率或現金流量得到「改善」的，才是真正的持續改善。所以每年降低 10%作業費用或成本的改善，只能稱為改善而不能稱為持續改善，因為這個方法用過幾次後，就用不下去了。

　　所以持續改善的方法是不可能存在於成本觀的方法裡，而只有在產出觀的思維裡才能找到。限制驅導式現場排程與管理技術是產出觀的管理思維，所以存在有持續改善的潛力。

　　限制驅導式現場排程與管理技術提供了三個能持續改善淨利、投資報酬率或現金流量的有效循環：(1)限制的充份利用與改善，(2)影響限制驅導節奏最嚴重的緩衝區空洞的改善，及(3)緩衝的強迫壓縮。第一個改善循環是從限制下手，而後二個改善循環則著重於非受限產能的改善，以下作進一步之說明。

(1) 限制的持續改善循環：圖 7-2 所示為限制持續改善的循環圖，在圖上所顯示有箭頭的線，是因與果或先與後的關係，線尾端的方塊為因或必須先完成的工作，而箭頭所指的方塊則為果或必須接著進行的行動。至於方塊則有兩種外形，一種是尖角的，另一種是圓角的。其中尖角的方塊表示是要採取實際行動後才會有的結果，至於圓角的方塊，則是不需外力自然會有的果。

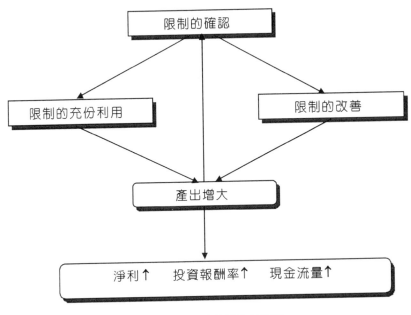

圖 7-2　限制的持續改善循環

　　所以如圖 7-2 所示的限制持續改善循環，首先是確認限制的所在，其次先經由限制的充份利用，即可有效的增大產出。由於充份利用並不花錢，所以產出的增加並未增加資本或作業費用的投入，所以有效的提升了財務報表上淨利、投資報酬率或現金流量的數字。當限制被充份利用後，限制即得到改善，所以必須重新確認系統限制的所在，否則隋性即成了系統持續改善的政策限制了。

　　由於透過充份利用限制所得到的改善，會很快且不用花錢的，但所能得到幅度卻是有限的。所以要進一步或持續的改善系統的產出，必須付出一些代價來「改善」限制，例如加班、增購機台、製程改善、或外包等。雖然改善限制必須付出成本或費用，但這些投入都能反應在工廠的產出上，所以即可改善財務報表。

　　所以透過限制的確認，限制的充份利用及限制的改善等過程的循環，每循環一次，財務報表即得到一次的改善。相對於成本的費用或成本的改善會有內部的極限，例如成本的極限為材料成本或零，但是產出絕對沒有內部的極限，所以可以如此循環不已的持續改善。

(2) 影響限制驅導節奏最嚴重的緩衝區空洞的改善：如圖 7-3 的緩衝持續改善循環圖，首先透過緩衝管理的方法，經過一段時間的統計與分析緩衝區上的空洞後，即可確認出緩衝區上影響限制驅導節奏最嚴重的空洞。由於緩衝區上影響限制驅導節奏最嚴重的空洞，相當於是影響現場最嚴重的問題，所以即可進行有效的問題改善。當現場最嚴重的問題被改善後，緩衝區上的空洞即會大幅減少，所以緩衝即顯得太大了。這時可以將緩衝時間予以縮小，因而縮短了投料的時間，所以可以得兩種結果，存貨降低與產品生產所需的前置時間縮短了。存貨降低可以馬上表現在財務報表上的投資報酬率或現金流量；而前置時間縮短有助於競爭力的提升，進而有助於擴大市場，市場增大可以改善產出，進而反應財務報表上淨利、投資報酬率或現金流量的數字。

　　但是當緩衝縮小後，緩衝區上的空洞又會多起來，所以必須再繼續透過緩衝管理的方法，統計與分析緩衝區上的空洞及確認緩衝區上影響限制驅導節奏最嚴重的空洞，以及後續之改善程序，如此循環不已。由於每一循環都會有實質上的改善，所以現場會願意如此循環不已的持續改善現場。

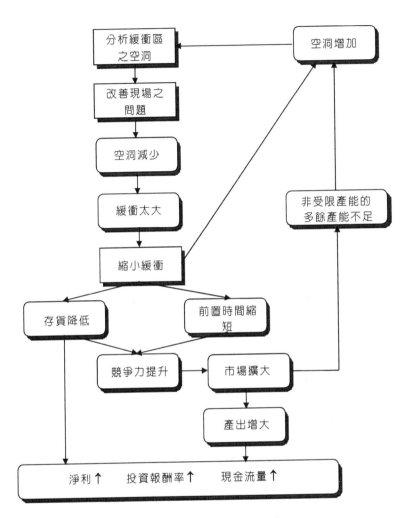

圖 7-3　緩衝的持續改善循環

　　但是在圖 7-3 的循環裡，在市場增大後，可能會有一個後遺症，即非受限產能的多餘產能會降低，而導致緩衝太小及空洞增加的現象，所以必須適度予以加大緩衝，才不會造成第一區太多不合理的空洞及趕工。但是在擴大緩衝後，必須回到整個改善循環上，即透過緩衝管理的方法，統計與分析緩衝區上的空洞及確認緩衝區上影響受限驅導節奏最嚴重的空洞等程序，以便進一步改善緩衝。

(3) 緩衝的強迫壓縮:經由緩衝區上問題最嚴重空洞的改善，雖然可以得到壓縮緩衝的效果，但這種改善的態度較為被動而效果較為緩慢。所以更為積極的改善態度，是強迫縮小緩衝，如圖 7-4 所示。

由於現場的在製品存貨與出貨的前置時間是決定於緩衝的大小，所以這種作法會馬上得到的效果，就是存貨的降低與出貨前置時間縮小。其次，還有一個很重要意義，是現場由於緩衝保護的不足，所以緩衝區會出現大量的空洞，即相當於是強迫將現場的問題給暴露出來，以便強迫改善。所以緩衝的強迫壓縮，相當於是強迫啟動緩衝區空洞的改善循環，可以加速現場的改善。

所以總和上述的三種改善循環的說明，即可得到現場之持續改善的方向，如圖 7-5 所示。亦即現場要持續改善，有三個方向：(1)限制的充份利與改善，(2)緩衝區空洞問題之分析，及(3)緩衝的強迫壓縮。這三個方向可以分別進行，也可以同時進行，決定於管理的態度。

其次由於緩衝管理只是整個限制驅導式現場排程與管理技術的一部份，所以若進一步以整個限制驅導式現場排程與管理技術而言，即可看出整個架構的持續改善循環，如圖 7-6 所示。

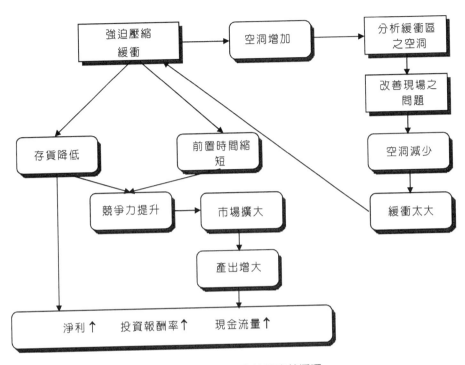

圖 7-4 強迫壓縮緩衝的持續改善循環

　　首先是現場經由限制驅導式現場排程與管理的思維的重新定位後，即可產生相當大的有效產出，所以立即有效的提升了財務報表上淨利、投資報酬率或現金流量的數字。其次再經由緩衝管理的控制與緩衝的實質改善，財務報表上淨利、投資報酬率或現金流量的數字又被提升了。最後，由於緩衝管理所找到的影響現場最嚴重的空洞，是局部的問題，所以可經由目前的 QC、JIT 或 IE 的改善手法，使現場的問題重點得到有效的改善，所以財務報表上淨利、投資報酬率或現金流量的數字又被提升了。所以，限制驅導式現場排程與管理技術本身，就是一套能使現場持續改善的管理循環。

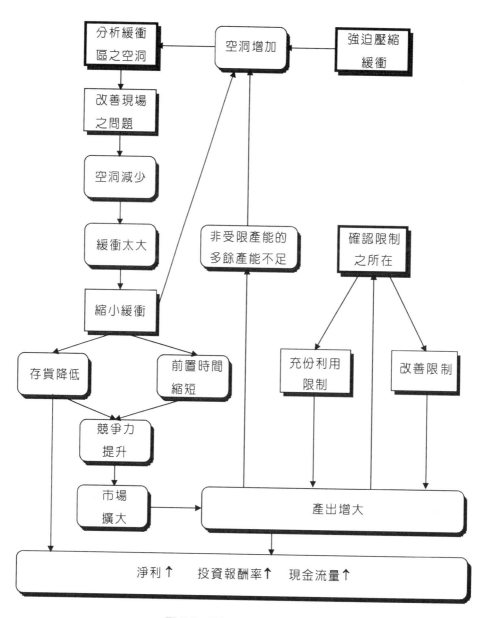

圖 7-5   現場持續改善的方向與循環

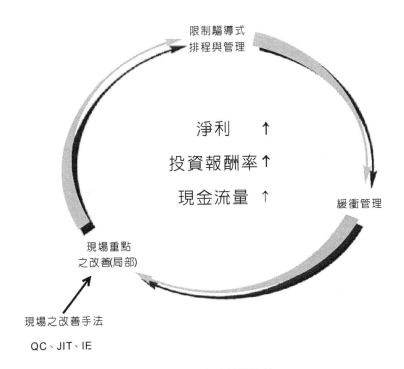

圖 7-6　現場之持續改善

7-5　從排程技術面看限制驅導式現場排程方法的意義

　　經過前面幾章的討論後，為了使讀者對這套技術的意義有更深的認知，所以接下來的兩節將分別從傳統對排程的態度來看這套排程方法的意義，以及從現場沒有派工問題的流線型生產線或看板系統來看這套技術的意義。

　　讀者在前面學習限制驅導式現場排程方法的過程，相信現在會有兩種想法：第一種想法是原來排程並不如想像中或傳說中的那麼困難；而第二種想法則是這樣的排程有效嗎？或能在工廠執行嗎？

　　首先來看第一種想法。現場排程基本上是訂單(工作)與資源間的分配關係，而從數學上來看則是一個排列組合的問題。一個問題只要有排列組合的機會，則這個問題會隨著其規模(訂單與資源之數量)而複雜化。例如 3 張單與一種機台之間會有 6 種排列組合，而 3 張訂單與 2 種機台間的排列組合則會有$(3!)^2=36$ 種，而若有 n 張訂單與 m 種機台，則會有$(n!)^m$ 種的不同排列組合。所以就一個有 10 種機台及 20 張訂單規模的工廠，在數學上就是一個很複雜而難解的排程問題，然而這種工廠在工業界上不過是個小廠而已。

　　其次最佳的排列組合必須決定於所要求之績效目標，例如設備使用率、交期達成率或最短生產時間等，偏偏工廠的績效指標又特別的多。所以針對不同的績效指標，如何以最快的方法找到一個最佳或可行的排程，給了學術界一個很大的揮灑空間，因此有許多不同演算法的數學模式。而排程數學模式又著重於快速或最佳的求解過程(較適合電腦的演算程序)，因此一般人若不花點功夫深入了解，是很難理解或想像其理念的，當然若要進一步拿到實務界應用自然可能性就非常低了。

　　但是限制驅導式現場排程方法並不強調複雜的數學模式或演算法，而其理念相當直覺而簡單，是很容易理解或想像的(例如透過行軍隊伍或每天的上班等)。所以在過去既有的排程模式印象上，當讀者看了限制驅導式現場排程方法後，一時之間就會產生一些落差，自然就出現了「排程好像並不是想像中的那麼困難」的看法，甚至有人會質疑說，怎麼不像其他排程法有一套數學模式，會有用嗎？各位讀者，您的看法呢？

其次再來討論第二個想法：「可行嗎？有用嗎？」在第一章一再的強調生產排程與管理是資源分配的決策程序，要以一套數學模式來完成排程並不困難，而困難的是這套數學模式的假設與程序是否與現場的資源分配的管理思維相容。如果不相容，請問您敢將這套數學模式所產生的排程直接用於現場或管理現場嗎？這是值得深思的問題！更何況幾乎所有的排程方法，所強調的只是數學模式的演算，而未提出一套其背後的管理思維，這樣的數學模式您敢用嗎？

相反的，限制驅導式現場排程方法是從工廠管理思維切入，在分析了工廠管理的需求後，提出了限制驅導節奏、緩衝與投料節奏的管理理念。進而將現場排程原本需要排全廠資源的複雜性，減化為受限產能少數機台的單站(限制)排程問題，意即從$(n!)^m$種複雜度降低為$n!$。所以這樣的說明，是否也回答了上面所述的第二個想法：「這套方法有效嗎？」的疑惑？(至少比現有的排程方法更可行吧！)

所以從排程技術面來看限制驅導式現場排程方法的意義，可歸納如下：
1. 不強調數學模式之演算，而著重於現場管理之思維，因此其排程理念不但提綱契領且簡潔有力。
2. 提供了如何做對事(Do Right Thing)之決策與管理方向。
3. 不只是排程方法，尚具備了完整之管理理念。

7-6 限制驅導式現場排程與管理技術相對於流線型專用線/看板系統之意義

由於排程或派工是資源分配的決策問題，工廠瞬息變化而各資源又需隨時作資源分配的決策(即派工)，所以第一章在討論為何工廠需要排程時，一再舉例說明，現場要運作的順暢或現場管理要能使得出力，必須降低現場派工或資源分配決策之需求。

　　所以流線型生產線或 JIT 看板系統很好管，是因為這兩種系統的工作站都沒有派工的決策問題，其工作原則就是簡單的「來什麼做什麼，沒工作來就不要做，而保持待命的狀態」。但是若要導入這兩種系統，是必需具備一些條件(或門檻)的：

(1) 是產品別的佈置方式，所以工廠要依不同製造程序的產品別而重新佈線或設線。

(2) 由於製程彈性有限，所以必須是少種多量(流線型生產線)或重覆性高(JIT)的產品型態。

(3) 由於不同產品別的製程有很大的差異性，彼此的共用性低，所以不同產品別要具備其經濟規模，才能發揮專用生產線的經濟效益。

(4) 各站的製程與良率要穩定，才能保持整條線的堪用率，例如一條八個工作站的專用線，必須每一站的製程與良率穩定度一定要在0.99 以上，才能維持整線在九成(0.99^8)以上的堪用率。

(5) 流線型生產線或 JIT 看板系統一般都只是一個工廠裡的局部，亦即很難將一個工廠的所有工件從投料到出貨都連成一線。因此就整廠而言,流線型生產線或 JIT 看板系統只是工廠的少數幾個站，至於站與站間可能就無法是一對一的關係了(有這種工廠，但不多)。所以流線型生產線或 JIT 看板系統只能視為工廠的少數特例而已。

　　所以要導入流線型生產線或 JIT 看板系統的門檻不但高而且風險大，其次在目前競爭之買方市場，產品壽命短且多種少量之環境下，更有其不可行的壓力。

　　至於限制驅導式現場排程與管理技術，由於非受限產能站的工作原則一樣是「來什麼做什麼，沒工作來就不要做，而保持待命的狀態」，而工廠的非受限產能站佔大多數，所以和流線型生產線或 JIT 看板系統一樣，滿足了「現場要運作的順暢或現場管理要能使得出力，必須降低現場派工或資源分配決策」之需求，因此可以很有把握的說，限制驅導式現場排程與管理系統可以和流線型生產線或 JIT 看板系統一樣的好管或有效。

　　但是限制驅導式現場排程與管理系統，由於它強調的是管理思維的改變，所以沒有流線型生產線或 JIT 看板系統的門檻或風險：

(1) 工廠不需要依不同製造程序的產品別而重新佈線或設線。

(2) 可以保留製程別的工廠佈置以保持製程彈性，所以不需要求少種多量或重覆性高的產品型態，而適合任何產品型態，甚至於多種少量或多種變量之產品型態。

(3) 由於具備了製程彈性，所以不需要求產品別具備其經濟規模，在目前的買方市場是很難保證或期望一個產品的經濟規模的。

(4) 只要掌握了受限產能站的製程與良率，即可確保整廠的的產出，所以所需投入的資源或心血非常的有限，比起流線型生產線或 JIT 看板系統是不成比例的，因此其執行的可行性非常高。

(5) 它所考量的是整廠全面性的管理，並可將流線型生產線或 JIT 看板系統的局部系統納入其範圍內，所以是一套整廠的管理系統。

　　隨著市場需求的變化，生產技術亦隨之而變，在 50 年代少種多量需要的是專用線的技術，70 年代 JIT 的看板系統技術滿足了多種少量但產品重複生產性高的需求(例如汽車等)，到了 90 年代的多種少量以至於 2000 年後的競爭以及風險，限制驅導式現場排程與管理技術是否滿足了如圖 7-7 所示的生產管理技術的演進趨勢線呢？

　　所以從市場需求的改變與未來的趨勢，以及生產管理技術的特性來看，限制驅導式現場排程與管理技術是有其時代意義的，值得工廠注意且一試的技術。

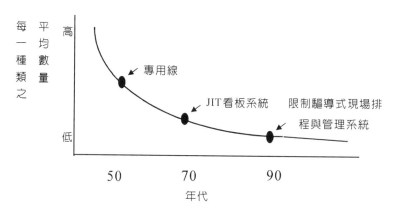

圖 7-7　生產管理技術之演進

7-7　問題與討論

1. 請問在 7-2 節所列的十個精簡法則中，請列出(1)和批量大小有關之法則，(2)和限制有關之法則，(3)和產能管理有關之法則，(4)和績效指標有關之法則。

2. 請問有效產出的單位為金額或數量？為什麼？

3. 將現場的資源分為受限產能與非受限產能兩類，有何管理意義？同理，將產品分為產能受限產品與非產能受限產品兩類，有何管理意義？

4. 假設某工廠每天工作時間為 8 小時(0:00~8:00)，其限制驅導節奏如下所示，而受限產能緩衝與出貨緩衝都為 3 天。 如果此刻時間為 11/1 0:00，受限產能緩衝區上已到訂單有 50 個 R、8 個 U、20 個 S 及 10 個 T。請回答下列問題：

	11/1			11/2			11/3		11/4			11/5		
工件	R	U	S	S	Z	T	T	W	W	U	R	T	V	S
數量(個)	50	8	10	10	20	10	4	4	2	6	50	4	10	20
時間(hr)	2	4	2	2	1	5	2	6	3	3	2	2	2	4

(1) 請問排在限制驅導節奏 11/1 6:00 要加工的 10 個 S 大約何時可出貨？如果客戶要求提前在 11/4 0:00 出貨，您接受嗎？請評估影響的程度及應對方法？如果客戶要求提前在 11/3 2:00 出貨，您接受嗎？請評估影響的程度及應對方法？

(2) 請問排在限制驅導節奏 11/2 2:00 要加工的 20 個 Z 大約何時可出貨？如果客戶要求提前在 11/4 3:00 出貨有可能嗎？請評估影響的程度及應對方法？如果客戶要求提前在 11/3 3:00 出貨有可能嗎？請評估影響的程度及應對方法？

(3) 請問排在限制驅導節奏 11/4 3:00 要加工的 6 個 U 大約何時可出貨？如果客戶要求提前在 11/6 6:00 出貨有可能嗎？請評估影響的程度及應對方法？如果客戶要求提前在 11/4 6:00 出貨有可能嗎？請評估影響的程度及應對方法？如果客戶要求提前在 11/3 6:00 出貨有可能嗎？請評估影響的程度及應對方法？

(4) 請問排在限制驅導節奏 11/1 2:00 要加工的 8 個 U，如果客戶要求取消訂單，您接受嗎？請評估影響的程度及應對方法？如果客戶要求延後到 11/6 6:00 才出貨，您接受嗎？請評估影響的程度及應對方法？

(5) 請問排在限制驅導節奏 11/3 2:00 要加工的 4 個 W 大約何時可出貨？如果客戶要求取消訂單，您接受嗎？請評估影響的程度及應對方法？

(6) 請問排在限制驅導節奏 11/4 3:00 要加工的 6 個 U 大約何時可出貨？如果客戶要求取消訂單，您接受嗎？請評估影響的程度及應對方法？如果客戶要求延後三天才出貨，您接受嗎？請評估影響的程度及應對方法？

5. 請根據表 7-1 的個案，回答下列問題(下列各題非連鎖題，僅就各題的狀況獨立作答)：

    (1) 如果 A3 訂單價格降爲 65 元而增加訂購量爲 80 個，則各訂單之優先順序及可生產量爲何？如果 A3 訂單價格降爲 55 元而增加訂購量爲 80 個，則各訂單之優先順序及可生產量爲何？

    (2) 如果 A5 訂單價格降爲 28 元而增加訂購量爲 120 個，則各訂單之優先順序及可生產量爲何？如果 A5 訂單價格降爲 23 元而增加定量爲 120 個，則各訂單之優先順序及可生產量爲何？

    (3) 如果 A2 訂單要將訂購量增加爲 10 倍，即 100 個，您接受嗎？

    (4) 請問目前有接單的四種產品線 A1、A3、A4 及 A5，業務在接單時，其價格的下限(不可低於多少)各爲何？

    (5) 由於工程部的努力，A2 訂單在受限產能站每件的加工時間縮短爲 45 分鐘，您會如何重新安排產品線的優先次序及可生產量？

    (6) 由於競爭環境的改變，A1、A3、A4 與 A5 的訂單都被取消，而 A2 的價格亦要求降爲 113 元(每件在受限產能的加工時間爲 90 分鐘)，不過訂單量卻大幅提升爲每週 60 個，您會如何重新安排產品線的優先次序可生產量？如果不理會市場的變化，依然堅持原有的產品線組合，其結果會如何？

6. 請問現場各站生產時，不需派工與要派工的管理意義有何不同？

7. 裝配線、看板系統及零工型工廠等三種系統中，那些系統的各站在生產時不需派工？爲什麼？那些系統的各站在生產時需要派工？爲什麼？

8. 請說明爲何持續改善的程序不可能存在於成本觀？

9. 請從產品的壽命長短、種類多少與數量大小等特性，討論市場從過去二十年以來的變化，以及未來的可能趨勢。

10. 從產品的壽命長短、種類多少與數量大小等市場需求，討論專用線、看板系統與限制驅導式現場排程與管理系統三者的定位。並請將第 9 題的討論結果，結合本題的結綸作一比較後，您得到的是什麼結論。

11. 請討論爲何現場排程模式必須和現場管理理念相容，否則該排程模式所排出來的排程，現場會無法使用。

12. 請問限制驅導式現場排程與管理技術的工廠管理循環(計畫→執行→考核)方法爲何？

13. 限制驅導式現場排程與管理技術是建立在實體限制的管理上，請問工廠有那些實體限制？這套技術如何管理政策限制？

14. 請問限制驅導式現場排程與管理技術的架構分爲那三部份？

15. 請問圖 7-1 所示的限制驅導式現場排程與管理技術的應用有那些？如何應用？

16. 請問裝配線各站的產能是否平衡？爲什麼？裝配線各站的流量是否平衡？爲什麼？

17. 請問看板系統各站的產能是否平衡？爲什麼？看板系統各站的流量是否平衡？爲什麼？

18. 請問在限制驅導式現場排程與管理技術下的生產環境，各站的產能是否平衡？爲什麼？各站的流量是否平衡？爲什麼？

19. 請問在傳統零工型工廠的管理模式下，各站的產能是否平衡？爲什麼？各站的流量是否平衡？爲什麼？

20. 請問平衡產能的管理觀念，其目的在追求什麼？平衡流量的管理觀念，其目的在追求什麼？

21. 請說明何謂改善？何謂持續改善

22. 請問限制驅導式現場排程與管理技術的現場持續改善方向為何？其改善循環如何進行？

23. 請問使用率和可動率有何不同？何者可以主動改善？

24. 為何非受限產能的使用率不能自行決定？當工廠的限制為市場時，工廠各機台的使用率依然很高，其意義為何？

25. 工廠的有效產出與存貨為何是由受限產能決定？如果工廠沒有受限產能，則如何決定有效產出及存貨？

26. 改善受限產能與改善非受限產能，兩者的意義或目的有何不同？

27. 如果消防隊的編制或績效是以使用率來評估，請問會有後果？同理，如果非受限產能的編制或績效是以使用率來評估，請問會有後果？這些後果是否和工廠目前的問題很類似呢？

精進篇

CHAPTER

受限產能再回製的限制驅導節奏設計

　　經過前面各章節的介紹後，各位讀者對限制驅導式現場排程與管理技術已有了整體的認識，但是由於製造環境的不同或製程的特殊性，所以接下來將進一步討論一些較特殊的技術，包含有受限產能再回製的限制驅導節奏的設計、非受限產能的負荷可行性的評估、次受限產能的排程及受限產能漂移的管理問題等。本章先討論受限產能再回製的限制驅導節奏的設計問題與技術。

8-1　受限產能再回製的特性

　　所謂受限產能再回製的製程特性，是指一個產品的製造流程需要經過受限產能站兩次或兩次以上的製程環境。以圖 8-1 所示的製造程序圖或圖 8-2 所示的現場流程圖為例，圖上 A~G 字母的方塊表示機台，其中 B 機台為受限產能站。而有箭頭的線，表示某產品的製造流程的次序，所以該產品共有十三個製造程序。

　　由於該產品的製造程序中，第 2、5 及 10 個製程都是要使用受限產能機台 B，所以從圖上可以看出來，該產品共流經受限產能 B 機台三次，第一次是由 A 機台流過來，第二次是由 D 機台送過來，而第三次則是再由 F 機台流回來。所以圖 8-1 或 8-2 所示的產品製程，是一個典型的受限產能再回製例子。

　　一般而言，工廠會讓再回製的製程特性存在，都是由於機台太昂貴無法多買，因而導致前後的製程共用同一機台而造成的，例如半導體的晶圓製造廠、半導體的最終測試廠、或多層母板(PCB)之製造廠等，其機台都非常昂貴，所以在這些產業普遍都有再回製的流程特性。

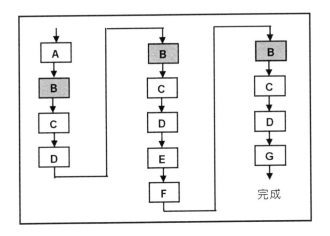

圖 8-1　受限產能再回製之製造程序示意圖

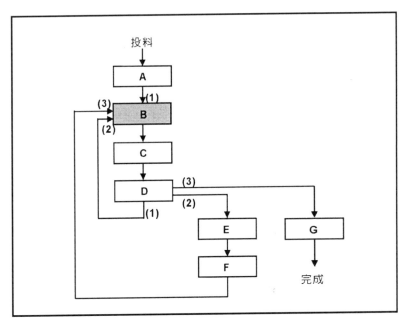

圖 8-2　受限產能再回製之現場物流示意圖

　　但是要特別說明的是，一個廠雖然有再回製的特性，但是如果其受限產能不在再回製的迴圈裡，則不屬於受限產能再回製的問題。如圖 8-1 或 8-2 所示的再回製流程，由於再回製的迴圈是機台 B、C 及 D，由於其中的機台 B 是受限產能，所以才具備了受限產能再回製之特性。相反的，如果受限產能不是機台 B、C 或 D 而是其他的機台時，例如機台 A、E、F 或 G 中的任一台，則都不屬於受限產能再回製的問題。所以一個具有製程再回製特性的工廠，必須其受限產能在再回製的迴圈裡，才具備有受限產能再回製的特性。

　　由於受限產能並不是以價格決定，而是依全廠機台相對的負荷程度決定，所以前面提到的行業，即半導體的晶圓製造廠、最終測試廠、或多層母板(PCB)等，雖然機台都非常貴，而都有再回製的流程特性，但是卻不一定具有受限產能再回製之特性，所以不一定要用到本章的複雜方法。

　　例如半導體最終測試廠的製程可分為前段測試與後段測試兩大部份。前段測試的主要製程有常溫(25°C)測試(T1)、低溫(0°C)測試(T2)、高溫(90°C)測試(T3)、預燒(Burn-in)及電性測試等，而後段測試的主要製程有蓋印(Topside)、外觀檢驗、整腳及包裝等。由於前段測試必須使用測試機台(Tester)，其價格非常貴(一台近上億元台幣)，至於後段測試的設備相對之下，就很便宜，所以前段測試的 T1、T2 與 T3 會共用機台，而發生再回製之現象。由於測試機台非常貴，所以常是測試廠的受限產能，所以半導體測試廠就普遍有受限產能再回製之特性。

　　但是，由於測試機台的數量是一個測試廠的產能指標，而在半導體景氣時不易取得且較耗時間，所以一些較有企圖心的工廠，當其評估前景看好時，就會策略性的先行擴充測試機台，而後段機台或人員則等到景氣真正出現時再擴充。這時就會導致後段測試的某一機台(可能很便宜！)成了受限產能，所以對這類的測試廠而言，其工廠雖有再回製之流程，但並不具備受限產能再回製之特性，所以不需要用到本章之方法。

8-2　受限產能再回製的限制驅導節奏設計

有了前一節受限產能再回製特性的認知後，接下來即可進一步討論受限產能再回製的限制驅導節奏設計的問題。

由於限制驅導節奏是受限產能站的加工次序排程，任何訂單只要是需經由受限產能的加工，即會依該訂單的需求而在受限驅導節奏上有一負荷。所以相對的，就受限產能再回製之製程特性而言，由於訂單需要經過受限產能站兩次以上，所以限制驅導節奏上即會在不同時段區間上有該訂單兩個以上的負荷。

如圖 8-3(a)所示的是一個受限產能再回製的訂單製程，該訂單共需經過受限產能站兩次(機台 B)，假設第一次流經受限產能站的作業為 M_1 而第二次流經受限產能站的作業為 M_2。則在設計限制驅導節奏時，必須將作業 M_1

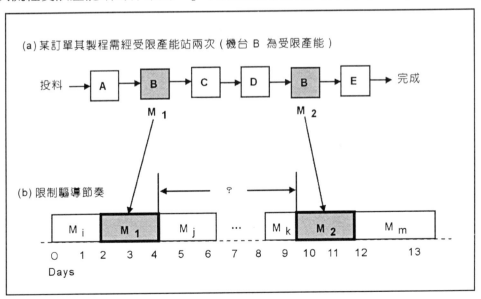

圖 8-3　受限產能再回製之限制驅導節奏設計問題

與作業 M_2 之兩負荷分別放在機台 B 生產節奏的不同時段上,如圖 8-3(b)所示。在圖 8-3(b)上其餘的 M_i、M_j、M_k 或 M_m 等作業,是表示其他訂單在受限產能站的負荷時段。

由於作業 M_1 與作業 M_2 有再回製之先後依存關係,即作業 M_1 一定要在作業 M_2 加工前完成,所以作業 M_1 一定要排在作業 M_2 之前。其次作業 M_1 與作業 M_2 兩者之間的時段,必須相隔一個適當的時間才合理。因爲該訂單在完成作業 M_1 後,由於必須先離開機台 B 而到非受限產能的機台 C 與 D 加工,爾後才會再流回受限產能機台 B,進行作業 M_2 的加工。所以如果作業 M_1 與作業 M_2 排得太近,則該訂單可能無法在作業 M_2 所排的時段及時出現,而會造成不合理之緩衝空洞或受限產能資源的浪費。相反的,若作業 M_1 與作業 M_2 排得太遠,則當該訂單流回機台 B 時,又要等很久才能進行作業 M_2 的加工,會造成該訂單的前置時間太長。

所以就限制驅導節奏的設計技術而言,在受限產能再回製的前後作業間必須另有一緩衝,以確保前後兩作業所排時段間的適當時間,這個緩衝稱爲間隔緩衝,如圖 8-4 所示。由於一次回製就要有一間隔緩衝,所以如有二次以上之回製,就要有相對應之間隔緩衝數,爲了區別起見,分別稱之爲間隔緩衝一、間隔緩衝二、...等。例如圖 8-1 之例子,有兩次之受限產能迴圈(即要經過受限產能三次),所以要有兩個間隔緩衝。

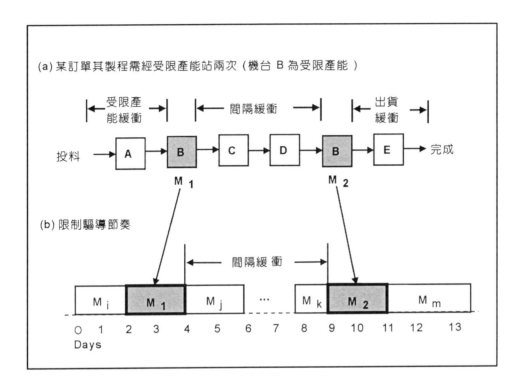

圖 8-4　受限產能再回製之間隔緩衝

　　所以就一個受限產能再回製的訂單而言，其緩衝共有四種：受限產能緩衝、裝配緩衝、出貨緩衝、及間隔緩衝等。其中間隔緩衝除了數量可能是一個以上外，其特性和其他三種緩衝的特性是類似的：

(1) 目的都是在確保訂單能及時回到受限產能站以使受限產能不會斷料。

(2) 緩衝值的大小都是經由管理的經驗或統計來決定，而且都可以再經由緩衝管理來調整。

　　但為了使訂單能儘快完成及出貨，間隔緩衝應該要比其他的緩衝小，例如有專家建議的大數法則是取受限產能緩衝的一半，以簡化緩衝值管理的複雜性，當然這只是一個大數法則，若製程很特別或會造成明顯的不合理，每個間隔緩衝值都可以依需求作不同的調整。

　　有了間隔緩衝後，受限產能再回製的限制驅導節奏的設計程序，就只要將第四章所說的方法與步驟稍作修正，即可繼續延用：

步驟一：首先計算出各訂單需使用到受限產能的作業的理想時段，而先不要考慮產能而排出廢墟。

　　　　但由於有再回製的迴圈，所以步驟(一)要作一些修正：假設共需受限產能 n 次的加工(即再回製 n-1 次或有 n-1 個間隔緩衝)

　　　　(1.1)訂單交期減去出貨緩衝，即得第 n 次受限產能加工作業（以下簡稱為作業）的理想完工時間。

　　　　(1.2)第 n 次作業的理想完工時間減去第 n 次作業的加工時間，即得第 n 次作業的開始時間。

　　　　(1.3)如果 n=1 則到步驟(1.5)，否則第 n 次作業的開始時間減去第 (n-1)個間隔緩衝，即得第 n-1 次作業的理想完工時間。

　　　　(1.4)令 n=n-1，重回步驟(1.2)。

　　　　(1.5)繼續下一張訂單，直到所有訂單都已完成。

步驟二：然後再以後推排程的觀念予以推平，但要注意再回製前後作業間要保持間隔緩衝之時間。

步驟三：最後再將其合理化，但合理化過程中依然必須注意再回製前後作業間要保持間隔緩衝之時間，即可得到限制驅導節奏。

　　步驟二與步驟三的詳細過程，由於和第四章沒有再回製的過程相同，所以請自行參閱前面第四章的說明。以下則直接以一個受限產能再回製的例子來說明。

　　如圖 8-5 所示之範例，該廠每天的上班時間中，扣掉休息等時間後，可用在生產的時間爲八個小時，而爲了計算的方便性，假設爲 0:00~8:00。該廠共有五種機台(R1~R5)各一台，其中 R2 是受限產能。其次該廠共生產兩種產品，分別爲 A 與 B，而相對的原物料爲 a 與 b。這兩產品的物流與製程如圖 8-5 所示，很明顯可以看出來，A 產品有再回製之需求。假設受限產能緩衝與出貨緩衝都爲 16 小時(兩天)，而間隔緩衝則爲 8 小時，至於目前受限產能 R2 機台上正在加工的工作，則要到 6/25 8:00 才會完成(即 6/26 0:00 才可以排新工作)。

　　根據上述資料，即可進行圖 8-5 上四張訂單 A1、A2、B1 與 B2 的限制驅導節奏的設計，首先由於訂單 A1 與 A2 的受限產能會再回製一次(即會經過受限產能 R2 兩次)，其次，因爲 A1 與 A2 都有交期之條件，所以必須以交期推出在 R2 上前後兩次作業的理想開始與結束時間。以 A2 爲例，並套用上述步驟一的程序(n=2)，即得：

　　(1.1)訂單交期(6/29 8:00)減去出貨緩衝(兩天)，即得第 2 次作業的理想完工時間(6/27 8:00)。

　　(1.2)第 2 次作業的理想完工時間減去第 2 次作業的加工時間(5 小時又 15 分鐘)，即得第 2 次作業的開始時間(6/27 2:45)。

　　(1.3)由於 n>1，所以第 2 次作業的開始時間減去第 1 個間隔緩衝(一天)，即得第 1 次作業的理想完工時間(6/26 2:45)。

　　(1.4)令 n=2-1，重回步驟(1.2)。

　　(1.2)第 1 次作業的理想完工時間減去第 1 次作業的加工時間(3 小時又 35 分鐘)，即得第 1 次作業的開始時間(6/25 7:10)。

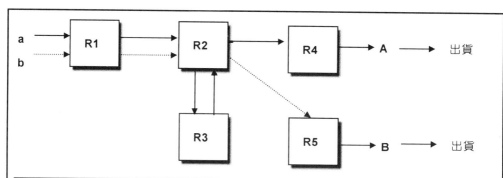

A 工件之製程			
作業序	機器	加工時間 (分/件)	設定時間 (分/次)
010	R1	20	30
020	R2	10	15
030	R3	15	60
040	R2	15	15
050	R4	25	10

B 工件之製程			
作業序	機器	加工時間 (分/件)	設定時間 (分/次)
010	R1	13	30
020	R2	10	10
030	R5	30	20

訂單			
編號	工件	數量	交期
A1	A	20	6/29 8:00
B1	B	20	6/29 8:00
A2	A	20	6/30 8:00
B2	B	20	6/30 8:00

圖 8-5 受限產能再回製之範例

(1.3)由於 n=1，所以這張訂單已完成，到步驟(1.5)。

(1.5)還有其他訂單(A1 等)，所以繼續推出其他訂單在 R2 上所有作業
的理想開始與結束時間，最後結果如圖 8-6(a)所示。

接下來即可進行步驟二，即將步驟一所得之廢墟予以推平，結果如圖 8-6(b)所示。最後再將步驟二所得之排程予以合理化（必須從 6/26 0:00 排起才合理），結果如圖 8-6(c)所示。要注意的是，A1 的後作業由於必須和前作業保持 8 小時的間隔距離，所以必須排在 3:35。

8-3　受限產能再回製的限制驅導節奏設計問題

上一節在推導受限產能再回製之限制驅導節奏時，並未詳細考量現場物流的特性。但是由於限制驅導式現場管理的觀念，非常鼓勵現場採行移轉批量(transfer batch)小於生產批量(production batch)之物流方法，以縮短訂單的前置時間，換言之，在限制驅導式現場管理的環境下會有較小的移轉批量的特性，所以接下來將進一步考慮移轉批量對受限產能有再回製之限制驅導節奏的影響。但如果貴廠目前沒有採行移轉批量，則以下各節可以暫時跳過，等以後有需求時再看。

首先以一例子來說明移轉批量對受限產能再回製的前後作業的影響。假設某工廠其現場的移轉批量為單件流，即受限產能站只要完成一工件，即會立即被移送到下一站加工，而各站同樣是只要完成一件，即會立即送到下一站加工。現在有一訂單的批量為 7 件，該訂單需要受限產能站兩次的加工，間隔(緩衝)時間為 180 分鐘(三小時)。

步驟一：構建限制驅導節奏之廢墟。計算各作業在受限產能 R2 之理想開始與完工時間。(交期-出貨緩衝)。

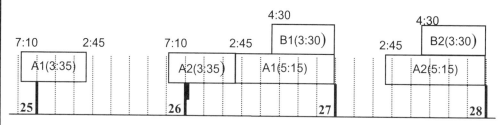

步驟二：推平步驟一所得之廢墟。各作業在受限產能之完工時間最晚者優先，若相同則加工時間長者優先。

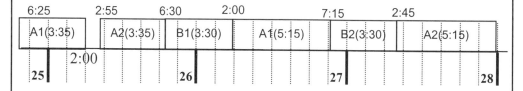

步驟三：評估與合理化步驟二之排程。由於 R2 機台正在生產的訂單，要到 6/25 8:00 才能完成，所以必須將 A1 的開始時間往後(未來)推至 6/26 0:00 才合理。

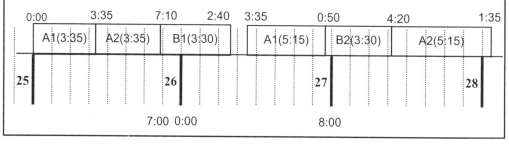

圖 8-6　受限產能再回製範例之限制驅導節奏設計步驟

　　如圖 8-7(a)所示的作業 M_1 與作業 M_2 的在限制驅導節奏上所排的時間，作業 M_1 的開始時間為 2:00，由於作業 M_1 的換線與完成整批加工所需的時間為 170 分鐘(=30+20*7)，所以會在 4:50 完成；接著相隔一個間隔緩衝 180 分鐘，是作業 M_2 的開始時間(即 7:50)，由於作業 M_2 的換線與完成整批加工所需的時間為 90 分鐘(=20+10*7)，所以會在 9:20 完成。圖 8-7(a)是未考慮移轉批量的結果，所以接下來即以移轉批量為單件流的狀況，來看這 7 件工件在作業 M_1 與作業 M_2 的間隔時間。如圖 8-7(b)所示，第一件在作業 M_1 的完成時間是 2:50，而在作業 M_2 的開始時間為 8:10，換言之，第一件在限制驅導節奏上的間隔時間為 5 小時又 20 分鐘，比間隔緩衝多了 140 分鐘。但是若現場是以單件流之移轉批量在運件，則第一件在作業 M_1 的完成時間是 2:50，再經過 3 小時間的緩衝時間，則應該在 5:50 即可進行作業 M_2 的加工，所以第一件的前後作業在限制驅導節奏上的間隔時間即多浪費了 140 分鐘(=8:10-5:50)的等待時間。

　　依此類推，最後一件在作業 M_1 的完成時間是 4:50，而在作業 M_2 的開始時間為 9:10，換言之，最後一件在限制驅導節奏上的間隔時間為 4 小時又 20 分鐘，比間隔緩衝多了 80 分鐘。但是若現場是以單件流之移轉批量在運件，則最後一件在作業 M_1 的完成時間是 4:50，再經過 3 小時間的緩衝時間，則應該在 7:50 即可進行作業 M_2 的加工，所以最後一件在限制驅導節奏上的間隔時間即多浪費了 80 分鐘(=9:10-7:50)的等待時間。

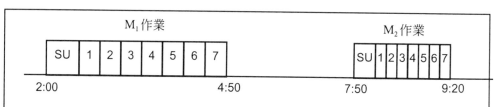

(a)　作業 M_1 與作業 M_2 在限制驅導節奏之時段

工件	在 M_1 作業的開始時間	在 M_1 作業的結束時間	不考慮移轉批量時，在 M_2 作業的可開始時間	移轉批量為單件流時，在 M_2 作業的可開始時間	考慮與不考慮移轉批量，在 M_2 作業的可開始時間之差異（分鐘）
1	2:30	2:50	8:10	5:50	140
2	2:50	3:10	8:20	6:10	130
3	3:10	3:30	8:30	6:30	120
4	3:30	3:50	8:40	6:50	110
5	3:50	4:10	8:50	7:10	100
6	4:10	4:30	9:00	7:30	90
7	4:30	4:50	9:10	7:50	80

(b) 考慮與不考慮移轉批量，工件在 M_2 作業的可開始時間之差異

圖 8-7　移轉批量對受限產能再回製的前後作業的影響

(單件流且前作業加工時間>後作業加工時間)

　　上列的例子是假設 M_1 加工時間 > M_2 加工時間時的結果，至於 M_1 加工時間 < M_2 加工時間及 M_1 加工時間 = M_2 加工時間的兩種狀況，其結果分別如圖 8-8 與 8-9 所示。

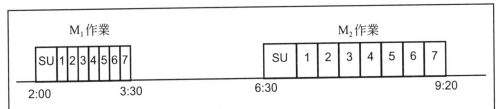

(a) 作業 M_1 與作業 M_2 在限制驅導節奏之時段

工件	在 M_1 作業的開始時間	在 M_1 作業的結束時間	不考慮移轉批量時，在 M_2 作業的可開始時間	移轉批量為單件流時，在 M_2 作業的可開始時間	考慮與不考慮移轉批量，在 M_2 作業的可開始時間之差異(分鐘)
1	2:20	2:30	7:00	5:30	90
2	2:30	2:40	7:20	5:40	100
3	2:40	2:50	7:40	5:50	110
4	2:50	3:00	8:00	6:00	120
5	3:00	3:10	8:20	6:10	130
6	3:10	3:20	8:40	6:20	140
7	3:20	3:30	9:00	6:30	150

(b) 考慮與不考慮移轉批量，工件在 M_2 作業的可開始時間之差異

圖 8-8　移轉批量對受限產能再回製的前後作業的影響

(單件流且前作業加工時間<後作業加工時間)

　　所以由圖 8-7~圖 8-9 之例子可以看出來受限產能再回製前後作業在限制驅導節奏上的，間隔時間的合理性除了要考慮基本的非受限產能所需的緩衝時間外，還需考慮下列狀況之影響：

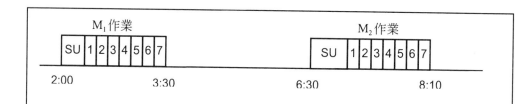

(a) 作業 M₁ 與作業 M₂ 在限制驅導節奏之時段

工件	在 M₁ 作業的開始時間	在 M₁ 作業的結束時間	不考慮移轉批量時,在 M₂ 作業的可開始時間	移轉批量為單件流時,在 M₂ 作業的可開始時間	考慮與不考慮移轉批量,在 M₂ 作業的可開始時間之差異(分鐘)
1	2:20	2:30	7:00	5:30	90
2	2:30	2:40	7:10	5:40	90
3	2:40	2:50	7:20	5:50	90
4	2:50	3:00	7:30	6:00	90
5	3:00	3:10	7:40	6:10	90
6	3:10	3:20	7:50	6:20	90
7	3:20	3:30	8:00	6:30	90

(b) 考慮與不考慮移轉批量,工件在 M₂ 作業的可開始時間之差異

圖 8-9　移轉批量對受限產能再回製的前後作業的影響

(單件流且前作業加工時間=後作業加工時間)

(1) 現場站與站間物流所使用的移轉批量(transfer batch)的大小,即 1 ≤ 移轉批量 ≤ 訂單批量。

(2) 再回製前後作業相對的加工時間長短,即前作業加工時間大於、等於或小於後作業加工時間等三種情形。

(3) 同一生產批的每一移轉批量所需的前後作業間的相隔時間並不一定相同，除了前作業加工時間等於後作業加工時間會相同外，其餘則不相同。

由於間隔緩衝是兩個同在受限產能的前後作業的合理間隔，所以在使用移轉批量的環境下，為了兼顧有效使用受限產能的珍貴資源，以及有效壓縮訂單前置時間或 WIP，必須進一步分析同一訂單在受限產能的前後作業的搭配問題，才能使受限產能再回製的限制驅導節奏上同一訂單的前後作業所安排的時段有一合理的間隔。

所以接下來將繼續使用圖 8-7 的例子，來討論前後作業的合理搭配問題。首先就前後作業最理想的搭配而言，是如圖 8-10(a)所示的搭配方式。當第一件完成 M_1 作業經過一間隔緩衝再流回受限產能站時，M_2 作業剛好換線完成而可進行第一件之加工；而第二件完成 M_1 作業經過一間隔緩衝再流回受限產能站時，M_2 作業剛好完成第一件工件而可進行第二件之加工；依此類推，最後一件完成 M_1 作業經過一間隔時間再流回受限產能站時，M_2 作業剛好完成最後第二件而可進行最後一件之加工。這樣的搭配方式，不但受限產能的資源不會浪費，而且工件不需要等候(即沒有 WIP)，所以前置時間會最短而 WIP 會最低。

但是如圖 8-10(a)這樣的搭配方式，則每一件所需的間隔緩衝時間由於前後作業加工時間的差異而都會不相同，如圖 8-10(b)所示。(只有當前後作業的加工時間相同時，才有機會每件的間隔緩衝時間都相同。)但是從現場的物流來看，每一個工件從完成 M_1 作業的加工到又回到受限產能，所走的距離或加工的內容都是相同的，所以除非是人為刻意的影響，否則在正常情況下，每一工件的間隔緩衝時間是不會不相同的。

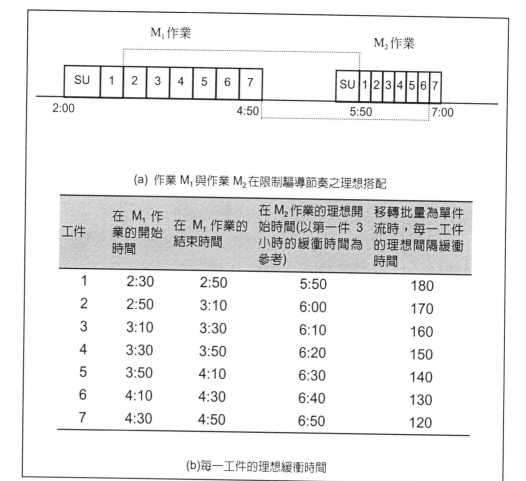

(a) 作業 M₁ 與作業 M₂ 在限制驅導節奏之理想搭配

工件	在 M₁ 作業的開始時間	在 M₁ 作業的結束時間	在 M₂ 作業的理想開始時間(以第一件 3 小時的緩衝時間為參考)	移轉批量為單件流時，每一工件的理想間隔緩衝時間
1	2:30	2:50	5:50	180
2	2:50	3:10	6:00	170
3	3:10	3:30	6:10	160
4	3:30	3:50	6:20	150
5	3:50	4:10	6:30	140
6	4:10	4:30	6:40	130
7	4:30	4:50	6:50	120

(b)每一工件的理想緩衝時間

圖 8-10　受限產能再回製前後作業的理想搭配

(單件流且前作業加工時間>後作業加工時間)

　　換言之，圖 8-10(a)如果要成立，則必須透過人為刻意控制每一工件的物流速度，才有機會使每一工件所需的間隔緩衝時間不同，但就管理上或技術上來看，這種作法不但困難而且幾乎是不可能的。所以必須以同一批訂單的各個工件都有相同的物流間隔緩衝時間，來搭配前後作業才合理。

　　但若以每一工件都相同的間隔緩衝時間，來搭配前後作業，則由於 M_1 作業每件的加工時間與 M_2 作業每件的加工時間有差值，所以不管如何安排，一定會有部份工件早到或部份工件晚到的現象。對於那些早到的工件，會多了一些等待時間；至於那些晚到的工件，則會造成受限產能的待料閒置，而產生浪費。

　　例如圖 8-11 是一前後作業安排的太近的搭配。它是以第一件能到達受限產能的時間為參考點，來安排 M_2 作業的時間，但是由於 M_2 作業的加工時間比 M_1 作業少 10 分鐘，所以當 M_2 作業完成第一件時，第二件必須再等 10 分鐘才會到達，所以受限產能必須待料 10 分鐘，第二件工件才會到達。以此類推，M_2 作業每做完一件，都要先待料 10 分鐘後下一個工件才會到達。所以 M_2 作業的計畫是在 7:00 完成，結果由於機台待料了 60 分鐘，所以會拖到 8:00 才完成。所以圖 8-11 由於排得太近了，雖然工件都沒有等待時間而沒有多餘的在製品存貨，但是卻浪費了受限產能的資源及造成 M_2 作業的延後完成。由於受限產能是最珍貴的資源，而限制驅導節奏又會影響工廠的最大產出，所以如圖 8-11 的受限產能再回製前後作業的搭配方式，是很嚴重的錯誤。

　　因此為了保護受限產能及限制驅導節奏，最保險的方式是等所有的工件都回到受限產能站後才開始安排 M_2 作業的換線或加工，如圖 8-12 所示。圖 8-12 是以最後一件到達受限產能的時間為參考點，來安排 M_2 作業的時間，這樣的設計方式相當於是在受限產能站前，先累積同一訂單一件件陸續回流回來的工件，直到同一訂單的全部工件都到齊後，才開始加工，所以圖 8-12(a)上 M_2 作業的長方型外框前的"..."，即表示先後陸續回流回來等候加工的在製品存貨。這種搭配方式和沒採移轉批量而整個生產批一起轉移的效果是相同的(請比較圖 8-7 與 8-12)，所以第一件必須等 140 分鐘後才能開始加工，而第二件必須等 130 分鐘才能開始力工，其餘工件則依此類推,如圖 8-12(b)所示。因此這個方法相當於是透過加長前後作業在受限驅導節奏上間隔時間,以確保受限產能不會發生待料的狀況,但卻會導致在製品過多及前後作業排得太遠或前置時間太長的缺點。所以違背了前面一再強調的受限產能再回製前後作業間隔的緩衝時間要儘量縮短的觀念,其次這種搭配方式,花了這麼的功夫在單件流移轉批量的計算與物流管理上,而其結果卻和沒有使用移轉批量的整批流相同,是很不值得的。

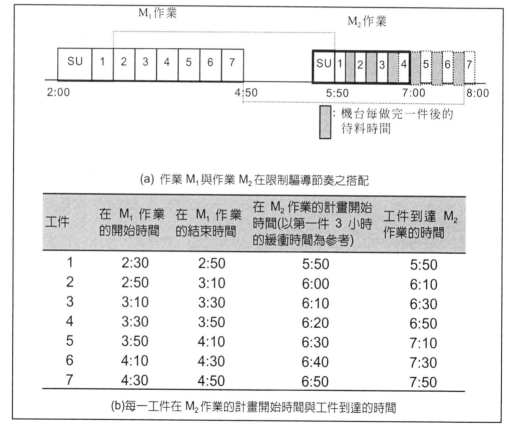

(a) 作業 M_1 與作業 M_2 在限制驅導節奏之搭配

工件	在 M_1 作業的開始時間	在 M_1 作業的結束時間	在 M_2 作業的計畫開始時間(以第一件 3 小時的緩衝時間為參考)	工件到達 M_2 作業的時間
1	2:30	2:50	5:50	5:50
2	2:50	3:10	6:00	6:10
3	3:10	3:30	6:10	6:30
4	3:30	3:50	6:20	6:50
5	3:50	4:10	6:30	7:10
6	4:10	4:30	6:40	7:30
7	4:30	4:50	6:50	7:50

(b)每一工件在 M_2 作業的計畫開始時間與工件到達的時間

圖 8-11　受限產能再回製前後作業排得太近的搭配

(單件流且前作業加工時間>後作業加工時間)

　　所以要如何安排受限產能再回製之前後作業在限制驅導節奏上的合理時段，才不會浪費珍貴的受限產能資源及使工件等待的數量與時間降至最低，是使用移轉批量必須克服的問題。

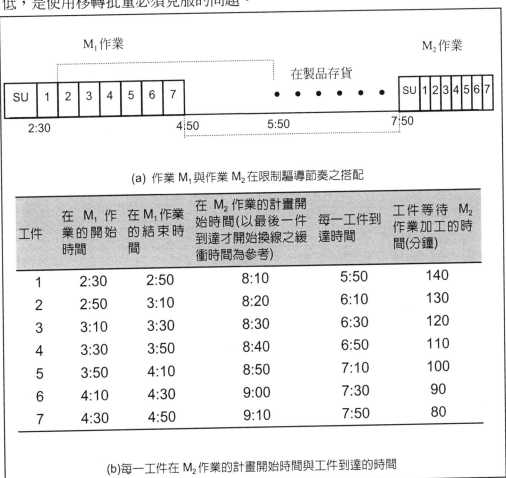

(a) 作業 M_1 與作業 M_2 在限制驅導節奏之搭配

工件	在 M_1 作業的開始時間	在 M_1 作業的結束時間	在 M_2 作業的計畫開始時間(以最後一件到達才開始換線之緩衝時間為參考)	每一工件到達時間	工件等待 M_2 作業加工的時間(分鐘)
1	2:30	2:50	8:10	5:50	140
2	2:50	3:10	8:20	6:10	130
3	3:10	3:30	8:30	6:30	120
4	3:30	3:50	8:40	6:50	110
5	3:50	4:10	8:50	7:10	100
6	4:10	4:30	9:00	7:30	90
7	4:30	4:50	9:10	7:50	80

(b)每一工件在 M_2 作業的計畫開始時間與工件到達的時間

圖 8-12　受限產能再回製前後作業排得太遠的搭配

(單件流且前作業加工時間>後作業加工時間)

8-4　受限產能再回製的前後作業最佳搭配方式

　　由於限制驅導式現場排程與管理觀念絕對嚴格要求受限產能的時間不容許浪費且限制驅導節奏不容許被破壞，所以受限產能再回製的前後作業搭配方式必須先滿足這兩個條件，而後再追求最短的在製品存貨或工件等待時間才合理。所以受限產能再回製的前後作業最佳搭配方式，必須建立在容許有一些在製品以保護受限產能或限制驅導節奏的條件下，如何使在製品存貨最低或工件等待時間最短的模式上。

　　當再回製的前作業加工時間>後作業的加工時間時，由於前作業完成的速度會比後作業完成的速度慢，所以後作業絕不可在第一件到達時就開始安排加工，因為這樣做為導致如圖 8-11 前作業供料不及的現象。但是如果等全部的工件都到達了，後作業才開始加工如圖 8-12，則在製品存貨又太多了。所以一個較合理的方式，是以最一件到達時，後作業能準時開始加工的時間為後作業的參考點，來計算後作業的開始加工時間，如圖 8-13(a)所示。圖 8-13(a)的最後一個工件的到達時間是 7:50，所以若要使後作業能在 7:50 加工最後一件，則後作業的第一件的加工時間必須在 6:50 或換線時間必須在 6:30。當後作業在 6:50 開始加工時，已有四個工件等在前面(第四個工件剛好在 6:50 到達)，所以可以確保後作業不會斷料，而到 7:50 要加工最後一個工件時又剛好到達。

　　由於圖 8-13 的後作業不會有斷料的問題，而圖 8-13 後作業的在製品最多為 4 個而平均只有 2 個(或工件最大等待時間 60 分鐘而平均 30 分鐘)，遠小於圖 8-12 後作業的在製品最多為 7 個而平均有 3.5 個(或工件最大等待時間 140 分鐘而平均 110 分鐘)。所以圖 8-13 的前後作業的搭配方式，是用一

些在製品以保護受限產能或限制驅導節奏，同時亦兼顧了在製品存貨最低
或工件等待時間最短的需求。

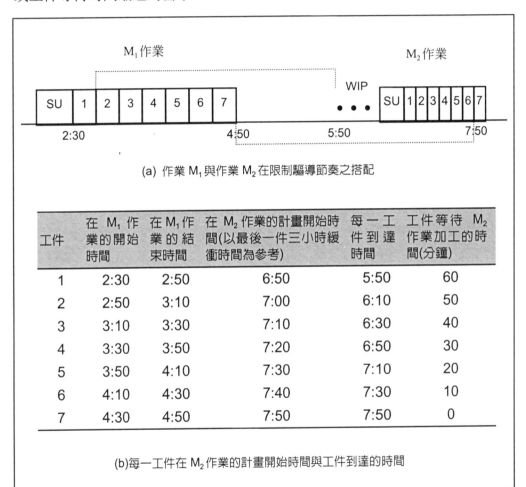

(a) 作業 M₁ 與作業 M₂ 在限制驅導節奏之搭配

工件	在 M₁ 作業的開始時間	在 M₁ 作業的結束時間	在 M₂ 作業的計畫開始時間(以最後一件三小時緩衝時間為參考)	每一工件到達時間	工件等待 M₂ 作業加工的時間(分鐘)
1	2:30	2:50	6:50	5:50	60
2	2:50	3:10	7:00	6:10	50
3	3:10	3:30	7:10	6:30	40
4	3:30	3:50	7:20	6:50	30
5	3:50	4:10	7:30	7:10	20
6	4:10	4:30	7:40	7:30	10
7	4:30	4:50	7:50	7:50	0

(b)每一工件在 M₂ 作業的計畫開始時間與工件到達的時間

圖 8-13　受限產能再回製前後作業的合理搭配

(單件流且前作業加工時間>後作業加工時間)

但是圖 8-13 的例子是屬於再回製的前作業加工時間大於後作業的加工時間的狀況，如果前作業加工時間小於或等於後作業的加工時間時，還是以最後一件到達時，後作業能準時開始加工該工件的時間，爲安排後作業的參考時間嗎？

答案當然是否定的！因爲當前作業的加工時間小於後作業的加工時間時，由於前作業完成的速度會比後作業完成的速度快，就算是從第一件一到達就開始加工，後作業也不會有斷料的可能，所以後作業不必和圖 8-13 一樣，先等到有部份在製品後才開始加工，而可以在第一件到達時就開始加工，如圖 8-14 所示。

由於圖 8-14 前作業的加工時間是後作業的一半，所以在 6:50 時最後一個工件就會到達，這時後作業的在製品最多，共有 4 個，而平均只有 2 個；或工件最大等待時間 60 分鐘而平均爲 30 分鐘。因此當再回製的前作業加工時間小於後作業加工時間時，依照圖 8-14 前後作業的搭配方式，可以得到最低的在製品存貨或最短的工件等待時間。

所以根據圖 8-13 與圖 8-14 的分析結果，再回製前後作業的最佳搭配方式，可以得到下列的結論：

(1) 當前作業加工時間大於後作業加工時間時，以最後一件到達時，後作業能準時開始加工的時間爲後作業的參考點，來計算後作業的開始加工時間。

(2) 當前作業加工時間小於後作業加工時間時，以第一件到達時，後作業能準時開始加工的時間爲後作業的參考點，來計算後作業的開始加工時間。

但是，再回製前後作業加工時間的關係，除了上面兩種情形外，還有第三種情形，即前作業加工時間等於後作業加工時間時，其最佳的前後作業的搭配方式，要依照那一種情形，或者還有第三種搭配方式？這個問題留給讀者自己思考了！

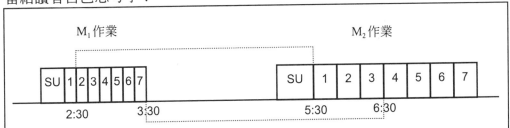

(a) 作業 M₁ 與作業 M₂ 在限制驅導節奏之搭配

工件	在 M₁ 作業的開始時間	在 M₁ 作業的結束時間	在 M₂ 作業的計畫開始時間(以最後一件三小時緩衝時間為參考)	每一工件到達時間	工件等待 M₂ 作業加工的時間(分鐘)
1	2:20	2:30	5:30	5:30	0
2	2:30	2:40	5:50	5:40	10
3	2:40	2:50	6:10	5:50	20
4	2:50	3:00	6:30	6:00	30
5	3:00	3:10	6:50	6:10	40
6	3:10	3:20	7:10	6:20	50
7	3:20	3:30	7:30	6:30	60

(b)每一工件在 M₂ 作業的計畫開始時間與工件到達的時間

圖 8-14　受限產能再回製前後作業的合理搭配

(單件流且前作業加工時間<後作業加工時間)

以上所討論的只是單件流移轉批量的結果，如果移轉批量爲兩件、三件、…時，再回製的最佳前後作業搭配方式爲何呢？

其次，以上所討論的只是一個迴圈(經過受限產能兩次)的再回製問題，如果是兩個迴圈以上(經過受限產能三次以上)的再回製問題，則各迴圈的最佳前後作業搭配方式又為何呢？

由於受限產能再回製的問題，可由迴圈數、移轉批量數及前後作業加工時間的大小關係等的變化而組合出不同的問題來，所以若要一個一個的討論，是討論不完的，所以接下來將介紹一個簡單的方法，以滿足受限產能再回製的不同組合狀況下前後作業最佳搭配的需求。

8-5 間隔棍靠攏法(Batch Rod Approaching Method)

8-5-1 名詞定義

為了以下的說明，必須先定義幾個名詞。

(1) 前作業與後作業：所謂受限產能再回製的前作業與後作業是就某一個間隔緩衝的一種相對結果，在一個間隔緩衝兩端的作業中先加工的作業稱為前作業，而後加工的作業即為後作業。由於是相對的稱法，所以第一個間隔緩衝的後作業，會是第二個間隔緩衝的前作業。

(2) 參考作業與待排作業：在一個間隔緩衝兩端的作業裡，一定要其中一個作業的時段已排好時，才能透過間隔緩衝而推出另一端作業的時段。這一個已先排好時段的作業相當於是另一作業的參考作業，所以即稱之為參考作業；而另一個待安排時段的作業，即稱之為待排作業。如果訂單有交期時，則參考作業首先會出現在最後一個作業(交期-出貨緩衝)，而透過最一個間隔緩衝，即可求出最後第二個作業的時段；當第二個作業的時段已排好時，相對於最後第三個作業，即為參考作業，所以透過最後第二個間隔緩衝，即可推出最後第三個作業的時段；依此類推，即可推出第一個作業的時段或完成所有作業的時段。如果訂單沒有交期限制，則參考作業首先會出現在第一個作業(投料時間+受限產能緩衝)，爾後再一個個推出後續作業的時段，直到最一個作業完成。

(3) 作業時段參考點：所謂作業時段參考點是整個作業上的一個參考點，以便用來計算整個作業開始與結束時間。例如在設計限制驅導節奏的第一步驟是計算各訂單在限制產能上加工作業的理想時段。如果該訂單有交期，則交期減去出貨緩衝，就得到該作業在受限產能的理想完工時間，由於該作業的換線時間與每一工件的加工時間為已知，所以可以計算出整個作業的加工時間，亦即只要將該作業的理想完工時間減去整個作業的加工時間即可得到該作業的開始時間；換言之，對於有交期的訂單，其在受限產能上加工作業的時段，是以該作業的完工時間推算出來的，所以該作業的完工時間即為其作業時段參考點。相反的，對於沒有交期的訂單，則會從投料時間加上受限產能緩衝而得到該作業在受限產能的理想開始時間，進而推出整個作業在受限產能上的時段，所以該作業的開始時間即為其作業時段參考點。

(4) 間隔棍：所謂間隔棍是一個在衡量受限產能再回製的前後作業的搭配間隔，不會過近或過遠的合理距離，為了強調這個距離的固定長度，所以將之稱為「棍」，以凸顯其是一根不會彎曲、收縮或變形而為固定長度的虛擬棍子。所以間隔棍的長度即為再回製前後作業的間隔緩衝時間，即從完成 M_1 作業離開受限產能站，而後再回流到受限產能站前，這之間所需的緩衝時間，以圖 8-4 的例子而言，其長度即為 180 分鐘(三小時)。

(5) 擋板：所謂擋板是一塊虛擬的擋塊，會固定在前後作業的某一位置上，以便用來抵住間隔棍的兩端，以確保前後作業間的合理間距。擋板分兩種，一種為固定擋板，其所立的位置是固定的，不會因移轉批量的不同而變化；另一種則為移轉擋板，其所立的位置則會隨著所使用的移轉批量的不同而變化。

8-5-2　間隔棍靠攏法之觀念

仍然以圖 8-7 的例子來說明。根據上面名詞的定義，圖 8-7 的例子中的 M_1 作業為前作業而 M_2 作業則為再回製的後作業，假設其中 M_1 作業的排程時段已安排好了，在 2:00 時開始換線而在 2:30 時開始進行第一件工件的加工，所以 M_1 作業為參考作業，而 M_2 作業即為待排作業。所以必須經由 M_1 作業的參考作業及移轉批量的特性，先推出 M_2 作業上的作業時段參考點，爾後才能算出整個 M_2 作業的合理時段。間隔棍靠攏法即是一套簡單而且可行的方法，其過程的詳細示意圖如圖 8-15 所示。

首先如圖 8-15(a)所示，先將擋板立於前後作業上。前作業(即 M_1 作業)的固定擋板是立於最後一件的完工時間上，至於移轉擋板則由於本例的移轉批量為一件，所以立於第一件的完工時間上。如果移轉批量為兩件，則移轉擋板即立於第二件完工時間上，依此類推。其次，後作業(即 M_2 作業)

的固定擋板則是立於第一件的開始時間上，至於移轉擋板由於本例的移轉批量爲一件，所以立於最後一件的開始時間上。如果移轉批量爲兩件，則移轉擋板即立於最後第二件的開始時間上，依此類推。

其次將間隔棍的一端固定在參考作業(即 M_1 作業)的擋板上，一個擋板一根，所以參考作業上共有兩根間隔棍，長度都爲間隔緩衝的大小，如圖 8-15(b)所示。

然後將待排作業(即 M_2 作業)往參考作業靠攏，如圖 8-15(c)所示。由於前後作業的每件加工時間會有大小之不同，所以兩個擋板中，那一個擋板會接觸到間隔棍，即決定於前後作業加工時間大小的不同。如果前作業的加工時間較短，則待排作業上的固定擋板會先接觸到間隔棍。反之，如果前作業的加工時間較長，則待排作業上的移轉擋板即會先接觸到間隔棍。如果，前後作業的加工時間相同時，則待排作業上的兩個擋板會同時接觸到間隔棍。待排作業上先接觸到間隔棍的擋板，即爲待排作業的作業時段參考點，如圖 8-15(d)所示。有了作業時段參考點，即可進一步計算出整個待排作業的合理時段。

例如圖 8-15(d)上，已知 M_1 作業的完工時間爲 4:30(=2:30+20 分鐘*7)，間隔棍的長度(即間隔緩衝)爲 3 小時，所以 M_2 作業的移轉擋板所在的時間即爲 7:50。由於 M_2 作業的移轉擋板是立於最後一件的開始時間上，而一件的加工時間爲 10 分鐘，所以 M_2 作業的完工時間即相當於 8:00(7:50+10 分鐘)而開始換線時間即爲 6:30(8:00-10 分鐘*7-20 分鐘)。

以上的例子是以移轉批量爲單件流而前作業的加工時間大於後作業之狀況，來說明間隔棍靠攏法的應用，接下來再以各種不同的組合狀況來進一步說明這個方法的特性。

8-5-3　移轉批量為單件之應用

　　接下來的例子，仍然是單件流的移轉批量而且參考作業同樣為前作業，唯一不同的是前作業的加工時間小於後作業的加工時間，如圖 8-16 所示。在固定好間隔棍於參考作業(M_1 作業)的擋板後，如圖 8-16(a)，將待排作業(M_2 作業)往間隔棍靠攏，由於 M_1 作業的加工時間較短，所以 M_2 作業的固定擋板會先接觸到間隔棍。所以 M_2 作業的固定擋板即為 M_2 作業時段的參考點，如圖 8-16(b)所示。

　　如果將 8-16 的參考作業改為後作業時，如圖 8-17 所示，則間隔棍會被固定於於參考作業(M_2 作業)的擋板上，如圖 8-16(b)。然後將待排作業(M_1 作業)往間隔棍靠攏，由於 M_1 作業的加工時間較短，所以 M_1 作業的移動擋板會先接觸到間隔棍。所以 M_1 作業的移動擋板即為 M_1 作業時段參考點，如圖 8-17(b)所示。

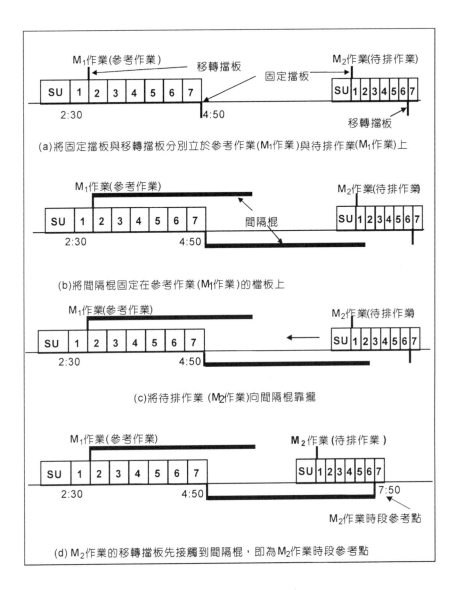

(a)將固定擋板與移轉擋板分別立於參考作業(M₁作業)與待排作業(M₁作業)上

(b)將間隔棍固定在參考作業(M₁作業)的擋板上

(c)將待排作業 (M₂作業)向間隔棍靠攏

(d) M₂作業的移轉擋板先接觸到間隔棍，即為M₂作業時段參考點

圖 8-15　間隔棍靠攏法之示意圖

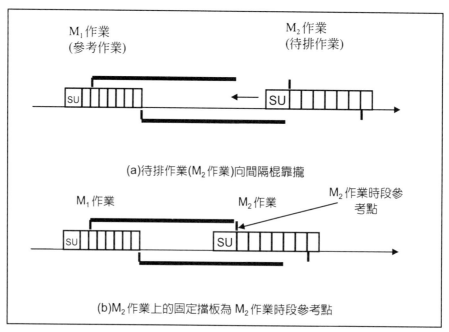

(a)待排作業(M₂作業)向間隔棍靠攏

(b)M₂作業上的固定擋板為 M₂作業時段參考點

圖 8-16 間隔棍靠攏法之應用(移轉批量為單件流、前作業時間小於後作業時間且前作業為參考作業)

8-5-4 移轉批量為單件且有三個迴圈之應用

接下來,來看一個三個迴圈的較複雜例子。由於三個迴圈的三個作業時間有許多個不同的組合,所以圖 8-18 只舉了兩種狀況,即 M₁ 作業加工時間> M₂ 作業加工時間而 M₂ 作業加工時間< M₃ 作業加工時間,如圖 8-18(a),以及 M₁ 作業加工時間< M₂ 作業加工時間而 M₂ 作業加工時間> M₃ 作業加工時間,如圖 8-18(b)。

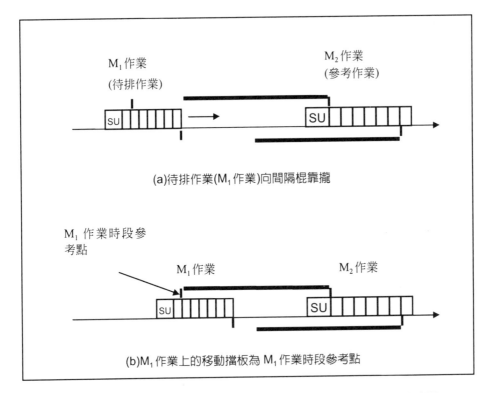

(a)待排作業(M₁作業)向間隔棍靠攏

(b)M₁作業上的移動擋板為 M₁作業時段參考點

圖 8-17　間隔棍靠攏法之應用(移轉批量為單件流、前作業時間小於後作業時間

且後作業為參考作業)

　　圖 8-18(a)的參考作業為 M₃作業，所以 M₂作業為待排作業，透過間隔棍靠攏法的使用，即可推出 M₂作業時段參考點是移轉擋板，所以 M₂作業的加工時段即可計算出來。當 M₂作業的加工時段計算出來後，即可將 M₂作業視為參考作業，而可進一步推出 M₁作業時段參考點，即 M₁作業的固定擋板，接著 M₁作業的加工時段亦可計算出來。

　　而圖 8-18(b)的參考作業為 M₁作業，所以 M₂作業為待排作業，透過間隔棍靠攏法的使用，即可推出 M₂作業時段的參考點是固定擋板，所以 M₂作業的加工時段即可計算出來。當 M₂作業的加工時段計算出來後，即可將 M₂作業視為參考作業，而可進一步推出 M₃作業時段參考點，即 M₃作業的移轉擋板，接著 M₁作業的加工時段亦可計算出來。

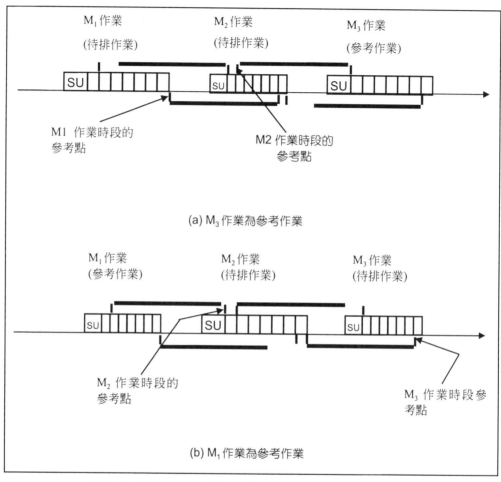

圖 8-18　間隔棍靠攏法之應用(移轉批量為單件流且三個迴圈)

8-5-5　移轉批量為多件之應用

　　接下來，來看移轉批量為非單件的問題。首先是移轉批量為兩件之例子，而前作業的加工時間大於後作業加工時間，至於參考作業則為前作業，如圖 8-19 所示。由於在間隔棍靠攏法裡，和移轉批量有關的參數是移轉擋板所立的位置，其餘的過程都相同，所以只要找到前後作業的移轉擋板所立位置即可。

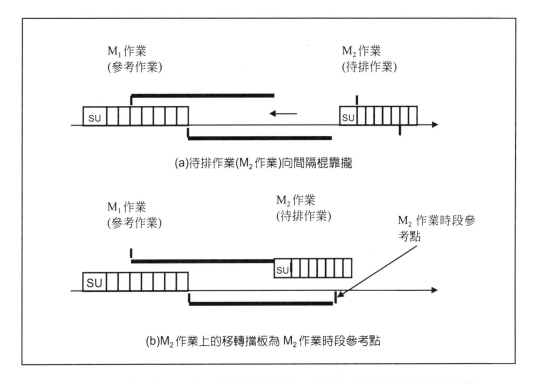

(a)待排作業(M_2作業)向間隔棍靠攏

(b)M_2作業上的移轉擋板為 M_2作業時段參考點

圖 8-19　間隔棍靠攏法之應用(移轉批量為兩件、前作業時間大於後作業時間且前作業為參考作業)

　　由於移轉批量為兩件，所以前作業第一移轉批的離開時間為第二件的完工時間，因此前作業的移轉擋板立於第二件的完工時間上。而後作業最後一批的移轉批其開始時間為最後第二件的開始時間，所以後作業的移轉擋板立於最後第二件的開始時間上，如圖 8-19(a)所示。找到了移轉擋板的位置後，接下來的步驟就和單件流移轉批量的過程相同，所以當待排作業(M_2作業)向間隔棍靠攏後，可以得到M_2作業時段參考點為移轉擋板，如圖 8-19(b)所示。

　　同理，如果移轉批量為三件，則前作業的移轉擋板即立於第三件的完工時間，而後作業的移轉擋板即立於最後第三件的開始時間，如圖 8-20 所示。

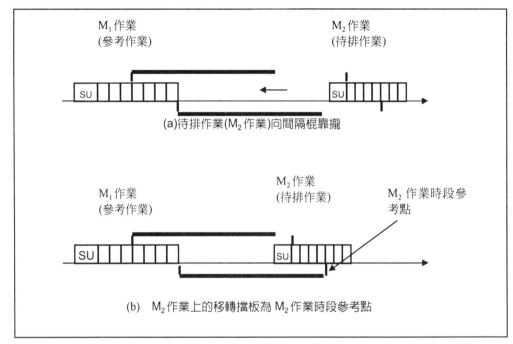

(a)待排作業(M_2作業)向間隔棍靠攏

(b)　M_2 作業上的移轉擋板為 M_2 作業時段參考點

圖 8-20　間隔棍靠攏法之應用(移轉批量為三件、前作業時間大於後作業時間且前作業為參考作業)

　　依此類推，當移轉批量為生產批量(訂單批量)時，則前作業的移轉擋板會立於最後一件的完工時間，而後作業的移轉擋板會立於第一件的開始時間，如圖 8-21 所示。換言之，移轉擋板與固定擋板所立的位置相同，如圖 8-21(a)所示，所以不需靠攏的過程即可知道兩者會同時接觸到間隔棍，亦即後作業的第一件開始時間一定為後作業時段的參考點，如圖 8-21(b)所示。而這個結果和不考慮移轉批量的結果，如圖 8-21(c)所示，只差了一個後作業的換線時間而已，所以不考慮移量或移轉批量為生產批量可視為是移轉批量的特例。其次，由於使用移轉批量的過程相對的複雜了些，所以簡單起見，當移轉批量等於生產批量時，即以不考慮移轉批量的方法較為單純。

8-6　間隔棍靠攏演算法

　　間隔棍靠攏法很簡單，但是當迴圈較多時，若要靠人一個作業一個作業的推導，其工作量也是蠻重的。所以接下來將介紹這套方法的演算法，讀者只要照著程序，一步步的進行，即可得到最後的結果。

　　為了演算法的表達，必須先定義一些符號：

　　N：生產批量或訂單批量。

　　n：移轉批量，$1 \leq n \leq N$。

　　L：該訂單要經過受限產能的次數，$L \geq 1$。

　　S：出貨緩衝

　　C：受限產能緩衝

　　r：投料時間

　　d：交期

　　i：第 i 次經過受限產能，$i = 1, 2, ..., L$

　　j：j=i-1，第 j 個迴圈，前作業為第 i-1 次經過受限產能，後作業為
　　　　第 i 次經過受限產能。如果 L=1，則受限產能無迴圈製程。

　　L_j：第 j 個間隔緩衝

　　t_i：第 i 次經過受限產能的每件的加工時間，$i = 1, 2, ..., L$

　　u_i：第 i 次經過受限產能的換線時間，$i = 1, 2, ..., L$

　　s_i：第 i 次經過受限產能的開始加工時間，$i = 1, 2, ..., L$

　　e_i：第 i 次經過受限產能的結束加工時間，$i = 1, 2, ..., L$

　　f-bar$_f$：前作業的固定擋板所在位置的時間

　　m-bar$_f$：前作業的移動擋板所在位置的時間

　　f-bar$_b$：後作業的固定擋板所在位置的時間

　　m-bar$_b$：後作業的移動擋板所在位置的時間

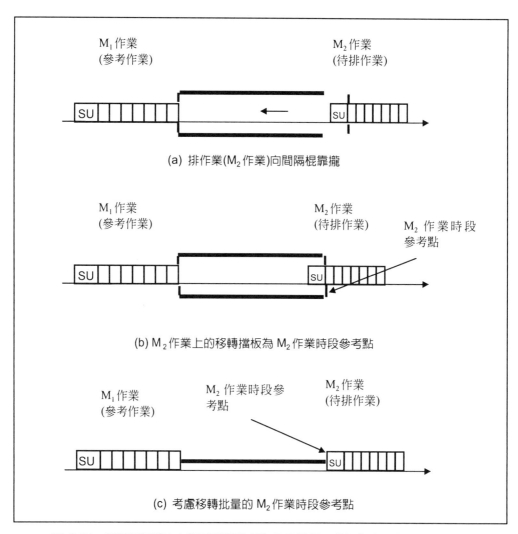

(a) 排作業(M₂作業)向間隔棍靠攏

(b) M₂作業上的移轉擋板為 M₂作業時段參考點

(c) 考慮移轉批量的 M₂作業時段參考點

圖 8-21　間隔棍靠攏法之應用(移轉批量為生產批量、前作業時間大於後作業時間且前作業為參考作業)

8-6-1　無交期的間隔棍靠攏演算法

由於無交期，所以 d 為未知。因此必須假設投料時間(r)為已知，即必須依工廠目前的狀況，找到一可行的投料時間，所以參考作業為前作業。詳細演算法的過程如下：

步驟 1：計算第一次經過受限產能的時段。

令 $i=1$，$s_i=r+C$，$e_i=s_i+u_i+N*t_i$。

步驟 2：計算下一個受限產能次數及下一個迴圈數。

令 $i=i+1$，如果 $i>L$，則結束，否則 $j=i-1$。

步驟 3：計算前作業(參考作業)擋板所在位置的時間。

(1) $f\text{-}bar_f= e_{i-1}$。

(2) $m\text{-}bar_f= s_{i-1}+ u_{i-1}+n*t_{i-1}$。

步驟 4：評估待排作業（後作業）的作業時段參考點。

如果 $t_{i-1}> t_i$ ，則間隔棍先接觸到後作業的移動擋板，所以後作業的移動擋板為後作業時段參考點，否則後作業的固定擋板為後作業時段參考點。

步驟 5：計算後作業時段參考點的時間及開始與結束時間。

(1) 移動擋板為後作業時段參考點

$m\text{-}bar_b= f\text{-}bar_f+L_j$，$e_i= m\text{-}bar_b+n*t_i$，$s_i=e_i-u_i-N*t_i$。

(2) 固定擋板為後作業時段參考點

$f\text{-}bar_b= m\text{-}bar_f+L_j$，$s_i= f\text{-}bar_b-u_i$，$e_i=s_i+u_i+N*t_i$。

步驟 6：回到步驟 2。

8-6-2　有交期的間隔棍靠攏演算法

由於有交期，所以 d 為已知而 r 為未知，所以參考作業為後作業。則整個演算法的詳細過程如下：

步驟 1：計算最後一次經過受限產能的時段。

令$i=L$，$e_i=d-S$，$s_i=e_i-u_i-N*t_i$。

步驟 2：計算下一個受限產能次數及下一個迴圈數。

令$i=i-1$，如果$i<1$，則結束，否則$j=i$。

步驟 3：計算後作業(參考作業)擋板所在位置的時間。

(1) f-bar$_b=s_{i+1}+u_{i+1}$。

(2) m-bar$_b=e_{i+1}-n*t_{i+1}$。

步驟 4：評估待排作業（後作業）的作業時段參考點。

如果$t_i>t_{i+1}$，則間隔棍先接觸到前作業的移動擋板，所以前作業的移動擋板為前作業時段參考點，否則前作業的固定擋板為前作業時段參考點。

步驟 5：計算前作業時段參考點的時間及開始與結束時間。

(1) 移動擋板為前作業時段參考點

m-bar$_f$=f-bar$_b-L_j$，s_i=m-bar$_f-u_i-n*t_i$，$e_i=s_i+u_i+N*t_i$。

(2) 固定擋板為前作業時段參考點

f-bar$_f$= m-bar$_b-L_j$，e_i= f-bar$_f$，$s_i=e_i-u_i-N*t_i$。

步驟 6：回到步驟 2。

8-6-3　範　例

再以圖 8-5 的範例來說明，但假設其移轉批量為一件，其餘資料則相同。所以依照 8-6-2 節有交期的演算法，訂單 A1 在受限產能加工時段的演算過程如下：

步驟 1：計算最後一次經過受限產能的時段。

令 $i=2$，$e_2=(6/29\ 8:00)-16$小時$=(6/27\ 8:00)$，$s_2=(6/27\ 8:00)-15$ 分鐘$-20*15$分鐘$=(6/27\ 2:45)$。

步驟 2：計算下一個受限產能次數及下一個迴圈數。

令 $i=i-1=1$，$j=i$。

步驟 3：計算後作業(參考作業)擋板所在位置的時間。

(1) f-bar$_b$= $s_2+u_2=(6/27\ 2:45)+15$分鐘$=(6/27\ 3:00)$

(2) m-bar$_b$= $e_2-n*t_2=(6/27\ 8:00)-1*15$分鐘$=(6/27\ 7:45)$

步驟 4：評估待排作業（後作業）的作業時段參考點。

因為 $t_1 < t_2$，所以間隔棍先接觸到前作業的移動擋板，所以前作業的移動擋板為前作業時段參考點。

步驟 5：計算前作業時段參考點的時間及開始與結束時間。

因為移動擋板為前作業時段參考點，所以

m-bar$_f$= f-bar$_b$-L$_1$=(6/27 3:00)-8小時=(6/26 3:00)

s$_1$=m-bar$_f$-u$_1$-n*t$_1$=(6/26 3:00)-15-10=(6/26 2:35)

e$_1$= s$_1$+u$_1$ +N*t$_1$=(6/26 2:35)+15+20*10=(6/26 6:10)

步驟 6：回到步驟 2。

步驟 2：計算下一個受限產能次數及下一個迴圈數。

令 $i=i-1=1-1=0 < 1$，所以結束。

同理亦可推導出訂單 A2 在受限產能加工時段。所以圖 8-5 的範例，在 A 產品的再回製過程中，考慮了移轉批量為一件時，其所構建的廢墟如圖 8-22(a)所示。圖 8-22(a)的廢墟和沒有考慮移轉批量時的廢墟，即圖 8-6(a)，作一比較，可以發現圖 8-22(a)的 A1 訂單與 A2 訂單的前後兩作業時段要緊密許多，換言之，其所需的前置時間比較小。其次推平後的排程，即圖 8-22(b) 與 8-6(b)，兩者的開始時間(前者為 6/25 6:25 而後者為 6/25 7:20)相差了 55 分鐘。最後，由於兩者的開始時間都超過了 6:26 0:00 的可行開始時間，所以兩者都要進行往後推的合理化過程，兩者的結果如圖 8-22(c)與 8-6(c)所示。由於圖 8-22(c)採用移轉批量，所以產品 A 在限制驅導節奏上前後作業的間隔時間較短，所以限制驅導節奏較為緊密而沒有閒置之浪費。

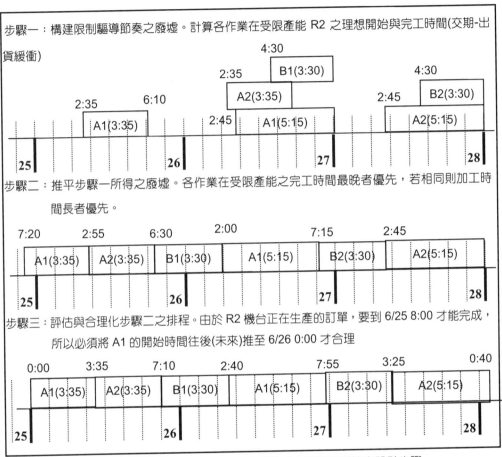

圖 8-22　圖 8-5 範例之移轉批量為單件時之限制驅導節奏設計步驟

8-7　間隔棍太短的問題

所謂間隔棍的長短問題，是相對於前作業或後作業整批的加工時間(含換線時間)而言，如果間隔棍小於前作業或後作業之整批加工時間時，即出現間隔棍太短之現象，如圖 8-23(a)所示之範例。

　　如果間隔棍太短，當待排作業向間隔棍靠攏時，在待排作業的擋板碰到間隔棍前，待排作業的開始時間會先碰到了參考作業的完成時間，如圖8-23(b)所示。這時如果硬要讓待排作業的擋板碰到間隔棍，則待排作業與參考作業兩者會相互重疊，即發生了訂單負荷重疊的現象。由於負荷重疊的限制驅導節奏，相當於是不合理的廢墟(Ruin)，後續一定要再予以推平後才是合理的排程，即待排作業與參考作業的重疊部份，又會被推平成待排作業的開始時間剛好碰到參考作業的完成時間。換言之，在待排作業向間隔棍靠攏的過程，當待排作業的開始時間已先碰到了參考作業的完成時間時，若還硬要讓待排作業的擋板碰到間隔棍相當於是沒意義的動作。

　　所以由於間隔棍太短而導致待排作業的兩個擋板都無法碰到間隔棍的管理問題，是回流的移轉批量要額外再多花一些時間等待前作業加工的完成，如圖 8-23(b)所示。亦即原本可透過降低移轉批量以縮短間隔時間的效果，出現了一個最小移轉批量的極限，例如圖 8-23 的範例，其最小的移轉批量是三件，如圖 8-23(c)所示，低於三件的移轉批量，其所能得縮短的間隔時間和三件移轉批量的效果是相同的。

　　為了避免由於間隔棍太短所造成的虛工，間隔緩衝與移轉批量必須同時滿足下列之式之：

$$L_j > \max\{u_{j+1}+t_j(N-n)，u_{j+1}+t_{j+1}(N-n)\} \quad \text{(符號定義如 8-6 節)}$$

　　所以要避免由於間隔棍太短所造成的虛工，可以增大間隔緩衝或增大移轉批量，至於增大的幅度則可由上式求得。其次上列的條件式，亦可併入 8-6 節的演算法，以判斷有否必要使用間隔棍靠攏法來求作業時段參考點。即當上列條件式成立時，才有必要使用間隔棍靠攏法求出作業時段參考點，否則作業時段參考點即為後作業業的開始時間(待排作業為前作業時)或前作業之完成時間(待排作業為後作業時)。

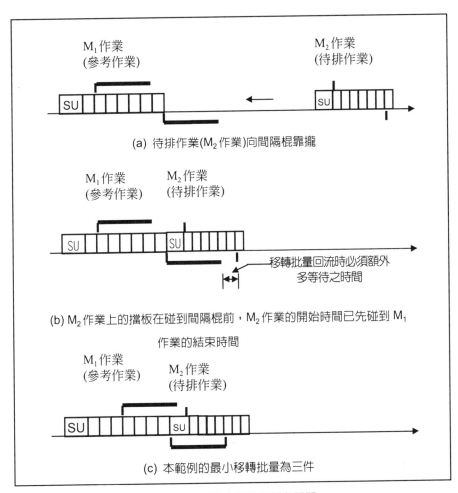

圖 8-23　間隔棍太短的範例與問題

8-8　問題與討論

1. 請解釋下列名詞：
   (1) 前作業　　(2) 後作業　　(3) 參考作業
   (4) 待排作業　(5) 間隔棍　　(6) 作業時段的參考點
   (7) 擋板　　　(8) 再回製　　(9) 受限產能再回製

(10)　生產批量　　(11)　移轉批量　　(12)　間隔棍靠攏法

2. 下列共有(a)~(k)等 11 個產出鍊，假設機台 P 為限制，請就下列各產出鍊，說明何者有再回製之特性？何者有受限產能再回製之特性？

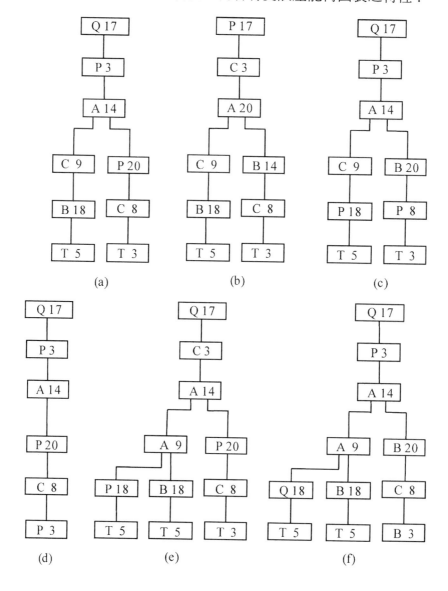

(a)　　　　　　　(b)　　　　　　　(c)

(d)　　　　　　　(e)　　　　　　　(f)

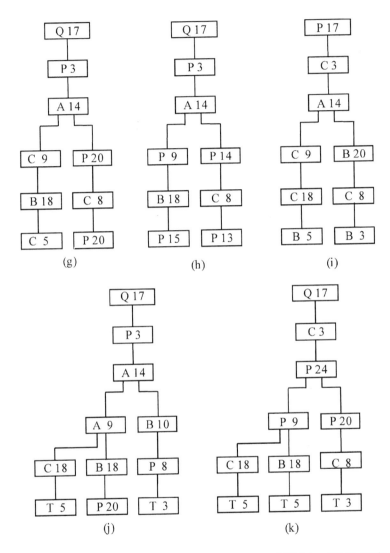

(g)　　　　　(h)　　　　　(i)

(j)　　　　　(k)

3. 繼續參考第 2 題之所有產出鍊，假設機台 P 為限制，請就各產出鍊，標示其出貨緩衝、受限產能緩衝、間隔緩衝及裝配緩衝所涵蓋之範圍。其次並請說明各產出鍊所有訂單在計算投料時間時所要根據之參考點為何？

4. 請依圖 8-5 之範例,利用 8-6 節的演算法推導出當移轉批量為 2 件時的廢墟,其次進一步計算出限制驅導節奏、投料時間與訂單預計完成時間。

5. 請依圖 8-5 之範例,使用 8-5 節的間隔棍靠攏法推導出當移轉批量為 2 件時的廢墟。並與問題 4 的過程作一比較,兩者各有何優缺點?

6. 請問前作業、後作業、參考作業及待排作業等,這四者在下列問題下的關係為何?

   (1)訂單有交期時

   (2)訂單沒有交期限制時

7. 在計算受限產能再回製的廢墟時,本章介紹了不考慮移轉批量與考慮移轉批量的兩種方法,(1)請比較這兩種方法的異同。(2)請比較這兩種方法的優缺點。(3)根據所提之優缺點,請舉出這兩種方法各自較適合的狀況或環境。

8. 假設某工廠每天的上班時間為 8 小時(0:00～8:00)而每週上班 7 天(不考慮假期),其受限產能緩衝與出貨緩衝亦為 16 小時,間隔緩衝亦為 16 小時,產出鍊如下圖所示。其中 R 機台為受限產能,換線時間為 0.5 小時,現在有兩張訂單待生產,訂單 A 為 30 件而訂單 B 為 20 件,而 R 機台的負荷在 8/10 8:00 可完成。請根據下列條件,設計其廢墟、限制驅導節奏及投料時程。

   (1) 沒交期限制,不用移轉批量。

   (2) 沒交期限制,移轉批量為 5 件。

   (3) 訂單 A 交期為 8/22 8:00 而訂單 B 交期為 8/23 8:00,不用移轉批量。

   (4) 訂單 A 交期為 8/22 8:00 而訂單 B 交期為 8/23 8:00,移轉批量為 2 件。

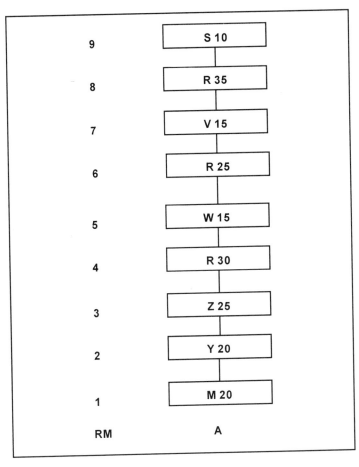

9. 兩個要經過受限產能 4 次的訂單，其批量各爲 10 件，其間隔緩衝都爲 3 小時，而換線與加工時間(單位爲分鐘)如下表所示：

受限產能次序	訂單一		訂單二	
	換線時間	每件加工時間	換線時間	每件加工時間
1(M_1作業)	30	20	20	10
2(M_2作業)	20	10	30	20
3(M_3作業)	30	20	20	10
4(M_4作業)	20	10	30	20

(1) 以 M_1 作業為參考作業，且可開始(換線的)時間為 0:00，而移轉批量為 2 件，請以間隔棍靠攏法求出各作業的作業時段參考點、開始時間與結束時間。

(2) 再以 M_4 作業為參考作業，而其完工時間為(1)所求得之 M_4 作業的完工時間，而移轉批量亦為 2 件，請以間隔棍靠攏法求出各作業的作業時段參考點、開始時間與結束時間。

(3) 請比較(1)與(2)之結果，並說明之。

10. 第 9 題的兩個訂單，若第一個迴圈移轉批量為 1 件，第二個迴圈移轉批量為 2 件，而第三個迴圈的移轉批量為 5 件，其餘資料相同，請重做第 9 題之三個問題。

CHAPTER **9**

非受限產能負荷
之可行性評估

　　由於限制驅導式現場排程方法只排受限產能一站之排程，至於非受限產能則由於假設其有多餘產能而沒有事先之計畫。但是由於物流之特性，就算非受限產能有多餘產能，偶爾還是會產生臨時性之負荷高峰，而對於那些多餘產能不是很多的非受限產能而言，則負荷高峰的頻率可能就不只是偶發了。所以對於非受限產能而言，雖然不需先排很完整的生產排程，但先評估負荷的可行性卻是有必要的，如此才能確保限制驅導節奏的達成。所以本章第一節先以一個簡單的例子，來說明非受限產能負荷評估的問題與意義，第四節再介紹評估的方法，第六節則說明若發現有負荷不足或高峰之狀況時的應對方法。

9-1　非受限產能負荷評估之意義

　　如圖 9-1 所示的一個三個製程的產出鍊，為了討論上的方便，先假設其限制在市場而不在機台，其出貨緩衝為 8 天。該廠每天可工作時間為 8 小時，而各站之機台數如圖上所示。假設在已有訂單的負荷下，又有一張訂單 A100，其批量為 40 件而交期為第 50 天。

　　由於受限產能是以一段較長的時間來評估，例如週或月等，所以一個廠雖然沒有受限產能，但各機台卻還是會存在有臨時的高峰。所以就圖 9-1 的範例來看，雖然沒有受限產能，但在這樣的情況下，負荷高峰會在何時出現在何資源上呢？如果能事先評估出來，由於它只是偶發，則可設法予以調節，例如改變投料的時間等。

　　為了要評估訂單 A100 在非受限產能負荷的可行性，會有類似以下之問題：

　　(1) A100 在 M3 的負荷會出現在那一天？

　　(2) 假如 M3 第？？天有足夠評估待排作業（後作業）的作業時段參

考點。之產能，則 A100 在 M2 之負荷會出現在那一天？

(3) A100 之投料時間排在第 42 天可行嗎？

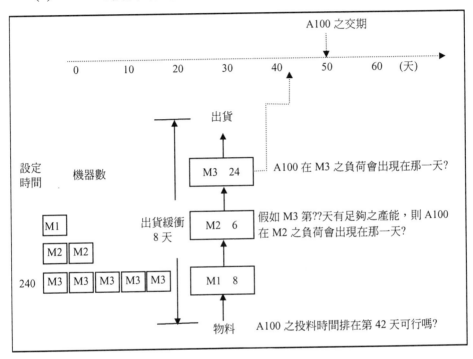

圖 9-1　非受限產能負荷評估之範例

(4) 如果 M1、M2 或 M3 之中，有部份或全部機台的負荷高峰出現，則 A100 之投料時間應提前到第？？天？

(5) 如果機台有負荷高峰出現，而 A100 之投料時間又無法提前時，則要如何應對？

　由於限制驅導式現場排程方法在設計現場排程時，只規劃了受限產能的生產排程及投料時程，至於非受限產能則由於假設其有多餘產能而沒有事先之計畫。所以除非工廠所有產品的製程都類似且無回流之製程，否則

　　由於物流之特性，就算非受限產能有多餘產能，偶爾還是會出現臨時性之負荷高峰。

　　例如圖 9-1 之範例，如果 A100 在 M1 的負荷是發生在第 42 天，而 M1 在第 42 天的負荷已經有 6 小時了，則再加上 40 個 A100 的負荷後(=40x8 分鐘≈6 小時)，則總共有 12 小時的負荷。因此對 M1 而言，在第 42 天的負荷爲 12 小時大於 8 小時的產能，即出現了所謂的負荷高峰。但是相反的，如果 M1 在第 42 天的負荷只有 1 小時，則再加上 A100 的 6 小時負荷後，其總負荷爲 7 小時，產能剛好能滿足，即無所謂的負荷高峰問題。

　　所以，如果所有非受限產能的負荷需求都未過高，則限制驅導節奏與投料時程的計畫，其成功的可行性將更有保握(注意！限制驅導節奏決定工廠的最大有效產出，所以如果非受限產能的負荷需求都可行，則相當於確保了工廠最大有效產出的可行性！)。然而相反的，如果有部份或全部非受限產能的負荷需求都發生了高峰，那就要小心了，因爲它將會威脅到限制驅導節奏與投料時程計畫成功的可行性。

　　這裡似乎出現了一個矛盾的問題，在所給的緩衝時間裡，不是已經包含了負荷高峰的寬裕，而可以用來解決上述的負荷高峰需求嗎？所以如果只是 M1 在第 42 天出現負荷高峰，頂多只是吃掉一天的緩衝時間而已，尚有七天的緩衝，這時候就強調會「威脅」到限制驅導節奏與投料時程計畫成功的可行性，是否太緊張了呢？

　　這個問題基本上要從限制管理持續改善的五個步驟來看，才會有意義。所謂非受限產能負荷可行性的評估是屬於持續改善五個步驟中的第三個步驟，我們評估的目的是希望能在計畫的階段，就能進一步確認非受限產能負荷的可行，以確保受限產能的充份利用或限制驅導節奏的可行。所以如果這時候評估的結果，若已發現了非受限產能會有負荷高峰的可能，則應該儘可能以任何可行的方法來克服。因為現場的狀況，包括可能的負荷高峰或動亂因素等，並不會因為我們在規劃階段，多評估了非受限產能的負荷而降低或不出現。所以如果在規劃階段，明知已有負荷高峰而不解決或動用了緩衝時間，則在執行階段，如果現場又出現了非預期的負荷高峰或動亂因素時，則緩衝時間不夠的機率將會大增。換言之，緩衝時間是用來保護非預期的負荷高峰或動亂因素，如果是已知或已預期的負荷高峰，應該在規劃階段，儘量嘗試各種可行的辦法予以解決，這才真正做到了第三步驟的全力配合步驟二(限制)的決策或確保步驟二決策成功的可行性。

　　了解了評估非受限產能負荷的可行性的意義後，還有一個我們必須要接受的事實，那就是由於現場存在有統計波動與動亂因素的機率，所以各訂單實際在各非受限產能出現的負荷時間，在規劃階段是無法事先知道的，我們所做的負荷可行性評估，只是一種預估的結果而已。換言之，如果負荷評估結果為可行，不要太高興，因為所預估的負荷可能被低估了而負荷發生的時間也有可能不準。相反的，如果負荷評估結果有高峰出現，也不要太緊張，因為所預估的負荷可能高估了而負荷發生的時間也有可能不對。

　　所以，對於非受限產能負荷的可行性評估的這件工作，我們必須抱持著是在確保增加限制驅導節奏可成功機率的心態，而不是百分之百的絕對成功的態度。

9-2　非受限產能負荷評估之問題

　　因為工廠機台每單位時間的產能，可以將其單位產能看成是一固定大小的空籃子，就如圖 9-2 所示。至於單位時間是「小時」、「天」或「週」

等，則可依需要決定，圖 9-2 則是以「天」為單位。所以如果要評估非受限產能負荷的可行性，基本上要先評估下列兩個問題：

　　(1)訂單會何時在某非受限產能發生負荷。

　　(2)所發生的負荷會有多大。

　　只要有辦法評估這兩個問題，則該訂單在某非受限產能所發生的負荷，即可將之丟入該非受限產能某一時間的負荷籃，所以接下來只要計算負荷籃的負荷程度，即可了解該非受限產能負荷的可行性了。

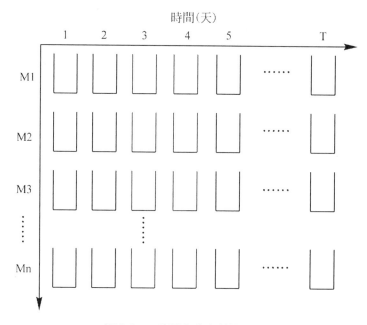

圖 9-2　工廠機台的負荷籃

　　這兩個問題中的第二個問題比較簡單，因為只要將該訂單批量大小乘以該訂單在某非受限產能的製程時間，即可得到。例如圖 9-1 的範例，A100 的批量為 40 個，而其在 M1 的製程時間為每件 8 分鐘而不需換線時間，所以 A100 在 M1 所發生的負荷為 320 分鐘(=40x8+0)。雖然製程時間存在有統計波動之不準度，但在規劃階段總是一個參考資料。

　　所以接下來，要來討論比較麻煩的第一個問題，以圖 9-1 的例子來看，即訂單 A100 在 M1 的負荷 320 分鐘會在何時出現？或在 M2 的負荷 240 分鐘會在何時出現？

　　要預測訂單在某機台的負荷會何時出現，除了會受工廠的統計波動與動亂因素的影響外，還會和工廠所使用的移轉批量有絕對的關係。由於工廠的統計波動與動亂因素是無法預估的，所以接下來的討論重點是在可控制的移轉批量上。例如一條 10 個站的裝配線，其移轉批量為一件，由於第 10 站在做第 1 件時，第 1 站才在做第 11 件，兩者之間只差了十件而已。所以就一張 100 件的訂單而言，其第 1 站與第 10 站負荷發生的時間有很大的重疊性，所以可視之為「幾乎相同」。換言之，裝配線上各站的負荷，由於單件移轉批量之特性，各站負荷的發生時間和投料時間會很相近，頂多是前後一天的差異而已。所以移轉批量愈小的工廠，如圖 5-4(c)，訂單在各站相當於是並行生產，所以負荷發生時間可視為相同。

　　相反的，如果移轉批量愈大或等於生產批量時，則訂單在各站的生產時間愈相依，即訂單在前一站未完成整批前，後一站無法開始，如圖 5-4(a)。所以訂單在各站負荷的發生時間，必須一站站的推算，例如一張 30 件的訂單，若要經過 5 站機台的加工，而各站的加工時間分別為 6、8、4、12、及 8(分鐘)等，假設第 1 站從 0:00 開始加工而移轉批量為生產批量(即 30 件)，則後續各站分別要到 3:00、7:00、9:00、及 15:00 等時間才能開始。相反的，這個例子如果移轉批量為單件時，則後續各站卻可分別在 0:06、0:14、0:18、及 0:30 等時間就可以開始。若一天的工作時間以 8 小時來算，則第 5 站與第一站的負荷發生時間，移轉批量為 30 件比 1 件多了將近兩天的時間，或製造前置時間多了兩天的時間。

因此移轉批量愈大的工廠，其製造前置時間會愈長，在目前要求交期快而準的競爭環境而言，愈長的製造前置時間會存在有很大的不確定因素(為什麼？)，所以訂單在各站負荷的實際發生時間勢必會愈難掌握。換言之，若移轉批量愈大的工廠，其非受限產能負荷之評估，在技術上雖然可行，但由於存在有很大的不確定因素，評估結果的有效性會大幅降低，所以評估非受限產能負荷的效果會愈小，這一點讀者要特別小心，以免花了很大的代價卻在做虛工。所以接下來的討論是以單件流的移轉批量為主。

9-3　非受限產能負荷評估方法之決策問題

為了以下方法的說明，必須先定義一些名詞：

(1) 負荷籃(Time Bucket)：將各機台的單位時間的產能假想為一個可裝負荷的空籃子，該籃子的大小即為機台單位時間的產能，單位時間可依需求決定，例如最常見的有「天」、「週」或「小時」等，本章的討論是以「天」為單位，如圖 9-2 所示。

(2) 待估清單(Check List)：要評估負荷的訂單但尚未輪到或只評估了一部份而未完成者。其次，對於那些尚在製造中而未完成之訂單，則只要考慮尚未完成之製程即可。

(3) 待估製程：一張訂單接下來要被評估的製程。

(4) 待估時間：一張訂單接下來要被評估的製程，其負荷的發生時間。

(5) 最大評估時間(effective horizon)：在待估清單裡的所有訂單的待估時間中最大者。因為超過這個時間即不會再出現任何的負荷，所以最大評估時間為評估時間的上限。

(6) 零點(time zero)：是指在作規劃或現在的時間，因為小於零點是已過去的時間，所以所有的評估時間不可小於零點。

有了上面的基本名詞的定義後，接下來要來討論進行負荷評估時會遭遇到的幾個決策問題，以及本書的選擇。

第一個問題是訂單製程的評估方向，是要從第一個製程依序往後評估，還是要從最後一個製程依序往前評估。這個問題有點像排程的前推排程或後推排程的決擇，其關鍵在於訂單有否交期，若無交期，則可由零點往後(未來)評估，所以可由第一個製程開始評估；反之，若有交期，則必須由交期或最大評估時間往前(現在)評估，所以必須由最後一個製程開始評估。由於本文的討論是以有交期的訂單為主，所以選擇從最後一個製程往前評估。

第二個問題是，在評估負荷的發生時間時，訂單最後一個製程的發生時間要放在那一時段。以圖 9-1 的例子來說，訂單 A100 的交期為第 50 天，則評估 M3 負荷發生的時段，可以有三種選擇。(1)若將 M3 負荷發生的時間放在第 42 天，則相當於將 8 天的緩衝留到最後再使用。(2)若將 M3 負荷發生時間放在第 50 天，則相當於讓 8 天的緩衝在製程中已用掉。(3)若將 M3 負荷發生的時間放在第 42 天到第 50 天中的某一天，則相當於將 8 天的緩衝平均分散到各製程。這三類的作法中，第一類(緩衝留到最後者)屬於較悲觀或較穩健的作法，如果莫非不是很嚴重，則訂單會有提早完成的機會；第二類(緩衝放在製程最前面者)屬於較樂觀的作法，由於緩衝放在前面，則不管前製程有無莫非發生時，緩衝都有可能會被現場浪費掉(為什麼？)，所以後製程若出現莫非時，已無緩衝可供保護，則訂單會有延誤之慮；至於第三類(緩衝分散到各製程者)屬於較折中的作法，但是亦會出現和第二類相同的問題，緩衝可能會在前製程就被浪費掉而使後製程的保護不夠。由於緩衝的目的是在保護莫非的發生，以確保訂單能準時完成，但是莫非會何時發生是無法預測的，即使在訂單已加工到最後一個製程時都還有可能出現意外，所以第一類的作法是較穩建的，因此本文後續的討論是選擇第一類的作法。

　　所以對於一張訂單而言，其最後一個製程的負荷發生時間，即為交期減去出貨緩衝的時間。以圖 9-1 的例子來說，A100 的交期為第 50 天而出貨緩衝為 8 天，所以在 M3 的負荷會發生在第 42 天(=50-8)。換言之，一張訂單的啓始待估製程為最後一個製程而待估時間則為交期減去出貨緩衝時間。所以訂單一開始的待估製程與待估時間的法則如下：

法則 1：訂單的啓始待估製程為訂單的最後一道製程而待估時間為交期減去出貨緩衝時間。

　　其次，由於本章所討論的現場是單件流之移轉批量，所以最後一個製程與其前的各製程的負荷發生時間，理想上可視為是同一天發生。以圖 9-1 的例子來說，A100 在 M2 及 M1 的負荷發生時間，理想上都可視為和 M3 的負荷一樣會發生在第 42 天。但若有機台發生負荷高峰，則其前一製程的發生時間就必須往前提早一天或投料提早一天，意即必須考慮各站能否裝得下該訂單所需負荷的問題，例如 M3 在第 42 天的負荷籃能否裝得下 A100 的負荷 1200 分鐘(=40*24+240)，是會影響其前一製程負荷的發生時間或投料的時間(下一節會討論)。換言之，雖然非受限產能會產生負荷高峰的機會，理論上應該不多，而且在使用單件流移轉批量的環境上，一張訂單大部份製程的負荷時間都會發生在同一天，但是當負荷高峰出現時，一張訂單在各製程負荷發生的時間就會有所不同。

　　所以在作非受限產能負荷之評估時，由於一張訂單各製程負荷發生的時間可能會不同，而且所要評估的訂單不會只有一張，即所要評估的時間長度不會只有一天，所以又出現了選擇的問題：

(1) 將所有訂單出現在同一天的製程負荷一次評估完，即以日期為主軸，把所有發生在該天的製程負荷都評估完後，日期再提前一天，然後再把所有發生在該天的製程負荷都評估完後，日期再提前一天，如此進行到零點為止。

(2) 將訂單一張一張的單獨評估，即以訂單為主軸，將一張訂單發生在不同時間的製程負荷，丟入所對應的負荷籃內，一次一張訂單，直到所有訂單都完成。

　　以圖 9-2 工作站的負荷籃來看，第一種作法相當於是先將時間固定在第 T 天，然後將各訂單在各製程會發生在第 T 天的負荷都投入負荷籃後，再移動時間到(T-1)天，然後再將各製程在第(T-1)天的負荷都投入負荷籃後，再移動時間到第(T-2)天，如此進行到第一天為止。換言之，第一種作法，相當於只要時間軸走完一遍即可完成評估的工作，所以本文選擇此作法。

9-4　非受限產能負荷之評估

　　選擇了上一節所述的非受限產能負荷評估方法之策略後，接下來就要來討論各站能否裝得下該訂單所需的負荷，以及對其前一製程負荷發生時間的影響等問題。

　　就某站及某單位時間的負荷籃已有之負荷程度而言，會有下列三種狀況：

(1) 未滿，且有足夠之產能吃下現有評估訂單之負荷。

(2) 未滿，但沒有足夠之產能吃下現有評估製令之負荷。

(3) 已滿載。

在這些負荷籃不同的負荷程度下，要如何加入新負荷，將以下列例子來說明。以圖 9-1 的 M3 工作站來舉例，M3 工作站共有五台機台，所以其負荷籃每天可容納的負荷共有 40 小時。假設其負荷籃的已有負荷程度，在第 42 天已排有訂單 A105 的負荷 10 小時或 25%，而在第 41 天則尚未排入任何訂單，所以負荷為零，如圖 9-3(a)所示。

假設接下來有一張訂單 A106，其在工作站 M3 的負荷 10 小時亦發生在第 42 天。由於工作站 M3 在第 42 天負荷籃的負荷程度為未滿(只有 25%)，而且尚容納得下訂單 A106 的負荷，所以這時工作站 M3 負荷籃的負荷程度是屬於上列三種狀況的第一種：未滿且有足夠之產能吃下現有評估訂單之負荷。

所以訂單 A106 在第 42 天的負荷可以直接填入工作站 M3 在第 42 天之負荷籃，如圖 9-3(b)所示，填入後，工作站 M3 在第 42 天的負荷籃的負荷程度為 20 小時或 50%。所以對於第一種負荷籃的負荷程度，當有新負荷要加入時，其法則如下：

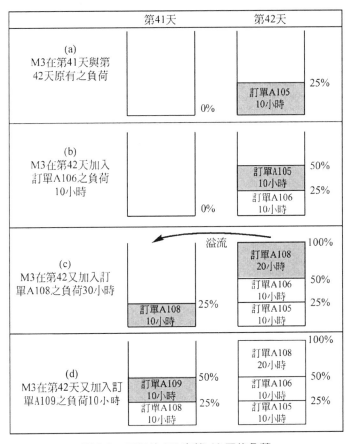

圖 9-3　工作站 M3 在第 42 天的負荷

法則 2：若某工作站負荷籃未滿，且有足夠之產能吃下現有評估訂單之負
　　　　荷時，則可將該訂單之負荷直接加入該負荷籃裡。

　　假設接下來又有一張訂單 A108，其在工作站 M3 的負荷 30 小時亦發
生在第 42 天。由於工作站 M3 在第 42 天負荷籃的負荷程度為未滿(只有
50%)，但是若加入訂單 A108 的負荷後，會超過負荷籃的容量而溢出來，
所以這時工作站 M3 負荷籃的負荷程度是屬於上列三種狀況的第二種：未

滿但沒有足夠之產能吃下現有評估訂單之負荷。

　　所以訂單 A108 在第 42 天的負荷只有 20 小時能填入工作站 M3 在第 42 天之負荷籃，而剩餘的 10 小時負荷則必須溢流至前一天(即第 41 天)之負荷籃，如圖 9-3(c)所示。這時要注意的是，原訂在第 42 天的投料時間，必須隨溢流現象的出現而提前一天，否則投料時間(第 42 天)與 M3 工作站的生產時間(第 41 天)會產生矛盾，或(如果投料時不提前的話)A108 的負荷會被擠到第 43 天才能完成，則緩衝會被吃掉一天(除非投料時間無法提前，否則在這時候不應該就消耗掉緩衝)。所以在填入 A108 的負荷後，工作站 M3 在第 42 天的負荷籃其負荷程度為 40 小時或 100%，而在第 41 天的負荷籃其負荷程度為 10 小時或 25%。所以對於第二種負荷籃的負荷程度，當有新負荷要加入時，其法則如下：

法則 3：若某工作站負荷籃未滿，但沒有足夠之產能吃下現有評估訂單之負荷時，則(1)可將該訂單之負荷先填滿該負荷籃，不足之部份，則溢流至前一天的負荷籃裡；(2)投料必須提前一天，否則會吃掉一天緩衝。

　　假設接下來又有一張訂單 A109，其在工作站 M3 的負荷 10 小時亦發生在第 42 天。由於工作站 M3 在第 42 天負荷籃的負荷程度已滿，所以這時工作站 M3 負荷籃的負荷程度是屬於上列三種狀況的第三種：已滿載。

　　所以訂單 A109 在第 42 天的負荷 10 小時，是不可能再放入工作站 M3 在第 42 天之負荷籃，而必須讓 A109 在 M3 的負荷提早一天進行，否則無法在第 42 天完成。換言之，訂單 A109 在第 42 天的負荷 10 小時必須直接填入其前一天(即第 41 天)之負荷籃，如圖 9-3(d)所示。填入後，工作站 M3 在第 42 天的負荷籃其負荷程度為 40 小時或 100%，而在第 41 天的負荷籃其負荷程度為 20 小時或 50%。所以對於第三種負荷籃的負荷程度，當有新負荷要加入時，其法則如下：

法則 4：若某工作站負荷籃已滿載，則必須將該訂單之負荷直接填入前一天之負荷籃裡。

　　在討論了各站負荷籃在不同負荷程度的狀況下，如何裝下所評估訂單的新負荷後，接下來再來討論這些狀況對其前一製程負荷發生時間的影響。

　　再回到圖 9-3(b)之例子，由於訂單 A106 在工作站 M3 的 10 小時負荷，都可以在第 42 天完成，而現場之物流又為單件流，所以其前一站(假設為 M2 二小時)之負荷，亦可視為發生在第 42 天，如圖 9-4(b)所示。至於訂單 A106 在 M2 的負荷是否 M2 的負荷籃能承受的了，則必須繼續進一步透過法則 1~3 來判斷，所以圖 9-4(b)所示的，只是一個例子而已。所以法則 2，可以進一步修正為：

法則 2a：若某工作站負荷籃未滿，且有足夠之產能吃下現有評估訂單之負荷時，則(1)可將該訂單之負荷直接加入負荷籃裡及(2)該訂單的前一製程(或前一站)負荷發生時間在同一天。

　　再回到圖 9-3(c)之例子，由於訂單 A108 在工作站 M3 的 30 小時負荷，會溢流到第 41 天，而且投料時間已被提早了一天，所以訂單 A108 在 M3 的負荷發生時間會有兩種狀況：(1)提早在第 41 天就全部完成或(2)從第 41 天延續到第 42 天。所以 A108 在 M3 前一站(假設為 M2 一小時)之負荷，可能會發生在第 41 天或第 41 天與第 42 天各佔一部份。如果訂單 A108 在 M2 的負荷出現在第 41 天，則 M3 的在製品存貨會高了些，而如果負荷出現第 41 天與第 42 天各一部份，則又不好評估，所以將負荷的出現時間評估為第 42 天，如圖 9-5(b)所示。所以法則 3，可以進一步修正為：

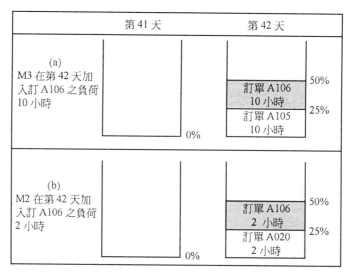

圖 9-4 訂單 A106 在工作站 M2 的負荷發生時間和 M3 相同

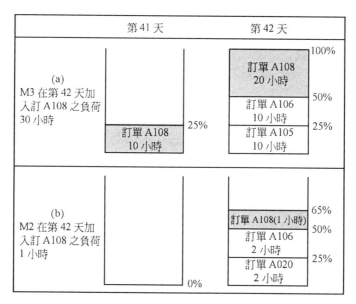

圖 9-5 訂單 A108 在 M2 負荷的發生時間為 M3 負荷溢流前的時間

法則 3a：若某工作站負荷籃未滿，但沒有足夠之產能吃下現有評估訂單之
負荷時，則(1)可將該訂單之負荷先填滿該負荷籃，不足之部份，
則溢流至前一天的負荷籃裡；(2)該訂單前一製程之負荷發生時
間為該工作站未溢流前的時間；及(3)投料必須提前一天，否則
會吃掉一天緩衝。

再回到圖 9-3(d)之例子，由於訂單 A109 在工作站 M3 的 10 小時負荷
發生在第 42 天，但是 M3 在第 42 天的負荷籃已滿，所以訂單 A109 在 M3
的負荷必須提前在第 41 天完成。為了滿足訂單 A109 在 M3 第 41 天的負荷
能完成，所以 A108 在 M3 前一站(假設為 M2 二小時)之負荷，必須會發生
在第 41 天，如圖 9-6(b)所示。所以法則 4，可以進一步修正為：

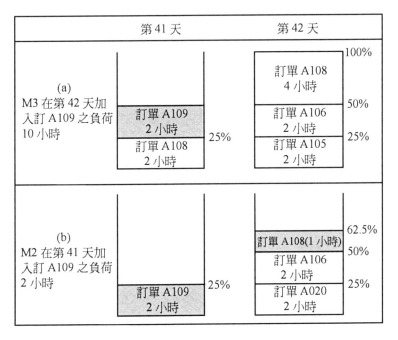

圖 9-6 訂單 A109 在 M2 負荷發生時間為 M3 負荷溢流後的時間

法則 4a：若某工作站負荷籃已滿載，則(1)必須將該訂單之負荷直接填入前一天之負荷籃裡與(2)該訂單前一製程之負荷發生時間為該工作站溢流後的時間。

　　透過上述修正後的三個法則，就可以評估一張訂單各製程的發生時間。但是由於某些製程可能會因負荷高峰而提前(法則 3)，所以投料時間可能會比第一道製程生產的時間晚，所以投料時間必須依下列法則予以修正：

法則 5：某訂單各製程負荷發生時間評估完後，若投料時間比第一道製程負荷發生時間來得晚時，則調整投料時間為第一道製程的負荷發生時間。

　　要注意的是，在訂單的負荷評估後，由於有些訂單的投料時間會被提前，所以不同訂單的緩衝時間即出現了不同的長度，這樣的緩衝觀念，稱為動態緩衝(在第 11 章會再討論)。其次有了這五個法則後，接下來就來舉例說明一張訂單各製程負荷發生時間的評估。如圖 9-1 的例子，假設在評估訂單 A100 的負荷時，各站在第 42 天的負荷籃已有的負荷如表 9-1 所示。

　　首先來看表 9-1 之範例一。M3 在第 42 天的負荷為 8 小時，負荷程度只有 20%，所以未滿。而訂單 A100 的負荷為 20 小時，所以加入 M3 的負荷籃後，總負荷為 28 小時或 70%，離滿還有一些距離，所以 M3 的負荷沒有高峰問題。因此可以使用法則一將訂單 A100 的負荷直接併入 M3 的負荷籃，而 M3 的前一製程 M2 的負荷發生時間亦在第 42 天。

表 9-1　在第 42 天時圖 9-1 各站負荷籃之負荷程度

	M3	M2	M1	計畫投料時間
範例一	8hr(20%)	8hr(50%)	1hr(12.5%)	第 42 天
範例二	8hr(20%)	14hr((87.5%)	1hr(12.5%)	第 42 天
範例三	8hr(20%)	16hr(100%)	1hr(12.5%)	第 42 天

　　接著可繼續評估 M2 的負荷可行性。由於 M2 在第 42 天的負荷程度為 8 小時或 50%，所以亦未滿。而訂單 A100 在 M2 的負荷為 4 小時或 240 分鐘(=40x6)，所以加入 M2 的負荷籃後，總負荷為 12 小時或 75%，離滿亦有一些距離，所以 M2 的負荷亦沒有高峰問題。因此亦可使用法則一將訂單 A100 的負荷直接併入 M2 的負荷籃，而 M2 的前一製程 M1 的負荷亦可視為第 42 天發生，因而可以繼續評估 M1 的負荷可行性。

　　由於 M1 在第 42 天的負荷程度為 1 小時或 12.5%，所以亦未滿。而訂單 A100 在 M1 的負荷為 320 分鐘(=40x8)，所以加入 M1 的負荷籃後，總負荷為 380 分鐘或 79%，離滿亦有一些距離，所以 M1 的負荷亦沒有高峰問題。因此可以使用法則一將訂單 A100 的負荷直接併入 M1 的負荷籃，由於 M1 為訂單 A100 的第一個製程，所以不需再評估下一製程而告一段落。而經由上述的評估後，訂單 A100 的第一道製程 M1 的負荷發生時間為第 42 天，不會違反原排在第 42 天的投料時間，所以可以確認範例一是可以依計畫如期進行的。

　　接下來，再來看表 9-1 之範例二。由於 M3 的負荷和範例一相同，所以直接討論 M2 的情形。由於 M2 在第 42 天的負荷為 14 小時，負荷程度為 87.5%，雖然亦未滿，但是在加入 A100 在 M2 的 4 小時負荷後，總負荷為

18 小時或 112.5%，超過了負荷籃的 16 小時的容量。所以必須使用法則二先將 M2 在第 42 天的負荷籃填滿，再將不足的 2 小時負荷往前溢流至第 41 天。其次必須將此溢流現象反應到訂單 A100 的投料時間上，即 A100 的投料時間必須提早一天，即第 41 天。至於 M2 的前一製程 M1 的負荷發生時間，則為 M2 未溢流前的時間，即仍視為第 42 天發生。

接著可以繼續評估 M1 的負荷可行性，由於 M1 的負荷和範例一相同，沒有負荷高峰問題，對 A100 的投料時間沒有進一步之影響，所以評估結果，訂單 A100 的投料時間必須提早一天。

最後來看表 9-1 之範例三。由於 M3 的負荷和範例一相同，所以直接討論 M2 的情形。M2 在第 42 天的負荷為 16 小時，負荷程度為 100%，已滿載。所以必須使用法則三將訂單 A100 在 M2 的負荷發生時間提前到第 41 天，而 M2 的前一製程 M1 的負荷發生時間為溢流前的時間，即第 41 天。接下來對於 M1 負荷的評估會有兩種可能，(1)M1 在第 41 天已有的負荷低於三小時或(2)M1 在第 41 天已有的負荷大於三小時。

首先來看第一種狀況，由於 M1 在第 41 天已有的負荷低於三小時，再加入 A100 的負荷後，沒有高峰問題，因此可以使用法則一將訂單 A100 的負荷直接併入 M1 的負荷籃，由於 M1 為訂單 A100 的第一個製程，所以不需再評估下一製程而告一段落。而經由上述的評估後，訂單 A100 的第一道製程 M1 的負荷發生時間為第 41 天，不再違反修正後在第 41 天的投料時間，所以投料時間為第 41 天。

其次如果 M1 在第 41 天已有負荷為 4 小時(高過 3 小時)，則在加入訂單 A100 的負荷後，會出現負荷高峰問題，所以必須使用法則二先將 M1 在第 41 天的負荷籃填滿，再將不足的 80 分鐘負荷往前溢流至第 40 天。其次必須將此溢流現象反應到訂單 A100 的投料時間上，即 A100 的投料時間必須提早一天，即第 41 天。由於 M1 為訂單 A100 的第一個製程，所以不需再評估下一製程而告一段落。而經由上述的評估後，訂單 A100 的第一道製程 M1 的負荷發生時間為第 40 天，又再違反修正後在第 41 天的投料時間，所以投料時間必須再依法則 5 修正為第 40 天。

9-5　有受限產能之非受限產能負荷之評估

前一節所討論的現場是假設沒有受限產能的環境，所以這樣的現場只有出貨緩衝或只有在出貨緩衝保護區的非受限產能。但是當現場有受限產能時，如圖 6-1 所示，除了出貨緩衝保護區與受限產能站本身以外，還會有受限產能緩衝保護區及裝配緩衝保護區(如果沒有裝配作業則無這一區)。所以在受限產能緩衝保護區或裝配緩衝保護區上的非受限產能，其負荷的發生時間要如何評估呢？

請參考圖 9-7 之範例，該圖的受限產能為工作站 R，假設有一張訂單 A200，其交期在第 21 天，而在限制驅導節奏上是排在第 12 天，其餘資料如圖上所示。

首先訂單 A200 在出貨緩衝保護區上的最後一個製程是在工作站 H，其負荷發生時間為交期(第 21 天)減去出貨緩衝(8 天)，即第 13 天；其次使用前一節的法則，亦可評估出工作站 G 的負荷發生時間，然而接下來的各工作站呢？工作站 R 因為是受限產能，本身已有詳細的計畫，所以不需再評估負荷的可行性。但是其餘的非受限產能站，例如工作站 C 或 E，就有評估的需要了。

　　首先來看工作站 E，因為它和其後兩站的非受限產能站 G 之間隔了一個受限產能，無法繼續使用前一節的法則，其次它又必須在限制驅導節奏上所排的訂單 A200 的時間前到達，才能保護限制驅導節奏的進行。所以必須將訂單 A200 在限制驅導節奏上所排的開始時間，視為是另一個必須達成的「交期」，而工作站 E 則成了訂單在進行限制驅導節奏前的最後一個製程(或受限產能緩衝保護區上的最後一個製程)。所以訂單在受限產能緩衝保護區上的最後一個製程的負荷發生時間為該訂單在限制驅導節奏的開始時間減去受限產能緩衝，因此訂單 A200 在工作站 E 的負荷發生時間為第 2 天(=12-10)。

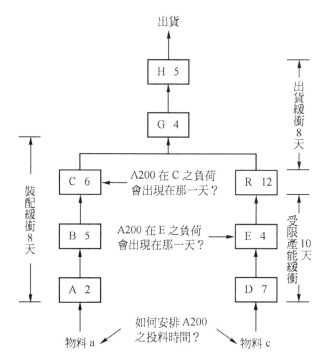

圖 9-7　有受限產能之非受限產能負荷評估之範例

其次再來看在裝配緩衝保護區的工作站 C。由於訂單在工作站 G 的裝配開始時間即為其在限制驅導節奏上所排的開始時間(請參考第四章的說明)，所以在裝配緩衝保護區上的工件亦必須在裝配開始時間前到達，才能保護已通過限制驅導節奏訂單的進行。所以亦必須將訂單 A200 在受限產能站後的裝配站(即工作站 G)的開始時間(即限制驅導節奏上所排的開始時間)，視為是另一個必須達成的「交期」，而工作站 C 則成了訂單在進行限制驅導節奏後之裝配的前製程中的最後一個製程(或裝配緩衝保護區上的最後一個製程)。所以訂單在裝配緩衝保護區上的最後一個製程的負荷發生時間為該訂單在限制驅導節奏的開始時間減去裝配緩衝，因此訂單 A200 在工作站 C 的負荷發生時間為第 4 天(=12-8)。

所以現場若有受限產能時，一張訂單的非受限產能製程即可依其所在的緩衝保護區，而被分區(注意裝配緩衝可能會不只一個！)，每一區都有第一道製程、最後一道製程及交期，換言之，各區彼此間相當於是獨立的，所以各區的非受限產能站可以單獨評估或可視為是一張小訂單。因此有了下列的法則：

法則 6：若現場有受限產能，則訂單的非受限產能製程可依其所在之緩衝保護區而獨立為不同的小訂單，各小訂單的交期分別如下：(1)屬於出貨緩衝保護區的交期為原訂單之交期；(2)屬於受限產能緩衝保護區或裝配緩衝保護區的交期則為該訂單在限制驅導節奏上所排之開始時間。

其次各小訂單上最後一個製程的負荷發生時間，只要將其交期減去緩衝時間即可得到。

　　例如圖 9-7 因為有受限產能且訂單 A200 有一個裝配作業，所以訂單 A200 的非受限產能製程即可被分為三張小訂單：

    (1) 屬於出貨緩衝保護區的小訂單有工作站 H 與 G，最後一道製程為工作站 H 而第一道製程為工作站 G，交期為第 21 天，而最後一道製程的負荷發生時間為第 13 天(=21-8)。

    (2) 屬於受限產能緩衝保護區的小訂單有工作站 E 與 D，最後一道製程為工作站 E 而第一道製程為工作站 D，其交期為訂單 A200 在限制驅導節奏上所排之開始時間，即第 12 天，而最後一道製程的負荷發生時間為第 2 天(=12-10)。

    (3) 屬於裝配緩衝保護區的小訂單有工作站 C、B 與 A，最後一道製程為工作站 C 而第一道製程為工作站 A，其交期為第 12 天，而最後一道製程的負荷發生時間為第 4 天(=12-8)。

　　各小訂單有了在各緩衝保護區上最後一個製程的負荷發生時間後，法則 1 必須稍作修正，才能適合各小訂單的啟始待估製程與待估時間之計算：

法則 1a：各訂單的啟始待估製程為訂單的最後一道製程而待估時間為交期減去該訂單所在之緩衝時間。

　　其次即可使用法則 2a~4a 依序推出各訂單待估製程的前一製程(站)及其負荷的發生時間。但是出貨緩衝保護區卻會因有或沒有受限產能，而出現沒有或有投料作業，所以在使用法則 3a 時，必須考慮到該非受限產能站所在之緩衝保護區有否投料作業，以研判是否要調整投料之時間。所以法則 3a 必須進一步再修正為：

法則 3b：若某工作站負荷籃未滿，但沒有足夠之產能吃下現有評估訂單之
　　　　　負荷時，則(1)可將該訂單之負荷先填滿該負荷籃，不足之部份，
　　　　　則溢流至前一天的負荷籃裡；(2)該訂單前一製程之負荷發生時
　　　　　間為該工作站未溢流前的時間；及(3)若該工作站所在之緩衝保
　　　　　護區有投料之作業，則投料時間必須提前一天，否則會吃掉一天
　　　　　緩衝。

　　其次，由於一張訂單的產出鍊可由受限產能站而被分為四個部份或三
種緩衝保護區，如圖 6-1 所示，因此投料站會出現在受限產能緩衝保護區
與裝配緩衝保護區上，所以法則 5 亦必須再作一點修正：

法則 5a：某訂單各製程負荷發生時間評估完後，若緩衝保護區有投料作業，
　　　　　且投料時間比該區第一道製程負荷發生時間來得晚時，則調整該
　　　　　區投料時間為其第一道製程的負荷發生時間。

　　例如圖 9-7 在評估訂單 A200 在工作站 H 或 G 的負荷可行性時，由於
它們是屬於沒有投料作業的出貨緩衝保護區，所以若出現了法則 2 的狀況
時，不需考慮負荷溢流對投料時間的影響。但是在評估圖 9-1 訂單 A100 在
工作站 M1、M2 或 M3 的負荷可行性時，由於它們是屬於有投料作業的出
貨緩衝保護區，所以若出現了法則 2 的狀況時，必須考慮負荷溢流對投料
時間的影響。

9-6　負荷溢流之極限與應對方法

　　當一張訂單在非受限產能發生負荷高峰時，最簡單的排解方法是透過
負荷溢流或提早其投料時間。但是當碰到下列兩種狀況下，是無法發生負

荷溢流的：

> (1) 投料的時間已是零點。
>
> (2) 在出貨緩衝保護區之非受限產能的負荷發生時間，已是該訂單在限制驅導節奏上之(完成)時間。

　　首先來討論第一種狀況，由於零點是在規劃或現在的時間，若小於零點，則相當於是已過去的時間。所以若要將投料時間提前到零點以前，即相當於是要將投料時間提早到過去，例如現在是星期一早上，而要將投料時間提早到上週五，是不可能的。所以零點相當於是一個能提早投料時間的一個極限，稱之為零點極限(Time Zero Peak，TZP)。

　　例如圖 9-7 在評估訂單 A200 在工作站 E 或 D 的負荷可行性時，由於原計畫的投料時間為第 2 天，所以還有兩天的負荷溢流機會或投料時間還可以有提早兩天的機會。但是如果圖 9-7 的受限產能緩衝為 10 天時，則原計畫的投料時間已為第 0 天，已毫無負荷溢流或提早投料時間的機會，所以相當於碰到零點極限了。

　　其次再來說明第二種狀況，在工廠有受限產能的環境下，當出貨緩衝保護區之非受限產能的負荷高峰發生時間，已是該訂單在限制驅導節奏上之(完成)時間時，由於限制驅導節奏是不能隨意更動，而且該訂單在出貨緩衝保護區的第一個製程加工時間又不能早於其在限制驅導節奏上之(完成)時間。所以該訂單在限制驅導節奏上之(完成)時間，對出貨緩衝保護區之非受限產能的負荷高峰溢流而言，亦相當於是一個極限，這個極限稱為瓶頸極限(Bottleneck Peak，BP)。

　　例如圖 9-7 在評估訂單 A200 在工作站 H 或 G 的負荷可行性時，由於訂單 A200 在限制驅導節奏上之(完成)時間為第 12 天，而工作站 H 的負荷發生時間為第 13 天(=交期-出貨緩衝=21-8)，所以還有一天的負荷溢流機會。如果工作站 H 連續出現了負荷溢流，而在第 12 天的負荷籃才能容納得下訂單 A200 的負荷，所以對工作站 G 而言，其負荷發生為第 12 天，已和訂單 A200 在限制驅導節奏上之(完成)時間相同。如果工作站 G 在第 12 天又發生負荷高峰時，已沒有再溢流的機會了，所以訂單 A200 相當於碰到瓶頸極限了。

　　所以負荷溢流極限有零點極限與瓶頸極限兩種。當一張訂單在評估其非受限產能的負荷可行性，碰到了負荷溢流極限時，相當於是在消耗緩衝時間，而且是每碰到一次，緩衝時間即被吃掉一天或一個負荷籃的單位時間。其次由於已出現了溢流極限，所以該訂單從這一製程以前的所有製程的負荷發生時間，都只能發生在溢流極限的時間。因此有了下列的法則 7：

法則 7：若訂單在非受限產能發生了負荷溢流極限時，則該訂單的緩衝時間即被吃掉一天(或負荷籃的單位)，而且該訂單的所有前製程之負荷發生時間都為溢流極限的時間。

　　再以圖 9-7 的例子來說明，由於訂單 A200 在出貨緩衝保護區的最後一道製程(工作站 H)的發生時間為第 13 天，假設工作站 G 發生了負荷溢流，所以前製程工作站 G 的負荷發生在第 12 天。假設在第 12 天時，工作站 G 亦發生了負荷高峰，由於第 12 天是訂單 A200 在出貨緩衝保護區之瓶頸極限，所以出貨緩衝即被吃掉了一天，只剩下 7 天而已。

　　當訂單因遭遇溢流極限而導致緩衝縮短時，意謂著這張訂單在投到現場生產時，能用來保護現場所存在之未知動亂因素的緩衝可能比原有的較小，要採取應對方法嗎？要回答這個問題，又要回到前面一再用到的「早上上班」的例子，如果平常一小時的上班時間(相當於緩衝為一小時)，今天早上您已預知某路口一家新開的商店會在路邊辦活動，可能會造成塞車，您會如何應對？

　　這樣的問題您的回答一定是「那要看塞車的嚴重程度及今天早上有否重要的事」才能決定！如果只是個小商店，活動不過三五分鐘就結束，您一定不會理會它；如果早上沒有重要的事(假設貴公司為不打卡的自治公司)，則您也不會太在意這個活動。但是如果這個活動時間會很長或早上有一個您本人一定要出席的會議時，那您一定會對這個活動採取對策，例如提早出門、繞道或把會議延後等。經過這個例子的比喻後，當訂單的緩衝因非受限產能的負荷高峰而可能保護不足時，是否也是要依「負荷溢流極限(塞車)或緩衝不足的嚴重程度及這張訂單的重要程度(今天早上有否重要的事)」而決定呢？

　　如果溢流極限不到緩衝的三分之一或二分之一，即緩衝被吃掉的部份尚在三分之一或二分之一以內(注意！這只是一個大數法則，不是標準答案。)，是可以忍受的範圍，還不需要急於採取應對方案。

　　但是當緩衝已被浸蝕到了還剩下不到一半的程度時，那訂單會被延誤的可能性將大增，這時必須甚重考慮應對的方案。

　　第一種應對方案是「不予理會」，即不要太在意我們所進行的訂單非受限產能負荷之評估結果，因為評估時所用的製程相關資料可能是錯的(為什麼？)，而所預估的負荷高峰發生時間也可能不準，所以它只是一個「可能」的結果而不是「一定」的結果。

　　第二種方案是「增加產能」，在負荷高峰發生的那幾天採取加班或調其他站之人手過來幫忙，如此即有機會舒解該站局部之高負荷或降低緩衝被高負荷吃掉的機會。

第三種方案是「減輕負荷」，在負荷高峰發生的那幾天，將部份負荷或訂單使用替代製程或機台，則該站局部之高負荷亦有機會降低。

第四種方案是「延後交期」，這個方法最簡單也最快，但在買方市場的今天，卻有無限的後遺症，所以不是一個好方案。

第五種方案是宣告該站為次受限產能，再為它設計一個詳細的排程，以便能充份利用其略顯不足(和受限產能相比)的產能，至於如何設計與管理次受限產能，下一章會介紹。

9-7　非受限產能負荷評估之程序

有了上面各節所討論的觀念與法則後，即可用來評估整批訂單的非受限產能之負荷可行性，以下所列為一供各位讀者參考的評估程序。

步驟 1：將所有的訂單依法則 6 予以切割為以緩衝保護區為單位之小訂單，放入待估清單裡，並找出待估清單裡的最大評估時間。

步驟 2：令目前時間為最大評估時間。

步驟 3：從待估清單裡找到具有最大待估時間者，如果該時間小於目前時間，則到步驟 6。

步驟 4：評估訂單待估製程在目前時間所造成的負荷籃負荷程度

(1) 如果原有的負荷籃未滿且容得下訂單製程的負荷，則使用法則 2a；如果待估製程還有前一製程，則令待估製程為前一製程且回到步驟 4，否則到步驟 5。

(2) 如果原有的負荷籃未滿但容不下訂單製程的負荷，則使用
　　法則 3b；如果待估製程還有前一製程，則令待估製程為
　　前一製程且回到步驟 4，否則到步驟 5。

(3) 如果原有的負荷籃已滿，則

　　(3.1)如果待估時間=該訂單之溢流極限時間，則緩衝時間
　　　　減去一天；；如果待估製程還有前一製程，則令待估
　　　　製程為前一製程且回到步驟4，否則到步驟5。

　　(3.2)如果待估時間>該訂單之溢流極限時間，則將訂單之
　　　　待估時間減去一天，且放回待估清單，回到步驟3。

步驟 5：使用法則 5a 修正投料時間，其次判斷緩衝被吃掉的程度，如
　　　　果緩衝小於一半，則提出警示；刪除該訂單，如果待估清單
　　　　還有訂單，則回到步驟 3，否則結束。

步驟 6：如果目前時間<1，則結束，否則目前時間=目前時間-1，回到
　　　　步驟 3。

　　再以圖 9-7 的產出鍊來說明，但為了評估的需要必須要再多給一些資
料。假設每天的工作時間為 8 小時或 480 分鐘，其次各工作站的機台都只
有一台，不考慮換線時間，而各工作站的負荷籃從第 1 天至第 13 天的負荷
程度如表 9-2 所示。假設接下來要評估負荷的兩張訂單分別為 A300 與
A400，其交期與排程計畫如表 9-3 所示，則這兩張訂單其非受限產能的負
荷可行嗎？

　　透過上面所述程序的步驟 1，這兩張訂單可被切割為 6 張小訂單，其
詳細內容如表 9-4 所示，所以待估清單共有 6 張訂單。其次在待估清單裡
各訂單的待估時間中，最大者為 A301 的第 13 天，所以最大評估時間即為

第 13 天。接下來即可依上列之步驟，一步一步的進行：

步驟 2：令目前時間為最大評估時間，即第 13 天。

步驟 3：找到訂單 A301，其待估時間(第 13 天)不小於目前時間(第 13 天)，所以可以進行步驟 4。

步驟 4：訂單 A301 在工作站 H 的負荷為 100 分鐘而工作站 H 在第 13 天的負荷籃其負荷程度為 200 分鐘。所以可使用法則 2a 的觀念，直接將 100 分鐘的負荷加入負荷籃；其次由於訂單 A301 尚有前一製程 G，所以令待估製程為製程 G，並回到步驟 4。

表 9-2　各工作站負荷籃之原有負荷程度

	A	B	C	D	E	G	H
1	320	480	500	150	540	120	200
2	220	100	450	300	120	100	300
3	200	300	420	200	280	200	400
4	100	480	400	150	200	150	180
5	200	300	320	200	230	200	450
6	150	350	320	450	180	200	200
7	200	300	220	200	480	200	400
8	220	100	480	300	120	100	300
9	230	300	420	200	280	200	370
10	220	100	230	300	120	100	300
11	200	380	420	200	280	480	300
12	220	190	430	480	180	140	330
13	200	300	250	260	230	100	200

表 9-3　訂單 A300 與 A400 之排程資料

訂單	交期	數量	訂單在限制驅導節奏計畫上之時間	投料時間 c	投料時間 a
訂單 A300	第 21 天	20	第 12 天	第 2 天	第 4 天
訂單 A400	第 19 天	40	第 11 天	第 1 天	第 2 天

表 9-4　訂單 A300 與 A400 被分割為 6 張小訂單之資料之排程資料

訂單	小訂單	所在之緩衝保護區	交期	緩衝時間	待估製程	待估時間	投料時間	溢流極限時間
A300	A301	出貨緩衝保護區	第 21 天	8 天	H	第 13 天	---	第 12 天
	A302	受限產能緩衝保護區	第 12 天	10 天	E	第 2 天	第 2 天	第 1 天
	A303	裝配緩衝保護區	第 12 天	8 天	C	第 4 天	第 4 天	第 1 天
A400	A401	出貨緩衝保護區	第 19 天	8 天	H	第 11 天	---	第 11 天
	A402	受限產能緩衝保護區	第 11 天	10 天	E	第 1 天	第 1 天	第 1 天
	A403	裝配緩衝保護區	第 11 天	8 天	C	第 3 天	第 3 天	第 1 天

步驟 4：訂單 A301 在工作站 G 的負荷為 80 分鐘而工作站 H 在第 13 天的負荷籃其負荷程度為 100 分鐘。所以亦可使用法則 2a 的觀念，直接將 80 分鐘的負荷加入負荷籃；由於訂單 A301 已無前一製程，所以到步驟 5。

步驟 5：由於訂單 A301 沒有投料作業，而緩衝亦未被吃掉，所以不需作調整。其次將待估清單裡的 A301 刪除，由於待估清單裡還有其他的訂單，所以回到步驟 3。

步驟 3：找到訂單 A401，其待估時間(第 11 天)小於目前時間(第 13 天)，所以到步驟 6。

步驟 6：現在時間為第 13 天大於 1，所以目前時間=第 12 天(=13-1)，回到步驟 3。

步驟 3：找到訂單 A401，其待估時間(第 11 天)小於目前時間(第 12 天)，所以到步驟 6。

步驟 6：目前時間為第 12 天大於 1，所以目前時間=第 11 天(=12-1)，回到步驟 3。

步驟 3：找到訂單 A401，其待估時間(第 11 天)不小於目前時間(第 11 天)，所以可以進行步驟 4。

步驟 4：訂單 A401 在工作站 H 的負荷為 200 分鐘而工作站 H 在第 11 天的負荷籃其負荷程度為 300 分鐘。但是由於訂單 A401 已碰到了溢流極限時間(第 11 天)，負荷已無法溢流，所以必須使用法則 6 的觀念，將緩衝時間減去一天。其次由於訂單 A401 還有前製程，所以令待估製程為製程 G，並回到步驟 4。

步驟 4：訂單 A401 在工作站 G 的負荷為 160 分鐘而工作站 H 在第 11 天的負荷籃其負荷程度為 480 分鐘，已滿。而訂單 A401 已碰到了溢流極限時間(第 11 天)，負荷發生時間已無法再提前，所以必須使用法則 6 的觀念，將緩衝時間再減去一天；其次由於訂單 A401 已無前製程，所以到步驟 5。

步驟 5：訂單 A401 沒有投料作業，但緩衝已被吃掉了兩天，尚未超過
一半，所以不需警示。其次將待估清單裡的 A401 刪除，由於
待估清單還有其他訂單，所以回到步驟 3。

步驟 3：找到訂單 A303，其待估時間(第 4 天)小於目前時間(第 11 天)，
所以到步驟 6。

(接下來會在步驟3與步驟6兩者，一再的重覆，爲了節省篇幅
而直接略過)。

步驟 6：目前時間爲第 5 天大於 1，所以目前時間=第 4 天(=5-1)，回到
步驟 3。

步驟 3：找到訂單 A303，其待估時間(第 4 天)不小於目前時間(第 4 天)，
所以可以進行步驟 4。

步驟 4：訂單 A303 在工作站 C 的負荷爲 120 分鐘而工作站 C 在第 4 天
的負荷籃其負荷程度爲 400 分鐘。所以可使用法則 3b 的觀念，
溢流 40 分鐘的負荷到第 3 天的負荷籃，投料時間要提早一天，
即爲第 3 天；其次由於訂單 A303 尚有前製程，所以令待估製
程爲製程 B，而負荷發生時間在第 4 天，並回到步驟 4。

步驟 4：訂單 A303 在工作站 B 的負荷爲 100 分鐘而工作站 B 在第 4 天
的負荷籃其負荷程度爲 480 分鐘，已滿。其次由於待估時間
大於溢流極限，所以將訂單 A303 的待估製程 B 的待估時間減
去一天，即爲第 3 天，放回待估清單裡，回到步驟 3。

步驟 3：由於訂單 A303 與訂 A403 的待估時間相同，所以任意挑一張(挑

交期大者)，而找到了訂單 A303，其待估時間(第 3 天)小於目前時間(第 4 天)，　所以到步驟 6。

步驟 6：目前時間為第 4 天大於 1 ，所以目前時間=第 3 天(=4-1)，回到步驟 3。

步驟 3：找到訂單 A303，其待估時間(第 3 天)不小於目前時間(第 3 天) ，所以可以進行步驟 4。

步驟 4：訂單 A303 在工作站 B 的負荷為 100 分鐘而工作站 B 在第 3 天的負荷籃其負荷程度為 300 分鐘。所以使用法則 2a 的觀念，直接將負荷加入負荷籃裡；其次由於訂單 A303 尚有前製程，所以令待估製程為製程 A，並回到步驟 4。

步驟 4：訂單 A303 在工作站 A 的負荷為 40 分鐘而工作站 A 在第 3 天的負荷籃其負荷程度為 200 分鐘，所以使用法則 2a 的觀念，直接將負荷加入負荷籃裡；其次由於訂單 A303 已無前製程，，所以到步驟 5。

步驟 5：訂單 A303 修正後的投料時間為第 3 天，未大於第一道製程 A 的加工時間，所以不需修正。其次將待估清單裡的 A303 刪除，由於待估清單裡，還有其他訂單，所以回到步驟 3。

步驟 3：找到訂單 A403，其待估時間(第 3 天)不小於目前時間(第 13 天)。

步驟 4：訂單 A403 在工作站 C 的負荷為 240 分鐘而工作站 C 在第 3 天的負荷籃其負荷程度為 460 分鐘(原有 420 分鐘+溢流 40 分鐘)。所以可使用法則 3b 的觀念，溢流 220 分鐘的負荷到第 2 天的負荷籃，並將投料時間提早一天，即為第 1 天；其次由於訂單 A403 尚有前製程，所以令待估製程爲製程 B，且負荷發生時間仍在第 3 天，並回到步驟 4。

步驟 4：訂單 A403 在工作站 B 的負荷爲 200 分鐘而工作站 B 在第 3 天的負荷籃其負荷程度爲 400 分鐘。所以可使用法則 3b 的觀念，溢流 120 分鐘的負荷到第 2 天的負荷籃，並將投料時間提早一天。但因訂單 A403 在工作站 C 評估負荷時，其投料時間已提早到第一天，即已碰到溢流極限的第一天了，所以無法再提前，而只能吃掉一天的緩衝。其次訂單 A403 尚有前製程，所以令待估製程爲製程 A，而負荷發生時間仍在第 3 天，並回到步驟 4。

步驟 4：訂單 A403 在工作站 A 的負荷爲 80 分鐘而工作站 A 在第 3 天的負荷籃其負荷程度爲 240 分鐘，所以使用法則 2a 的觀念，直接將負荷加入負荷籃裡；由於訂單 A403 已無前製程，所以到步驟 5。

步驟 5：訂單 A403 修正後的投料時間爲第 1 天，未大於第一道製程 A 的加工時間第 3 天，所以不需修正；其次緩衝只被吃掉一天，未超過一半，所以不需警示。因此將待估清單裡的訂單 A403 刪除，由於待估清單裡，還有其他訂單，所以回到步驟 3。

步驟 3：找到訂單 A302，其待估時間(第 2 天)小於目前時間(第 3 天)，所以到步驟 6。

步驟 6：目前時間爲第 3 天大於 1 ，所以目前時間=第 2 天(=3-1)，回到步驟 3。

步驟 3：找到訂單 A302，其待估時間(第 2 天)不小於目前時間(第 2 天)，所以可以進行步驟 4。

步驟 4：訂單 A302 在工作站 E 的負荷為 80 分鐘而工作站 E 在第 2 天的負荷籃其負荷程度為 120 分鐘，所以使用法則 2a 的觀念，直接將負荷加入負荷籃裡；其他由於訂單 A302 還有前製程，所以令待估製程為製程 D，回到步驟 4。

步驟 4：訂單 A302 在工作站 D 的負荷為 140 分鐘而工作站 D 在第 2 天的負荷籃其負荷程度為 300 分鐘，所以使用法則 2a 的觀念，直接將負荷加入負荷籃裡；其次由於訂單 A302 已無前製程，所以到步驟 5。

步驟 5：訂單 A302 的投料時間為第 2 天未晚於第一製程的第 2 天，不需修正；而緩衝未被吃掉，不需警示。其次將待估清單裡的訂單 A302 刪除，由於待估清單裡，還有其他訂單，所以回到步驟 3。

步驟 3：找到訂單 A402，其待估時間(第 1 天)小於目前時間(第 2 天)，所以到步驟 6。

步驟 6：目前時間為第 2 天大於 1，所以目前時間=第 1 天(=2-1)，回到步驟 3。

步驟 3：找到訂單 A402，其待估時間(第 1 天)不小於目前時間(第 1 天)，所以可以進行步驟 4。

步驟 4：訂單 A402 在工作站 E 的負荷為 160 分鐘而工作站 E 在第 1 天的負荷籃其負荷程度為 540 分鐘，已滿，而且訂單 A402 已碰到了溢流極限時間(第 1 天)，所以必須使用法則 6 的觀念，將緩衝時間再減去一天。其次訂單 A402 還有前製程，所以令待估製程為製程 D，而負荷發生時間為第 1 天，並回到步驟 4。

步驟 4：訂單 A402 在工作站 D 的負荷為 280 分鐘而工作站 D 在第 1 天的負荷籃其負荷程度為 480 分鐘，已滿，而且訂單 A401 已碰到了溢流極限時間(第 1 天)，所以必須使用法則 6 的觀念，將緩衝時間再減去一天。其次由於訂單 A402 已無前製程，所以到步驟 5。

步驟 5：訂單 A402 的投料時間為第 1 天未晚於第一製程的第 1 天，不需修正；而緩衝雖已被吃掉 2 天，但未過半，所以不需警示。其次將待估清單裡的訂單 A402 刪除，由於待估清單裡已無訂單了，所以結束。

　　評估完了訂單 A300 與 A400 各製程的負荷後，各工作站負荷籃的負荷程度如表 9-6 所示。以上所示的演算程序是一套評估非受限產能負荷可行性的簡單而可行的步驟，但卻有些粗糙，所以有待各位有興趣的學者專家們進一步之研究與開發。

表 9-6　評估完圖 9-7 訂單 A300 與 A400 後各工作站負荷籃之負荷程度

	A	B	C	D	E	G	H
1	320	480	500	430	700	120	200
2	220	320	370	440	200	100	300
3	320	480	480	200	280	200	400
4	100	480	480	150	200	150	180
5	200	300	320	200	230	200	450
6	150	350	320	450	180	200	200
7	200	300	220	200	480	200	400
8	220	100	480	300	120	100	300
9	230	300	420	200	280	200	370
10	220	100	230	300	120	100	300
11	200	380	420	200	280	640	600
12	220	190	430	480	180	140	330
13	200	300	250	260	230	180	300

9-8　問題與討論

1. 請問評估訂單非受限產能負荷之可行性的意義為何？

2. 若將訂單非受限產能負荷可行性的評估改為排程設計，您認為如何？

3. 在作訂單的負荷評估時，就某站的負荷程度而言，會有那三種狀況？

4. 緩衝的目的之一即在保護負荷的高峰，為何當非受限產能在評估負荷可行性時，有部份或全部非受限產能的負荷出現了高峰時，要先嘗試其他可行的方法予以解決？

5. 解釋下列名詞：

    (1)負荷籃   (2)待估清單 (3)待估製程   (4)待估時間

    (5)最大評估時間 (6)目前時間 (7)零點   (8)動態緩衝

    (9)負荷溢流   (10)負荷溢流極限 (11)零點極限   (12)瓶頸極限

6. 有四張訂單，詳細資料如下所示：

訂單	S100	S200	S300	S400
數量(個)	40	15	15	40
交期(天)	18	14	10	9
投料時間	10	6	2	1

其製程與生產環境如圖 9-1 所示，請求出各訂單之待估製程、待估時間、溢流極限時間等。

7. 假設圖 9-1 三個工作站的負荷籃，從第 1 天到第 10 天的負荷程度如下表所示(單位為小時)：

日期	1	2	3	4	5	6	7	8	9	10
M1	8	4	3	5	7	1	8	3	5	6
M2	12	4	8	12	16	2	16	8	4	16
M3	40	10	12	20	8	40	4	26	36	26

請評估第 6 題四張訂單負荷之可行性。

8. 當訂單因非受限產能的負荷高峰而導致溢流極限時，即會吃掉緩衝進而增加訂單延誤的機會，請問有那些方法可以舒解負荷高峰？

9. 將「不予理會」也視爲一個應對緩衝不足的方案，是否是一種不敢面對事實或不負責任的作法？

10. 有三張訂單的交期與限制驅導節奏如下所示：

訂單	交期	數量	訂單在限制驅導節奏計畫上之時間	投料時間 c	a
S300	第 21 天	30	第 13 天	第 3 天	第 5 天
S400	第 20 天	40	第 12 天	第 2 天	第 4 天
S500	第 20 天	10	第 11 天	第 1 天	第 3 天

其製程與生產環境如圖 9-7 所示(各工作站機台都只有一台，每天工作時間爲 8 小時，不考慮換線時間)，請求出各訂單之待估製程、待估時間、溢流極限時間等。

11. 請以表 9-2 的負荷籃負荷程度，評估第 10 題三張訂單之投料時間及緩衝時間可行性。

12. 請以表 9-5 的負荷籃負荷程度，評估第 10 題三張訂單之投料時間及緩衝時間可行性。

CHAPTER **10**

次限制驅導節奏之設計

　　當工廠除了受限產能外，某一個或某些非受限產能的負荷雖然比受限產能小，但亦不輕或出現負荷高峰的頻率也很高時，意謂著對限制驅導節奏或交期的達成會有很大的影響，因此可以宣告其為次受限產能，以便予以特別之照顧。其次為了將這個影響降至最低，有必要事先為這些負荷過重的次受限產能設計一個能配合限制驅導節奏的排程，以便於有效的確保訂單之進行或產能之利用，這個排程稱之為次限制驅導節奏。本章的重點將說明如何設計次限制驅導節奏及如何管理次受限產能，首先介紹次受限產能的管理理念以及與受限產能可能存在的不同關係，其次說明在各種不同的關係下，如何配合受限產能的需求而設計訂單在次受限產能的適合生產時段，最後說明次限制驅導節奏的設計並舉例說明之。

10-1　次受限產能的管理觀念

　　在開始正式介紹次限制驅導節奏的設計技術以前，要先特別強調次受限產能與受限產能在管理上有一最大的差異點。雖然次受限產能和受限產能類似，其產能亦非常的有限，所以必須予以充份利用，但是次受限產能管理的目的或次限制驅導節奏設計的目的，不是為了本身的充份利用，而是為了要全力配合受限產能(或限制)的需求或確保受限產能的充份利用。換言之，次限制驅導節奏的設計或管理不可違背限制驅導節奏的進行與需求，否則反而會傷害到限制或工廠最大的產出。其次，由於次限制驅導節奏設計與管理的困難度，要比只有限制驅導節奏時高許多，所以必須強調幾個次受限產能或次限制驅導節奏的管理重點：

(1) 由於次受限產能的產能非常有限，所以必須充份利用，但其充份利用的目的不是在追求產出，而是要配合受限產能的需求，以使受限產能發揮最大的產出。

(2) 為了要充份利用次受限產能的有限產能，所以訂單的生產次序必須先行設計，並採取和受限產能同樣的集中式管理與派工管理方法，亦即由工廠資深人員統一維護與指派。否則產能無法整體集中利用，而導致浪費或訂單次序的混亂，進而傷害到受限產能或誤導這個次受限產能為受限產能。

(3) 次限制驅導節奏的設計與管理必須配合限制驅導節奏的需求，而不能只以次受限產能的需求來考慮。

(4) 由於次限制驅導節奏的設計與管理除了要考慮本身的需求外，尤其要以限制驅導節奏的需求為主，所以在設計排程或管理上，難度要困難許多。因此若能以管理方法，例如改善製程或增加產能等，而避免了次受限產能的發生或問題，也許是另一個更有效的策略。

10-2　次受限產能與受限產能的關係

　　由於次受限產能管理的目的是為了配合受限產能的需求，所以必須先了解次受限產能與受限產能間可能存在的關係。所謂次受限產能(Y)與受限產能(X)的關係，是指一張訂單在生產時，在製程或物料流程上，何者在前而何者在後的先後次序關係，所以兩者的這層關係是決定於訂單製程的需求。由於次受限產能管理的目的是為了要配合受限產能的需求，所以兩者間的關係，必須從 Y 對 X 的配合需求上來看。如圖 10-1 所示，其中 X 表示受限產能而 Y 表示次受限產能，兩者間有四種基本的關係。

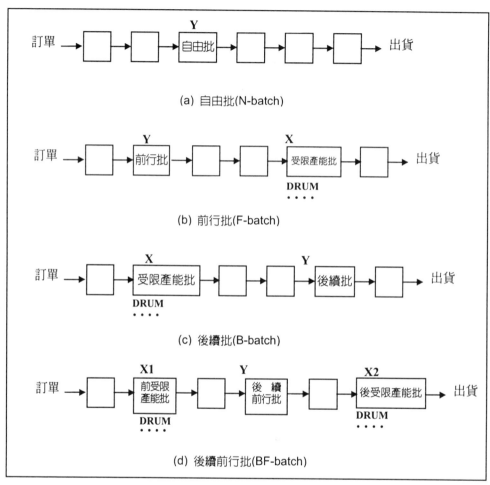

圖 10-1 訂單在次受限產能與受限產能之製程關係

首先 10-1(a)所示的是一張訂單的製程並無受限產能而只有次受限產能的製程,亦即這樣的訂單,其物流只需經過次受限產能而和受限產能無關。所以這張訂單在安排其在次受限產能的生產時段時,並不需要考慮對限制驅導節奏的影響或會受到限制驅導節奏的影響;換言之,不需考慮到與受限產能的配合問題，而可以自行作主。所以就次受限產能生產節奏的設計而言，稱這樣的訂單為自由批(N-batch)。

其次 10-1(b)所示的訂單，其製程要先經過次受限產能的加工，而後再到受限產能，亦即這樣的訂單，其次受限產能製程在受限產能製程的前面，或者從物流管理的角度來看，相當於是次受限產能(Y)餵料給受限產能(X)。所以在安排這張訂單在次受限產能上的生產時段時，必須考慮到對受限產能供料的配合問題。因為在安排該訂單在次受限產能上的時段時，若訂單在次受限產能的生產時段安排的太晚，則會影響到該訂單在限制驅導節奏的進行。所以就次受限產能生產節奏的設計而言，稱這樣的訂單為前行批(F-batch)，而該訂單在受限產能為受限產能批(X-batch)。

接著 10-1(c)所示的是一張訂單的製程要先經過受限產能的加工，而後再到次受限產能，亦即這樣的訂單，其次受限產能製程在受限產能製程的後面，或者從物流管理的角度來看，相當於是受限產能(X)餵料給次受限產能(Y)。所以安排這張訂單在次受限產能上的生產時段時，必須考慮到承接受限產能所供料的配合問題。因為在安排該訂單在次受限產能上的時段時，若訂單在次受限產能的生產時段排得太早會產生待料的問題，而若排得太晚則又耽擱了這批已通過受限產能的訂單的順利進行。所以就次受限產能生產節奏的設計而言，稱這樣的訂單為後續批(B-batch)，而該訂單在受限產能為受限產能批(X-batch)。

至於 10-1(d)所示的是一張訂單的製程在受限產能有迴圈(再回製)的特性，而次受限產能剛好在前後受限產能製程之間，亦即該訂單會先到受限產能加工而後再到次受限產能，最後又回到受限產能。換言之，這樣的訂單，其次受限產能製程在兩個受限產能製程之間，或者從物流管理的角度來看，相當於是受限產能(X)先餵料給次受限產能(Y)，而後次受限產能(Y)又餵料給受限產能(X)。所以安排這張訂單在次受限產能上的生產時段時，必須同時考慮到承接來自於 X 的供料配合問題，以及對 X 供料的配合需求。換言之，在安排該訂單在次受限產能上的時段時，會同時有前行批與後續批之問題，所以稱這樣的訂單為後續前行批(BF-batch)，而該訂單前後兩次在受限產能的生產分別稱為前受限產能批(X1-batch)與後受限產能批(X2-batch)。

　　除了這四種基本關係以外，由於訂單在受限產能的迴圈數不定，而在次受限產能亦可能有不定數的迴圈，所以經由組合後，一張訂單在受限產能與次受限產能可以有無止盡的關係。為了使本書的討論不要過於複雜難讀，本書只討論圖 10-1 的四種基本關係。其次，次限制驅導節奏在設計時，由於必須考慮和限制驅導節奏的配合問題(自由批除外)，和限制產能再回製的前後節奏配合特性類似，所以會和移轉批量有關。本章為了不重覆討論類似的問題，所以接下來的討論只以單件流說明，至於其他件數的移轉批量，則請參考第八章的觀念而自行應用與修正。

10-3　自由批的生產時段分析

　　圖 10-1 的四種基本關係中，由於自由批和限制驅導節奏無關或不會影響到限制驅導節奏的表現，所以在安排其生產時段時，不用考慮要如何配合限制驅導節奏的問題(相當於少了一個限制條件)，而只需從訂單交期的需求來考慮即可，所以較簡單。

　　如圖 10-2(a)所示，由於自由批所在的產出鍊沒有受限產能，所以產出鍊上只有出貨緩衝而次受限產能是位於出貨緩衝所涵蓋的範圍上。所以為了安排自由批在次限制驅導節奏上的時段，必須另外再給一個自由批緩衝，如圖 10-2(b)所示。有了自由批緩衝後，只要將該訂單的交期減去自由批緩衝，即可計算出該自由批在次限制驅導節奏上的理想生產時段(即廢墟上的時段)。至於自由批緩衝的大小，當然要小於出貨緩衝的時間，至於要小多少，則決定於次受限產能在其產出鍊上的位置。

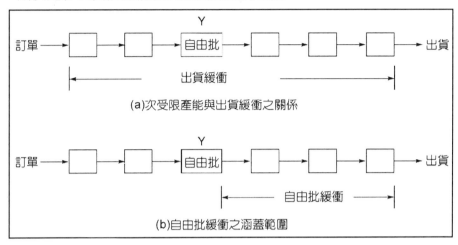

圖 10-2　自由批與出貨緩衝之關係

10-4　前行批的生產時段分析

　　由於前行批是要餵料給受限產能批，而受限產能批在限制驅導節奏上的生產時間又已固定且不允許更動，所以前行批必須在受限產能批的開始時間前到達，絕對不可以延誤，否則會傷害到限制驅導節奏的進行。換言之，前行批必須在一個最遲時間(Latest Time)前開始加工，才能確保及時餵料給受限產能。如圖 10-3 所示，受限產能批在限制驅導節奏上的時段已固定，所以前行批如果要能確保不會影響到限制驅導節奏，則前行批的開始生產時間不可晚於最遲開始時間，或者必須在受限產能批的計畫開始時間前的一段合理時間前開始。這段合理的時間是從前行批到受限產能批之間所需之時間，所以稱之為前行批緩衝。

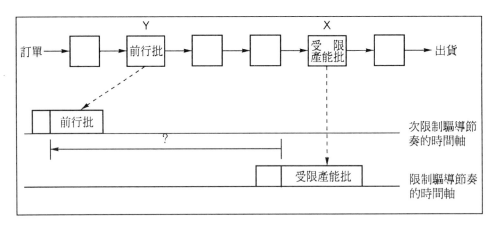

圖 10-3　前行批與受限產能批間之配合問題

　　其次由於前行批所在的次受限產能又位於受限產能緩衝上,所以前行批緩衝的大小,可由次受限產能與受限產能的距離,而取對等的受限產能緩衝的比例,如圖 10-4 所示。但是為了簡單起見,一個簡單的大數法則就是取受限產能緩衝的一半。

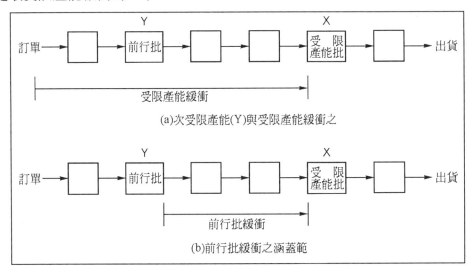

圖 10-4　前行批緩衝與受限產能緩衝之關係

　　因為前行批的最遲開始生產時間是要配合受限產能批在限制驅導節奏的時段，所以如果現場是未採行移轉批量時，則只要將受限產能批在限制驅導節奏的開始時間減去前行批緩衝，即可得到前行批的最遲開始生產時間。但是和受限產能迴圈的特性類似，如果現場有使用移轉批量時，則必須進一步考慮前行批每一件的最遲開始生產時間對該件在限制驅導節奏時段的配合問題。因此必須使用第八章的間隔棍靠攏法，但其待排作業則固定為前行批(前作業)而參考作業則固定為受限產能批(後作業)，如圖 10-5(a)所示。所以接下來以單件流的移轉批量來說明間隔棍靠攏法於前行批時段之應用。

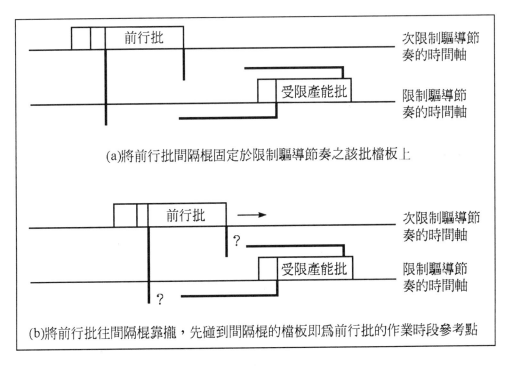

圖 10-5 利用間隔棍靠攏法求出前行批的作業時段參考點

　　由於受限產能批為參考作業，所以如圖 10-5(a)所示，首先將前行批間隔棍固定於受限產能批的固定檔板與移轉擋板上，然後將前行批往受限產能批(參考作業)靠攏，即可得到前行批的作業時段參考點。以圖 10-5(b)的例子來說，如果前行批的固定擋板會先碰到間隔棍，則前行批的作業時段參考點就是固定檔板之所在，即前行批最後一件的完成時間。其次透過作業時段參考點，即可進一步計算出前行批生產時段的最遲開始時間。有了前行批的最遲開始時間，在設計次限制驅導節奏的廢墟時，則將前行批的開始時間先安排在這個最遲開始時間上，其次在後續的廢墟推平時，則要保持前行批的開始時間不可晚於最遲開始時間。

　　舉個例子來說明，假設某訂單之批量為 9 件，受限產能緩衝為 12 小時，在受限產能之設定時間為 60 分而每件之加工時間為 30 分，而在次受限產能之設定時間為 45 分而每件之加工時間為 15 分，該訂單的製程是先到次受限產能而後再到受限產能。如果該訂單在限制驅導節奏的開始生產(設定)時間為 9:00(工廠的工作時間為 24 小時)，而移轉批量為單件流，則該訂單在次受限產能的理想生產時段為何？

　　因為該訂單的次受限產能製程先於受限產能製程，所以為前行批與受限產能批關係，即在應用間隔棍靠攏法時，前行批為待排作業而受限產能批為參考作業。所以首先將移轉擋板與固定擋板分別固定於前行批(前作業)與受限產能批(後作業)的對應位置上，並將前行批間隔棍固定於受限產能批的擋板上，如圖 10-6(a)所示。

　　其次由於該訂單在限制驅導節奏上的開始時間(即受限產能批的開始時間)為 9:00，而現場為單件流，所以受限產能批(後作業)的移轉檔板與固定擋板所在的時間分別為 10:00 與 14:00。接著將前行批(待排作業)往間隔棍靠攏，由於前行批每件的加工時間(15 分鐘)小於受限產能批每件的加工時間(30 分鐘)，所以前行批的移轉擋板會先碰到間隔棍，亦即前行批的作業

時段參考點為移轉擋板所在之時間。因為受限產能批的固定擋板所在時間
為 10:00，而前行批間隔棍取受限產能緩衝的一半或 6 小時，所以前行批的
移轉擋板所在的時間即為 4:00，如圖 10-6(b)所示。

有了前行批的作業時段參考點後，即可進一步計算出前行批理想加工
時段的開始時間為 3:00 而結束時間為 6:00 或前行批的最遲開始時間為
3:00。換言之，在設計次限制驅導節奏的廢墟時，則將該訂單的開始時間先
排在 3:00 上，其次在後續的廢墟推平時，則要保持該訂單的開始時間在 3:00
之前而不可晚於 3:00。

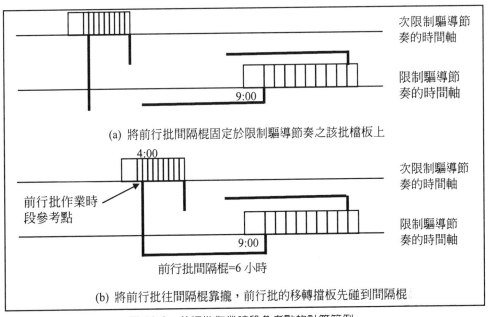

圖 10-6　前行批作業時段參考點的計算範例

10-5　後續批的生產時段分析

　　由於在次受限產能的後續批，其特性是要承接來自於受限產能的料，所以後續批所要考慮的是，如果受限產能無法及時送後續批的料過來，則會導致次受限產能閒置或產能浪費的問題。雖然受限產能有限制驅導節奏的計畫，比起其他非受限產能較好掌握進度，但是受限產能亦存在有統計波動等意外，所以後續批的料能到達次受限產能的時間亦有可能會延遲；換言之，後續批所排的時段不可以太早，或者後續批必須被排在其最早可開始時間(Earliest time)之後才是合理的排程，否則次受限產能會因無法及時生產後續批，而導致閒置的浪費。

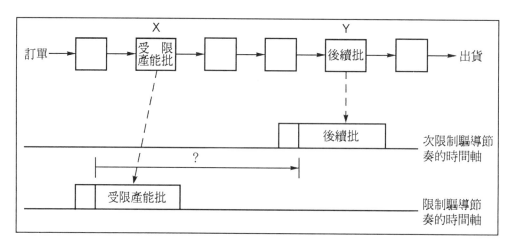

圖 10-7　後續批與受限產能批之配合問題

　　如圖 10-7 所示，由於後續批所對應的受限產能批在限制驅導節奏上的時段已固定，所以後續批如果要能確保不會影響到次受限產能的運作，則後續批的開始產生時間不可早於一個最早可開始時間，或者必須在受限產能批的計畫結束時間後的一段合理時間才能開始。這段合理的時間是從受限產能批到後續批之間所需之時間，所以稱之為後續批緩衝。

　　其次後續批所在的次受限產能又位於出貨緩衝上，所以後續批緩衝的大小，可由次受限產能與受限產能的距離，而取對等的出貨緩衝的比例，如圖 10-8 所示。但這樣的作法，會使得工廠裡不同緩衝的緩衝值過於複雜，除非上電腦管理否則太麻煩了，所以為了簡單起見，一個簡單的大數法則就是取出貨緩衝的一半。

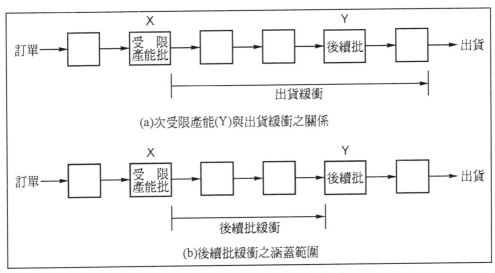

圖 10-8　後續批緩衝與出貨緩衝之關係

　　由於後續批的最早可開始生產時間是要配合受限產能批在限制驅導節奏的時段，所以如果現場是未採行移轉批量時，則只要將受限產能批在限制驅導節奏的結束時間加上後續批緩衝，即可得到後續批的最早可開始生產時間。但是和受限產能迴圈的特性類似，如果現場有使用移轉批量時，則必須進一步考慮後續批每一件的最早可開始生產時間對該件在限制驅導節奏時段的配合問題，意即必須使用間隔棍靠攏法，但其待排作業則固定爲後續批(後作業)而參考作業則固定爲受限產能批(前作業)，如圖 10-9(a)所示。所以接下來以單件流的移轉批量來說明間隔棍靠攏法之應用。

由於受限產能批爲參考作業或前作業，所以如圖 10-9(a)所示，首先將後續批間隔棍固定於受限產能批的固定檔板與移轉擋板上，然後將前行批(待排作業)往受限產能批(參考作業)靠攏，即可得到後續批的作業時段參考點。以圖 10-9(b)的例子來說，如果後續批的固定擋板會先碰到間隔棍，則後續批的作業時段參考點就是固定擋板之所在，即後續批第一件的開始加工時間。其次透過作業時段參考點，即可進一步計算出後續批生產時段的最早可開始時間。有了後續批的最早可開始時間，在設計次限制驅導節奏的廢墟時，則將後續批的開始時間先安排在這個最早可開始時間上，其次在後續的廢墟推平時，則要保持後續批的開始時間不可早於最早可開始時間。

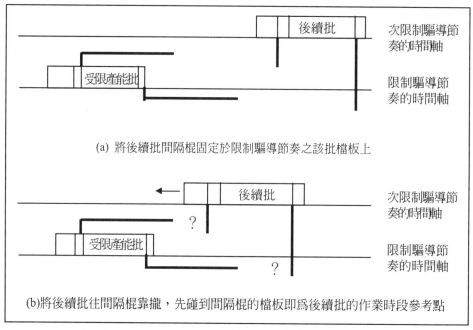

(a) 將後續批間隔棍固定於限制驅導節奏之該批檔板上

(b)將後續批往間隔棍靠攏，先碰到間隔棍的檔板即爲後續批的作業時段參考點

圖 10-9　利用間隔棍靠攏法求出後續批的作業時段參考點

　　舉個和前行批類似的例子來說明，假設某訂單之批量為 9 件，出貨緩衝為 12 小時，在受限產能之設定時間為 60 分而每件之加工時間為 30 分，而在次受限產能之設定時間為 45 分而每件之加工時間為 15 分，該訂單的製程是先到受限產能而後再到次受限產能，如果該訂單在限制驅導節奏的開始生產(設定)時間為 9:00(工廠的工作時間為 24 小時)，而移轉批量為單件流，則該訂單在次受限產能的理想生產時段為何？

　　因為該訂單的受限產能製程先於次受限產能製程，所以為後續批與受限產能批關係，即在應用間隔棍靠攏法時，後續批為待排作業而受限產能批為參考作業。所以首先將移轉擋板與固定擋板分別固定於受限產能批(前作業)與後續批(後作業)的對應位置上，並將後續批間隔棍固定於受限產能批的擋板上，如圖 10-10(a)所示。

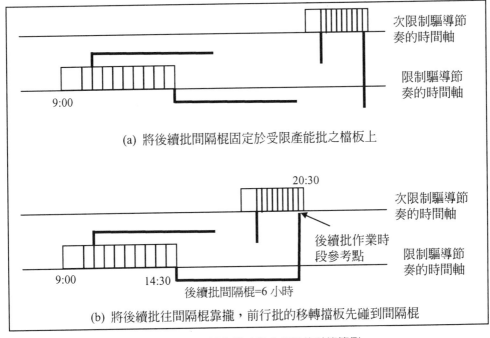

(a) 將後續批間隔棍固定於受限產能批之檔板上

(b) 將後續批往間隔棍靠攏，前行批的移轉擋板先碰到間隔棍

圖 10-10　後續批作業時段參考點的計算範例

　　其次由於該訂單在限制驅導節奏上的開始時間(即受限產能批的開始時間)為 9:00，而現場為單件流，所以受限產能批(前作業)的移轉擋板與固定擋板所在的時間分別為 10:30 與 14:30。接著將後續批(待排作業)往間隔棍靠攏，由於後續批每件的加工時間(15 分鐘)小於受限產能批每件的加工時間(30 分鐘)，所以後續批的移轉擋板會先碰到間隔棍，亦即後續批的作業時段參考點為移轉擋板所在之時間。因為受限產能批的固定擋板所在時間為 14:30，而後續批間隔棍取出貨緩衝的一半或 6 小時，所以後續批的移轉擋板所在的時間為 20:30，如圖 10-10(b)所示。

　　有了後續批的作業時段參考點後，即可進一步計算出後續批理想加工時段的開始時間為 18:00 而結束時間為 20:45 或後續批的最早可開始時間為 18:00。換言之，在設計次限制驅導節奏的廢墟時，則將該訂單的開始時間先排在 18:00 上，其次在後續的廢墟推平時，則要保持該訂單的開始時間在 18:00 之後而不可早於 18:00。

10-6　後續前行批的生產時段分析

　　由於在次受限產能的後續前行批，其特性是在前後兩個受限產能批的迴圈之間，亦即一方面是要承接來自於前受限產能批(X1-batch)的料，同時還要供料給後受限產能批(X2-batch)。如果後續前行批無法及時收到前受限產能批送料過來，則會導致次受限產能閒置或產能浪費的問題；相對的，如果後續前行批無法及時供料給後受限產能批，則又會造成受限產能因無法做得到正確的料而導致產出的損失。換言之，後續前行批同時要做到後續批與前行批的要求，即其生產時間不可早於最早可開始時間，同時又不可晚於最遲開始時間。

　　如圖 10-11 所示,由於前受限產能批與後受限產能批在限制驅導節奏
上的時段已固定,所以後續前行批如果要能確保不會影響到次受限產能的
運作,則後續前行批的開始產生時間不可早於一個最早可開始時間,或者
必須在受限產能批的計畫結束時間後的一段合理時間才開始。這段合理的
時間是從前受限產能批到後續前行批之間所需之時間,相當於是一個後續
批緩衝的長度。

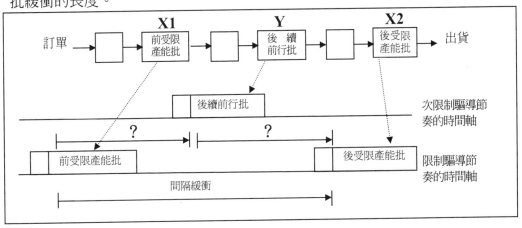

圖 10-11　後續前行批與前後受限產能批之配合問題

　　其次後續前行批如果要能確保不會影響到後受限產能批在限制驅導節
奏的次序,則後續前行批的開始生產時間又不可晚於最遲開始時間,或者
必須在受限產能批的計畫開始時間前的一段合理時間前開始。這段合理的
時間是從後續前行批到後受限產能批之間所需之時間,相當於是一個前行
批緩衝的長度。

　　換言之,後續前行批必須同時使用後續批緩衝與前行批緩衝,以便和
前受限產能批與後受限產能批同時保持一合理之距離。也就是前受限產能
批和後受限產能批兩者間的距離必須大於前行批緩衝與後續批緩衝之和,
這個值相當於受限產能緩衝的長度,但是次受限產能卻是在於前後受限產

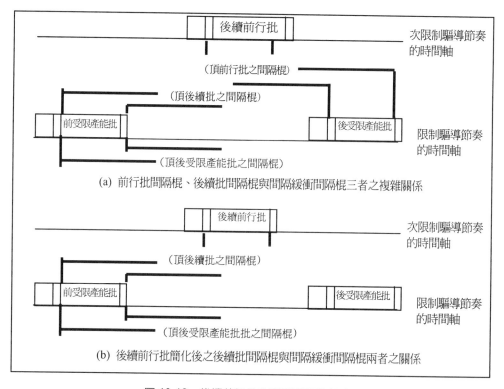

圖 10-12　後續前行批之問題與簡化的方法

　　能批的間隔緩衝上，而間隔緩衝大約是受限產能緩衝的一半，因而產生了一個很大的矛盾問題。

　　其次，如圖 10-12(a)所示，在使用間隔棍靠攏法時，有三組的間隔棍：固定在前受限產能批的後續批間隔棍是要頂後續前行批，固定在後受限產能批的前行批間隔棍是要頂後續前行批，另外間隔緩衝間隔棍則是固定在前後受限產能批中的一者上而頂另一者。所以若要同時考慮這三組間隔棍的配合，不只複雜亦存在有一些衝突的問題。因此為了要解決這個問題，有下列三個可嘗試的方法：

(1) 重排限制驅導節奏，並且要確保間隔緩衝的長度不可小於受限產能緩衝的長度。

(2) 取前行批緩衝與後續批緩衝的長度為間隔緩衝的一半。

(3) 視後續前行批為後續批，以簡化問題。

　　第一個方法滋事體大，因為重排限制驅導節奏本身就是一個很慎重的問題，而為了次受限產能而重排限制驅導節奏，排程的工作不但因多了一個限制條件而更為複雜，而且可能會影響受限產能的有效產出。其次為了保持間隔緩衝不小於受限產能緩衝，會使得訂單的生產時間(製造前置時間)拉長，而導致出貨時間變長。因此這個方法的意義是有待商確的。

　　其次第二個方法是縮短前行批緩衝與後續批緩衝的長度，就排程技術或電腦運算而言，是可行的。但是就管理面而言，只有四分之一的受限產能緩衝，意即其所擁有的保護或寬裕亦只有四分之一，其意義可能不大。例如機台平均當機時間是 4 小時，如果受限產能緩衝為 12 小時，則大約可以保護三個製程的機台連續當機，但是一張訂單會連續出現在三個製程當機的機會是很小的，所以 12 小時的受限產能緩衝有足夠的保護意義。但是如果四分之一的受限產能緩衝，則只剩下 3 小時的緩衝，連一個製程的當機都無法保護，這樣的緩衝就顯得較無意義了。

　　所以最後一個折中而簡單的方就是只考慮與前受限產能批的關係，而視後續前行批為後續批的問題，如圖 10-12(b)所示，至於和後受限產能批不足的緩衝時間，則在現場加工時再搭配趕工手法予以壓縮流程時間，以簡化問題的複雜性。

　　舉個和前一小節後續批類似的例子來說明，假設某訂單之批量為 9 件，受限產能緩衝為 12 小時。該訂單需要受限產能兩次的加工，而前後兩次在受限產能加工之設定時間都為 60 分而每件之加工時間都為 30 分。其次在前後兩次的受限產能加工之間有一個次受限產能之製程，其設定時間為 45 分而每件之加工時間為 15 分，如果該訂單前受限產能批在限制驅導節奏的開始生產(設定)時間為 9:00(工廠的工作時間為 24 小時)，而後受限產能批的開始時間為 19:00，至於該廠現場的移轉批量為單件流，則該訂單在次受限產能的理想生產時段為何？

因為該訂單的次受限產能製程介於前後兩個受限產能製程之間，為後續前行批與前後受限產能批關係，所以只能簡化為後續批與前受限產能之關係。因此在應用間隔棍靠攏法時，後續前行批為待排作業(後作業)而前受限產能批為參考作業(前作業)。所以首先將移轉擋板與固定擋板分別固定於前受限產能批(前作業)與後續前行批(後作業)的對應位置上，並將後續批間隔棍固定於前受限產能批的擋板上，進而將後續前行批向間隔棍靠攏後，結果如圖 10-13 所示。

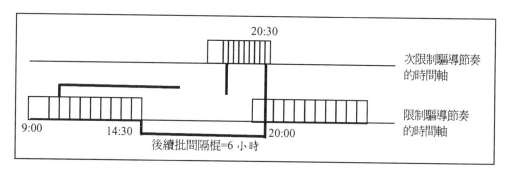

圖 10-13 後續前行批作業時段的計算範例

由於後續前行批的作業時段參考點為移轉擋板所在之時間 14:30，而後續批間隔棍為 6 小時，所以後續前行批的移轉擋板所在的時間為 20:30，因此可進一步計算出後續前行批的理想加工時段的開始時間為 18:00 而結束時間為 20:45。

由於這個結果是將後續前行批簡化而得到的，所以必須要再多注意兩個重點，第一點是由於後續批緩衝與受限產能迴圈的間隔緩衝相同，所以後續前行批的時段和後受限產能批的時段有可能會很接近，所以必須檢驗後續前行批的第一件及最後一件的完成時間不可晚於後受限產能批的第一件及最後一件的開始時間，或者太接近亦是不合理的。如果有這個問題出現，必須適度提早後續前行批的時段，否則就要重排限制驅導節奏了(這個工程太大了)。以圖 10-13 的例子來看，後續前行批第一件與最後一件的完成時間分別為 17:00 與 20:45，而後受限產能批第一件與最後一件的開始時間分別為 20:00 與 24:00，所以是可行的。

　　其次要注意的另一點是，所計算的後續前行批的理想生產時段，在後續的廢墟推平時，最好不要更動其時段，否則可能會和前後受限產能批產生距離太近或製程時間矛盾的現象。所以在推平廢墟時，後續前行批必須擁有最高的優先權而先排，如此才能確保其排在所需的時段。

10-7　次限制驅導節奏之設計

　　由於一張訂單在次受限產能與受限產能間存在有四種可能的基本製程關係，而在不同的關係下，訂單在次受限產能的理想生產時段，上列幾節已逐一作了分析與討論，所以這一節即可進一步討論次限制驅導節奏的設計程序。

步驟一：　次限制驅導節奏廢墟之建立

1.1 識別各訂單其次受限產能與受限產能之製程關係。

　　(1) 自由批：該訂單沒有受限產能之製程。

　　(2) 前行批：該訂單的次受限產能製程在受限產能製程的前面。

　　(3) 後續批：該訂單的次受限產能製程在受限產能製程的後面。

　　(4) 後續前行批：該訂單的受限產能製程有迴圈之特性，而次受限產能製程在前後受限產能製程之間。

1.2 計算各訂單在次受限產能的理想時段。

(1) 自由批：將訂單交期減去自由批緩衝，即爲自由批的理想完成時間。若該訂單的次受限產能製程有再回製之特性，則自由批與自由批之間隔緩衝取受限產能之一半，並以受限產能再回製之方法來計算該訂單各回流製程之理想時段。

(2) 前行批：利用前行批間隔棍來決定前行批的最遲開始時間與理想時段。

(3) 後續批：利用後續批間隔棍來決定後續批的最早可開始時間與理想時段。

(4) 後續前行批：先將其視爲後續批，然後利用後續批間隔棍來決定後續前行批的最早可開始時間與理想時段，其次檢查後續前行批的理想時段與後受限產能批時段的合理性。

1.3 評估各訂單在次受限產能的理想時段有否重疊之現象，如果沒有重疊，則所求得之廢墟即爲次限制驅導節奏，否則到步驟二，將廢墟予以推平。

步驟二： 次限制驅導節奏廢墟之推平

廢墟推平的過程，牽涉到那張訂單先排的優先次序問題，由於次限制驅導節奏的目的是在配合限制驅導節奏的需求，所以不能和推平限制驅導節奏廢墟的方法一樣。其次因爲先排的訂單較能選其理想的時段，所以必須讓最麻煩的訂單先排起，即先排後續前行批，然後排前行批，接下來排後續批，最後再排自由批。

其次各種批類的訂單，如果有一張以上，則依下列法則決定那一張訂單先排：

2.1 後續前行批：由前往後(forward)，即時段早的後續前行批先排。

2.2　前行批：由後往前(backward)，即時段晚的前行批先排，如果該訂單的時段已被佔，則往前找可容納得下的空間。排完所有的前行批後，如果有訂單被排到過去，則將超過部份推到零點。

2.3　後續批：由前往後(forward)，即時段早的後續批先排，如果該訂單的時段已被佔，則往後找可容納得下的空間。在找空間時有下列三種狀況：

    (1) 某空間可容納得下該訂單，則該訂單即排在該空洞靠左之位置(如果空間左邊為前行批且其左邊尚有比正常批量小的空間，則可以將前行批往左擠至靠攏的位置)。

    (2) 該空洞稍小，但在空洞左邊為前行批而可適度的往前挪(即前行批的左邊尚有些空洞)，或在右邊為後續批而可適度的往後挪(即後續批右尚有些空間)，則只要適度挪動前行批或後續批即可容納得下該批，則該批即可擠入該空洞。

    (3) 該空洞明顯的太小，則繼續往後找空間。

2.4　自由批：由後往前(backward)　，即時段晚的自由批先排，如果該訂單的時段已被佔，則往前找可容納得下的空間。排完所有的自由批後，若有訂單被排到過去，則重排所有的自由批，且改為由前往後(forward)，即時段早的自由批先排，如果該訂單的時段已被佔，則往後找可容納得下的空間。找空間的原則和後續批類似。

由於前幾節已說明了步驟一之細節，所以接下來舉一廢墟之範例說明步驟二之推平過程。

假設有十張訂單，其中屬於自由批的訂單有 N1、N2 及 N3 等三張，屬於前行批的訂單有 F1、F2、F3 及 F4 等四張，屬於後續批的訂單有 B1 及 B2 兩張，至於屬於前行後續的批訂單則有 BF 一張。這十張訂單在次受限產能的理想生產時段如圖 10-14(a)所示，由於彼此生產時段有重疊的問題，如圖 10-14(b)所示，所以必須予以推平，其過程如下：

步驟 2.1：先排後續批前行批。由於本例只有一張訂單 BF，而且最先排，所以可以直接將訂單 BF 放在其廢墟的理想時段上，結果如下：

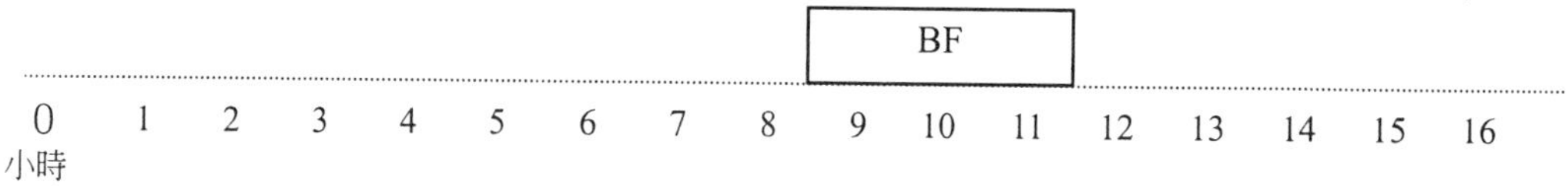
BF
0 1 2 3 4 5 6 7 8 9 10 11 12 13 14 15 16
小時

訂單	訂單種類	批量大小	理想開始時間	理想結束時間
N1	自由批	1:30	3:30	5:00
N2	自由批	1:00	7:30	8:30
N3	自由批	1:40	12:20	14:00
F1	前行批	1:20	0:00	1:20
F2	前行批	3:00	0:50	3:50
F3	前行批	1:30	5:00	6:30
F4	前行批	1:30	13:30	15:00
B1	後續批	2:20	9:00	11:20
B2	後續批	0:40	12:00	12:40
BF	後續前行批	3:00	8:30	11:30

(a) 各訂單於次受限產能之理想生產時段

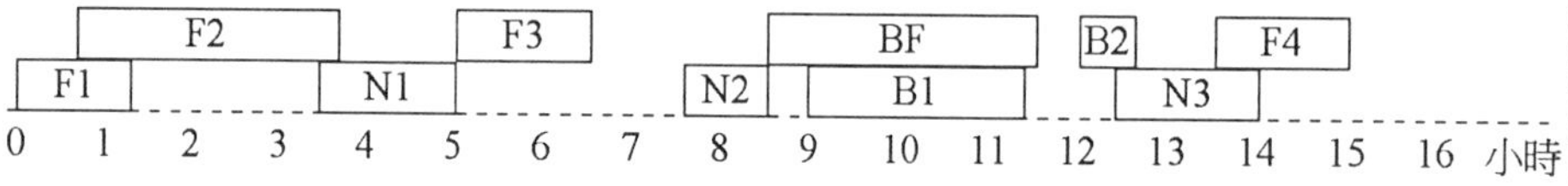
F2
F3
BF
B2
F4
F1
N1
N2
B1
N3
0 1 2 3 4 5 6 7 8 9 10 11 12 13 14 15 16 小時

(b) 次限制驅導節奏之廢墟

圖 10-14 次限制驅導節奏之廢墟範例

步驟 2.2：其次排前行批。由於本例有三張前行批訂單，所以從時段較晚
　　　　　的訂單先排，即依 F4、F3、F2、及 F1 之次序排，結果如下：

　　　　　由於訂單 F1 的理想時段和訂單 F2 有部份重疊，所以訂單
　　　　F1 必須排在-0:30~0:50 的時段上，亦即訂單 F1 被排到過去了，
　　　　所以必須將超過的部份，推到零點，這時訂單 F2 的時段亦會被
　　　　往後推到 1:20~4:20 的時段上，所以最後結果如下：

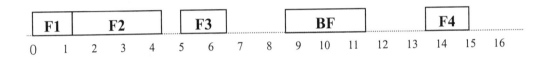

步驟 2.3：接下來排後續批。由於後續批訂單有兩張，所以從時段較早者先
　　　　　排，即依 B1 及 B2 之次序排。在排訂單 B1 時，由於其理想時段
　　　　　(9:00~11:20)已先被訂單 BF 佔用，所以只能往後找可容納得下的
　　　　　空間。首先找到的是訂單 BF 與 F4 之間的空位，但稍為小了些(只
　　　　　有 2 小時的空間)，如下所示：

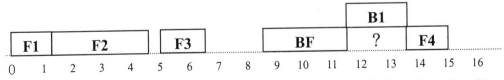

　　　　　所以有兩個選擇，第一個選擇是繼續往後找空位，另一個
　　　　選擇是先將訂單 F4 往訂單 BF 靠攏(由於訂單 F4 是前行批，其
　　　　理想時段是最遲時間，所以將時段往前移而先生產是可行的。)，
　　　　而讓訂單 B1 不會太晚生產，本文選擇後者。即訂單 F4 排在

11:30~13:00，訂單 B1 排在 13:00~15:20，最後訂單 B2 排在 15:20~16:00，最後的結果如下：

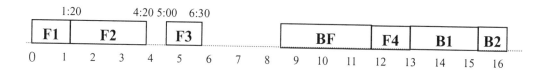

步驟 2.4：最後來排自由批。由於自由批訂單有三張，所以先從時段較晚者先排，即依 N3、N2 及 N1 之次序排。在排訂單 N2 與 N1 時，由於其理想時段(7:30~8:30 與 3:30~5:00))已先被佔用，只能往前找可容納得下的空間，結果都只能找到零點以前的空間，如下所示：

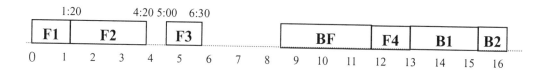

　　這個結果相當於排不下自由批，所以再改用由前往後的次序，重排所有的自由批，先排訂單 N1，由於 3:30 的時段已被佔，所以往後找空間。首先找到的空間是訂單 F2 與 F3 之間的位置，但太小了，而空格左邊的訂單雖然為前行批 F2，但前行批 F2 的左邊無空間，所以不可行而必須繼續找下一空間。接著找到的是訂單 F3 與 BF 之間的空間，這個空間容納得下 N1，而且由於 F3 為前行批且左邊有一小空間，所以一併將 F3 擠到和 F2 靠攏的位置。接下來排 N2，其理想的時段(7:30~8:30)未被佔，所以可以直接排入。最後排 N3，由於其理想時段已被佔，所以往後找可以容納得下的空間，為 16:00~17:40 之時段。最後推平之次限制驅導節奏與各訂單之時段如圖 10-15 所示。

訂單	訂單種類	批量大小	開始時間	結束時間
N1	自由批	1:30	5:50	7:20
N2	自由批	1:00	7:30	8:30
N3	自由批	1:40	16:00	17:40
F1	前行批	1:20	0:00	1:20
F2	前行批	3:00	1:20	4:20
F3	前行批	1:30	4:20	5:50
F4	前行批	1:30	11:30	13:00
B1	後續批	2:20	13:00	15:20
B2	後續批	0:40	15:20	16:00
BF	後續前行批	3:00	8:30	11:30

(a)　各訂單於次受限產能之生產時段

(b)　推平後之次限制驅導節奏

圖 10-15　將圖 10-14 廢墟推平後之次限制驅導節奏

10-8 間隔棍太短問題之分析

在第八章討論受限產能的迴圈問題時，曾討論間隔棍太短時會導致前後作業負荷重疊的不合理現象，這個現象在次受限產能的問題上是否仍然存在呢？以下列圖 10-16 的例子來說明。

圖 10-16 的例子是將圖 10-6 的訂單數量改為 30 件，而其餘資料則相同，所得到之結果。很明顯的可以看出來，前行批的作業時段與該批在限制驅導節奏上的時段重疊了 2.5 小時或該批在受限產能開始設定時間(即 9:00)，前行批仍然還有 10 件還未加工。圖 10-16 會有這樣重疊的現象發生，是由於其將圖 10-6 的訂單批量加大(7 件增加為 30 件)或生產時間變大了，但前行批間隔緩衝依然不變(6 小時)而造成間隔棍太短的結果。

所以和受限產能迴圈的問題相同，當間隔緩衝太小時，亦會導致前後作業負荷重疊的現象。但是由於次受限產能與受限產能是不同之機台，所以前行批在次限制驅導節奏上的時段和該批在限制驅導節奏上的時段，兩者雖然發生了重疊的現象，但並不會有矛盾的問題。而且訂單能在前後機台發生作業重疊，是來自於使用移轉批量的結果，在排程上稱為作業重疊(Operation Overlap)的管理技術，非常有助於降低工件在前後站待工或等候的時間，如圖 5-4 之說明，因此是被鼓勵的。

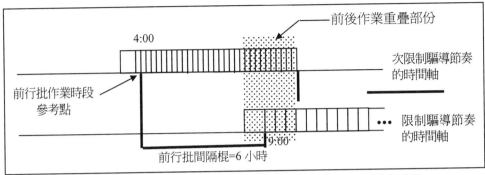

圖 10-16　前行批的作業時段與該批在限制驅導節奏的時段重疊之範例

10-9　問題與討論

1.　解釋下列名詞：

(1)次受限產能　　(2)次受限驅導節奏　　(3)自由批

(4)前行批　　　　(5)後續批　　　　　　(6)後續前行批

(7)自由批緩衝　　(8)前行批緩衝　　　　(9)後續批緩衝

(10)前行批間隔棍　(11)後續批間隔棍　　(12)受限產能批

(13)前受限產能批　(14)後受限產能批

2.　請問次限制驅導節奏與限制驅導節奏，在設計或管理上的最大不同點為何？

3.　間隔棍靠攏法在次限制驅導節奏設計時的應用和在受限產能迴圈的限制驅導節奏設計時的應用，有何差異點？

4.　如果工廠的限制不是產能而是材料或市場時，請問該工廠有沒有次受限產能的管理問題？如果有，則在設計次限制驅導節奏時，該訂單一定是下列何者？(1)自由批 (2)前行批 (3)後續批 (4)後續前行批。

5. 前行批的最早可生產時間為何？只要前行批所排的生產時間是在最早可生產時間以後，會不會有太早生產或太早到達受限產能的問題？為什麼？

6. 某工廠有五種機器(A、B、C、R、Y)各一台，如下所示：

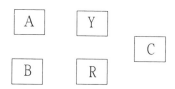

其中 R 機器為受限產能，而 Y 機器為次受限產能。請問下列訂單在次受限產能是屬於自由批、前行批、後續批及後續前行批之何者？

訂單一製程：A→Y→R→C

訂單二製程：B→R→Y→C

訂單三製程：A→B→Y→C

訂單四製程：A→R→Y→B→R→C

7. 某工廠每天之工作時間為 24 小時而受限產能緩衝與出貨緩衝均為 12 小時，假設某訂單之交期與批量分別為 24:00 與 12 件，在受限產能之設定時間為 60 分而每件之加工時間為 20 分，而在次受限產能之設定時間為 30 分而每件之加工時間為 10 分，如果該訂單在限制驅導節奏的開始生產(設定)時間為 9:00，而移轉批量為單件流，請根據下列問題回答該訂單在次受限產能的理想生產時段為何？

(1) 該訂單的製程是先到次受限產能而後再到受限產能。

(2) 該訂單的製程是先到受限產能而後再到次受限產能。

8.　有一次受限產能的廢爐如下表所示，請問其次限制驅導節奏爲何？

訂單	訂單種類	批量大小	開始時間	結束時間
N1	自由批	1:00	2:50	3:50
N2	自由批	1:20	6:30	7:50
N3	自由批	1:30	12:00	13:30
F1	前行批	0:40	1:00	1:40
F2	前行批	2:00	1:20	3:20
F3	前行批	1:30	3:30	5:00
F4	前行批	1:30	11:30	13:00
B1	後續批	0:40	2:00	2:40
B2	後續批	1:30	7:00	8:30
B3	後續批	2:30	15:00	17:30
BF1	後續前行批	2:00	5:30	7:30
BF2	後續前行批	3:00	10:30	13:30

9.　某工廠每天之工作時間爲 24 小時而受限產能緩衝與出貨緩衝均爲 12 小時，假設某訂單之交期與批量分別爲 24:00 與 12 件，該訂沒有受限產能之製程，但在次受限產能之設定時間爲 30 分而每件之加工時間爲 10 分，請問該訂單在次受限產能的理想生產時段爲何？

10.　某工廠每天之工作時間爲 24 小時而受限產能緩衝爲 12 小時，假設某訂單之交期與批量分別爲 24:00 與 12 件，該訂單有兩個受限產能製程，第一個製程的設定時間爲 60 分而每件之加工時間爲 20 分，而第二個製程的設定時間爲 30 分而每件之加工時間爲 15 分。而在前後兩個受限產能製程之間有一個次受限產能製程，其設定時間爲 60 分而每件之加工時間爲 10 分。如果該訂單的前受限產能批在限制驅導節奏的

開始生產(設定)時間為 3:00，而後受限產能批的開始時間為 18:00，而
移轉批量為單件流，請問該訂單在次受限產能的理想生產時段為何？

實務篇

CHAPTER **11**

限制驅導式現場排程
方法的實務應用

　　在前兩篇討論了限制驅導式現場排程與管理技術的基礎方法與較艱澀的精進技術後，本章將繼續來討論限制驅導式現場排程方法如何因應一些實務上的問題或需求而修正或強化其完整性。由於實務的需求是無止盡的，而且大家的問題與需求又不相同，因此這裡只以一些較有代表性的例子來舉例說明。

　　本章共討論五個主題。首先要探討的是受限產能的機台有兩台以上時，要如何設計兩台以上機台的限制驅導節奏；其次要討論的是受限產能的換線問題，如何兼顧受限產能的產出與客戶之需求；第三節要說明的是不同產品或同產品但時機不同，需要有不同緩衝時，其限制驅導式現場排程的方法；在第四節則要討論共用料的生產問題，要如何讓該站人員知道，何時該生產何種料及多少數量；最後在第五節則來討論不同的生產環境上，即 I 型工廠、A 型工廠、V 型工廠及 T 型工廠等，如何應用限制驅導式現場排程方法。

11-1　受限產能有兩台以上之機台

　　以上各章在討論限制驅導節奏的設計時，都是以受限產能為單機(即只有一台機台)的情形而設計，但在實務上受限產能的機台有兩台以上是常見的，所以這一節來討論受限產能有兩台以上機台的限制驅導節奏設計問題。

　　如圖 11-1 所示，每一個 X 的方格代表一台受限產能的機台，而 Y 的方格則表示非受限產能，即是一個典型的受限產能多機台的例子。但是有一點要注意的是，這裡所定義的多台機台必須具備有共通性，即每一機台都是具備了相同或相似之製程能力，所以對一訂單而言，可以自由選擇或指派到任何一台機台上加工。

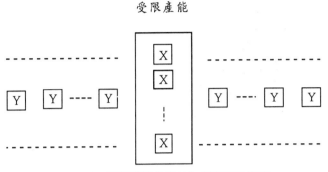

圖 11-1　受限產能的機台為多台之示意圖

　　如果這些機台在技術上或管理上有製程的差異性時，例如某一產品因品質或技術上的要求而只能使用某些機台而不能使用另一些機台，或者機台有政策上的群組分類，例如為了減少換線，而將機台依產品線而分群等，則這些機台即沒有互通性。因為就這些不同群組的機台而言，群與群間並無共通性或難得共用，所以有些群組可能產能不夠，而有些群組可能會有多餘的產能，因此這些不同群組的機台不應該視為具有相同製程能力的同一工作站，而應該將不同的群組視為不同的工作站。

　　其次，當受限產能有不能互通的群組機台時，則應該將這些不能互通的群組視為不同的工作站或不同的製程，然後重新評估不同訂單所需的群組或工作站，才能定義出那一群組才是真正的受限產能。如果這種不能互相支援的現象是由政策要求而造成的，即造成所謂的政策限制了。

　　例如工廠裡某一工作站有十台機台，由於負荷高達 110%，明顯的產能不夠，所以定義為受限產能。但是這十台機台由於為了要減少換線的政策，依產品製程特性而被分為兩群，因此這兩群機台由於彼此間的支援性不高，而應視為不同的工作站或不同的製程別。所以再經由重新定義不同訂單所需的群組或工作站後，這兩群機台即有了不同的負荷程度，其中一個群組的負荷為 90%，而另外一個群組的負荷為 120%。所以負荷為 120%的這一群組才是真正的受限產能，至於負荷 90%的這一群組則為非受限產能。換言之，雖然這兩個群組都是屬於組織上同類的工作站，但真正的受限產能並不是整個工作站，而只是其中的一部份機台而已。其次，負荷 90%的這一群組，由於是為了減少換線而分群的政策，而導致其多餘的 10%產能無法支援負荷 120%的受限產能，即是一個典型的政策限制。

經過上列的說明後，因此本節所討論的受限產能多機台的問題，這些機台都沒有技術的差異性或政策的限制，而彼此都是可以互通或互相支援的，這一點和工廠組織上工作站的定義有些不同，不要混淆了。

由於在整個限制驅導節奏的設計步驟上，唯一和機台數有關的步驟是在廢墟的推平(請參考 4-4 節)，所以接下來即來討論受限產能多機台的廢墟要如何推平。

假設某受限產能的廢墟如圖 11-2(a)所示，該受限產能共有兩台機台。就訂單的交期需求與機台的負荷來看，交期與負荷間存在有衝突，即產能不足或訂單無法全部都準時完成，則在廢墟上的十五張訂單中，要先排那一訂單呢？

若讓交期較晚的訂單先排(即由後往前排)，當產能不足時，交期早的訂單由於後排，其理想的時段已被先排的訂單佔用，所以會被排在比其理想時段較前面(早)的時段生產。這些訂單由於提早生產，因此會有一些提早完成的存貨。相反的，若讓交期較早的訂單先排(即由前往後排)，當產能不足時，交期晚的訂單由於後排，其理想的時段已被先排的訂單佔用，所以會被排在比其理想時段較後面(晚)的時段生產，因此會造成這些後排訂單的延誤。由於訂單的交期是不容延誤的，所以只能選擇犧牲一些存貨的策略，即選擇由後往前排的法則。其次當訂單有相同的交期時，由於小訂單提早生產所造成的存貨會比大訂單先生產所造成的存貨來得小，所以選擇大訂單先排的法則，可以降低訂單提早生產所造成的存貨。

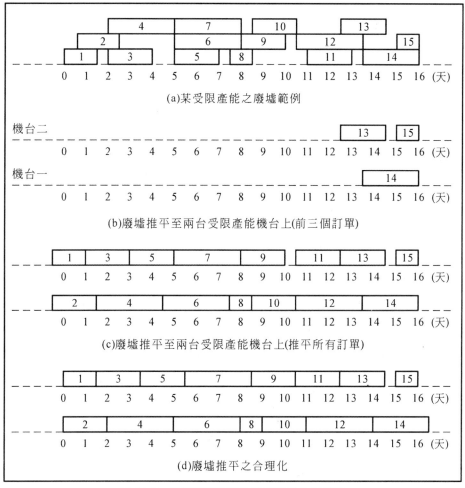

圖 11-2　受限產能多機台之廢墟及推平範例

　　所以就圖 11-2(a)的廢墟而言，第 14 號與第 15 號兩張訂單的交期最晚，所以要先排，其次第 14 號訂單的負荷又較大，所以先排 14 號訂單。但是由於本範例有兩台機台，所以這兩張訂單都可以排在廢墟的理想時段上，如圖 11-2(b)所示。接下來要排的是第 13 號訂單，它有兩個選擇，一種選擇是排在機台一的第 14 號訂單的前面，而大約提早半天完成；另一種選擇則是排在機台二上，由於第 15 號訂單較小，所以可以排在廢墟的理想時段上。這兩種選擇，當然是又準時又不會產生存貨的機台二較佳，所以將第 13 號訂單排在機台二上，如圖 11-2(b)所示。

　　所以根據上列之說明，受限產能多機台的廢墟，其推平的法則是先決定訂單的優先次序，而後再選擇機台的優先次序。至於訂單或機台優先次序的選擇法則，如下所示：

　　(1) 訂單優先次序的選擇：

　　　　。交期較晚的訂單先排(由後往前推)。

　　　　。若交期相同，則負荷較大的訂單先排。

　　　　。如果有兩張以上的訂單，其優先次序相同，則任意挑。

　　(2) 機台優先次序的選擇：

　　　　。能讓訂單排在廢墟理想時段的機台優先。

　　　　。若訂單在廢墟的理想時段，各機台都已被佔用，則以訂單必須提早的時間最少的機台優先。

　　　　。如果有兩台以上的機台，其優先次序相同，則任意挑。

　　所以經由上述法則，圖 11-2(a)的廢墟，最後推平的結果如圖 11-2(c)所示。由於第 1 號與第 2 號訂單，都被排到第 0 天以前，是不合理的，所以必須將其推回第 0 天，其結果如圖 11-2(d)所示。

　　所以受限產能多機台的限制驅導節奏，其設計的步驟和 4-4 節所述的單機是相同的，唯一要修正的是廢墟推平的法則，即必須以本節的法則來取代。

其次，由於受限產能站在派工上，是採取集中式的派工或管理觀念，所以就現場派工的需求而言，必須每一機台都要有一排程或派工指示，否則各機台在現場實際派工時，無法完全依限制驅導節奏進行。換言之，當受限產能有兩台以上機台時，必須排出每一機台的限制驅導節奏，才能發揮集中式管理的效果。

11-2　考慮換線問題的限制驅導節奏設計

在第五章限制驅導式現場管理方法的介紹時，曾討論過非受限產能有多餘產能，所以多換線不但不會影響整廠的產出，而且還有助於滿足市場產品多樣化的需求以及縮短訂單的生產時間而增強了競爭力等優點。但是對於受限產能，由於全廠的最大產出是由它決定，所以為了追求最大的產出，必須儘量將訂單併批以減少換線；但是為了滿足市場多種少量及交期短的需求，又應該儘量避免將訂單併批，而應該依訂單需求而換線。換言之，在一個限制驅導式的管理環境下，會發生產出與換線衝突的工作站，只有受限產能這一站。所以接下來要討論的是受限產能換線的衝突問題。

如圖 11-3(a)所示是某受限產能的訂單生產次序，由於受限產能的產能不足，所以嘗試要將兩張生產產品 A 的訂單予以併批，即可減少一次產品 A 的換線時間，如圖 11-3(b)所示。所以透過併批即可減少受限產能的換線時間，但同時亦產生了兩個問題，第一個問題是提早生產的那張產品 A 訂單，會有存貨的積壓，而另外一個問題是產品 B、C 及 D 的這三張訂單被擠到後面而延後生產。由於這兩個問題的大小，是決定於不同工廠環境，而且這個換線的衝突問題只發生在受限產能的單站(不是全廠各站)上，而單機的問題較偏向技術面且較容易想像或討論，所以工廠應該可以在產出的

增加的正面效應與存貨增加及訂單延後生產的負面效應間找到一個平衡
點。所以接下來，只提供一些較一般性的討論。

　　首先來討論由於提早生產而導致的存貨問題。由於受限產能決定了全
廠的產出，所以為了能增加工廠的產出而犧牲一點存貨的積壓，理論上來
看是值得的，除非是併批做得太嚴重或訂單太早生產。當然，若只為了減
少換線，而採預估或計畫生產而導致的存貨，是第五章所討論的浪費，是
不應該有的。

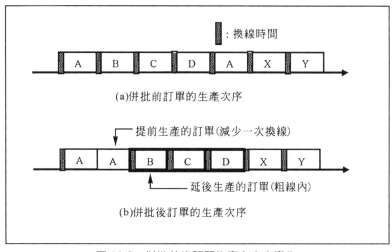

圖 11-3　併批前後訂單生產次序之變化

　　至於併批而導致其他訂單在受限產能延後生產問題，則比較好解決。
因為完成受限產能加工後的製程，都是非受限產能，所以可以透過縮小移
轉批量來壓縮出貨緩衝的時間。換言之，這些訂單雖然在受限產能的加工
是有些延後，但是經過出貨緩衝保護區上機台的努力或出貨緩衝的緩衝管
理，這些訂單還是有機會在交期前及時出貨的。

　　所以綜合這兩點的討論，有關受限產能站的換線問題，可以有下列的

結論：

(1) 適度的併批以減少換線時間是值得鼓勵的。

(2) 由於併批而導致某些訂單在受限產能延後生產的問題，應該由這些訂單後續的非受限產能來縮短製造時間(例如降低移轉批量等)而趕上進度。

(3) 併批生產的訂單，只存在於受限產能的加工，當完成受限產能的加工後，應該立即恢復訂單併批前的獨立性，而且儘可能依原有的次序往後流。例如圖 11-3 兩張產品 A 的訂單各有 50 件，併批在受限產能完成後，只讓其中 50 件直接往後流，至於被提早生產的 50 件，則暫時保留在受限產能站。而等被延後生產產品 B、C 及 D 的訂單完成後，先離開了受限產能，而後被保留的這 50 件訂單才再離開受限產能站。這樣作法是有很大的意義的，由於被提前生產的訂單，若直接往後生產，只是提早入成品倉庫，沒有意義。但是若暫時停留在受限產能站，而讓延後生產的訂單先行，則可減輕後續各站的負荷，有助於這些訂單的加速進行而趕上進度。

(4) 最後要再強調的是，併批可以減少換線而增加產出，但必須考量對市場需求之衝擊及在製品存貨之增加。

11-3　動態緩衝之觀念

限制驅導式現場與管理技術為了保護受限產能與訂單的交期，因此在一批產品或訂單的生產流程上設計了不同的保護緩衝，例如受限產能緩衝與出貨緩衝等。如果同一產品或訂單上的不同緩衝，其長度都是同樣的大小，或者不同製程的訂單，其緩衝亦是相同，這樣的緩衝觀念稱為靜態緩衝。例如圖 3-8 的個案，不管同一產品或不同產品，我們將受限產能緩衝、裝配緩衝及出貨緩衝三者都給 12 小時，即為靜態緩衝的管理觀念。因此靜態緩衝的特性是簡單，資料不複雜，適合人為管理或計算。

但是，由於流經不同製程的訂單，所需的緩衝時間應該不同，卻是靜態緩衝無法真實反應訂單流程需求的不合理現象。例如兩個不同製程的訂單，一個需要 10 站的加工，而另一個只需要兩站的加工即可，結果兩者所給的緩衝時間卻是相同的，是很難讓使用者接受的。

因此不同製令的訂單應該要有不同的緩衝，不同種類的緩衝亦應有不同的長度，甚至於相同製程的不同訂單，由於受限產能負荷高峰的不同，亦應有不同的緩衝長度(第 9 章曾討論)等，這樣的緩衝觀念稱為動態緩衝。換言之，動態緩衝是以計量方式，確實反應不同製程、不同緩衝以及不同負荷程度下的緩衝長度。

如圖 11-4 所示的產出鍊，假設 X、Y 及 Z 機台各為一台而其中機台 X 為受限產能，如果每一產品的受限產能緩衝或出貨緩衝都為固定值，是很難讓人接受的。相反的，如果緩衝時間與其緩衝保護區訂單加工時間具有一函數關係，例如三倍，是較合理的。因此以訂單 A 來看，由於受限產能為其第一道製程，所以受限產能緩衝保護區沒有加工時間，即加工時間為零，所以取三倍後的受限產能緩衝為零。至於其出貨緩衝保護區裡有機台 Y 與 Z 的加工，其 40 件批量的加工時間為 200 分鐘，所以出貨緩衝為 600 分鐘。至於訂單 C，其受限產能緩衝保護區裡有機台 Z 與 Y 的加工，其 30 件批量的加工時間為 150 分鐘，所以受限產能緩衝為 450 分鐘，至於出貨緩衝則因其保護區裡沒有加工時間，所以出貨緩衝為零。其餘訂單緩衝大小，可依此類推，結果如圖 11-4 所示。

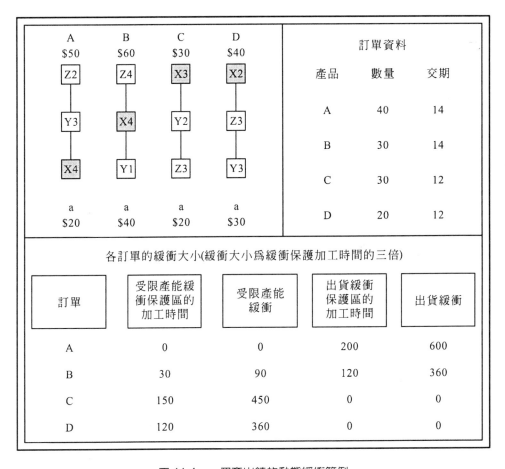

圖 11-4　一個產出鍊的動態緩衝範例

　　在動態緩衝的環境裡，很明顯的，各訂單的緩衝長度較能反應實際的
需要，但是會有大量的緩衝長度的計算需求，以及大量的緩衝資料需要管
理，所以光靠人力是無法負荷得了的，因此必須藉助電腦的幫忙才可行。
其次，要如何定義出一個能反應實際需要而可行的函數公式，以便電腦根據不同狀況而計算出其緩衝長度，都是必須先克服的問題。例如緩衝時間和製程數成正比關係，或是和總製程時間成一正比關係等，都是可行的公式，但能否反應實際的需求，則又是另一個問題。

所以在使用動態緩衝前，有幾個值得思考的問題，例如：

(1) 緩衝能估得準嗎？

(2) 要如何評估緩衝？

(3) 花這麼大的功夫，所估出來的緩衝，有意義嗎？對現場管理有多大的幫助呢？

(4) 緩衝估得愈準，有助於限制驅導節奏的設計與管理嗎？或者有助於增大產出、降低存貨或有效控制交期等嗎？

其次，在使用動態緩衝時，還必須解決緩衝管理的技術問題。在靜態緩衝的環境裡，由於每一訂單的緩衝長度都相同，所以分為三區後，每一訂單在各區的長度亦相同。例如 15 小時的緩衝，被三等份，則每一區是五小時，所以每一訂單投料後五小時若未出現在緩衝區，則該訂單即進入警示區，若經過十小時仍未出現，則要對該訂單採取趕工。由於每一訂單的緩衝時間相同，所以各區控制的時間亦相同，因此不論緩衝管理資訊的表達上或現場的管理上都很直接簡單。

但是，在動態緩衝的環境裡，由於每一訂單的緩衝長度都不相同，所以分為三區後，每一訂單在各區的長度亦會不相同。例如 A 訂單的緩衝為 15 小時而 B 訂單的緩衝則為 12 小時，則三等份後，則 A 訂單在每一區是五小時而 B 訂單在每一區是四小時。所以對 A 訂單而言，投料後五小時若未出現在緩衝區，則 A 訂單即進入警示區，若經過十小時仍未出現，則 A 訂單要採取趕工；然而，對 B 訂單而言，投料後四小時若未出現在緩衝區，

B 訂單即進入警示區，若經過八小時仍未出現，B 訂單就要採取趕工了。換言之，由於每一訂單的緩衝時間都不相同，所以各區控制的時間亦不相同，則緩衝管理的資訊要如何表達而且要如何管理呢？

　　所以很明顯的，在動態緩衝的環境裡，緩衝區上各區的大小不能再以絕對值來表達，而必須轉換為百分比。例如將第六章圖 6-10 三等分後的各緩衝區以百分比來表達，其第一區或趕工區為 0~33.3%的緩衝長度，第二區或警示區為 33.3%~66.6% 的緩衝長度，而第三區或忽略區則為 66.6%~100%的緩衝長度等，如圖 11-5 所示。

　　使用百分比來表達緩衝區上各區的大小，能解決動態緩衝的緩衝管理資訊的表達問題，但是由於同一百分比所代表的各訂單緩衝長度並不相同，所以各訂單在緩衝區上的次序，隨著時間的進展不會平移前進，而會有跳躍式的變化。因此在現場管理時，各訂單的緊急程度，無法直覺的從緩衝區上各訂單的次序來判斷，而必須根據各訂單的實際緩衝長度與百分比間隨時作轉換，所以較為麻煩而不直接。

　　例如圖 11-5 在 12/4 早上第二區的 10 件 S 與 10 件 T，如果 S 的緩衝為 24 小時而 T 的緩衝為 12 小時，則 10 件 S 離加工時間還有 8 小時而 10 件 T 離加工時間卻只有不到 6 小時的時間。換言之，如果這 10 件 S 未出現則要趕工(還有 8 小時)，然而如果是 10 件 T 未出現(只有 6 小時)卻還要等 2 小時後，才會採取趕工(注意！圖 11-5 的表達是假設訂單的緩衝都為 24 小時，所以在 12/5 的緩衝區訂單的次序才會和 12/4 的相同)。

　　因此，靜態緩衝與動態緩衝何者較佳，尚無法定論，是一個有待學者專家進一步研究的題目。至於在實務應用上，除非不同產品的製程有很大的差異，否則靜態緩衝應該是一個較簡便而可行的方法。

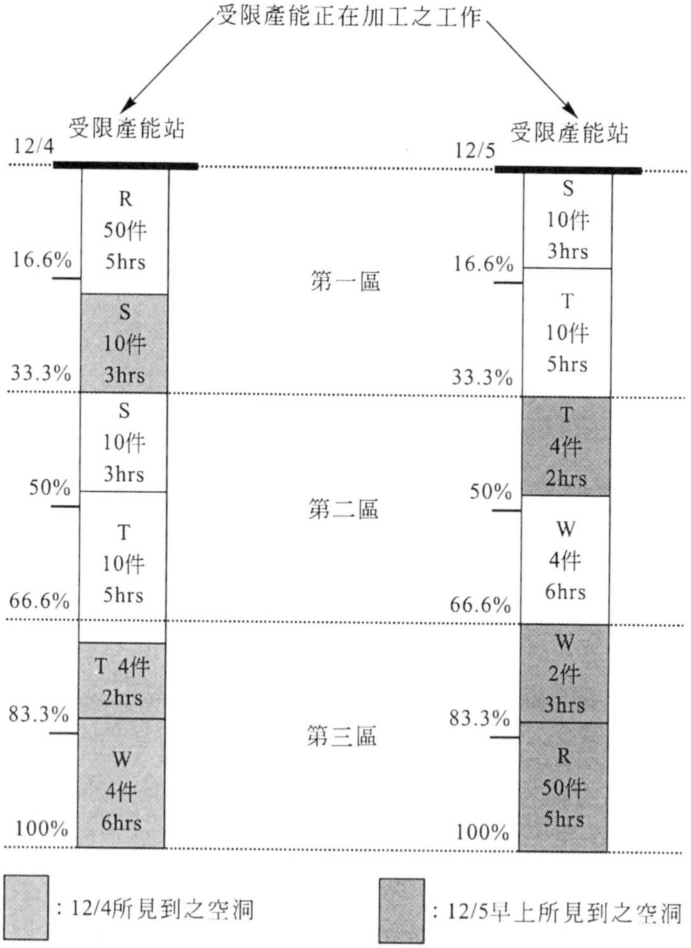

圖 11-5　以百分比表達緩衝區的各區大小

11-4　共用料的管理問題

限制驅導式現場排程與管理制度的設計理念，主要是透過掌握現場投料與受限產能的生產節奏，然後再驅導各非受限產能站以至於全廠的運作。

換言之，其制度的設計理念是要將全廠各站很複雜的現場資源分配決策問題，降低為只有受限產能一站的資源分配決策及少數的控制點，例如投料站或次受限產能站等，至於其餘的非受限產能站則完全不需要負責現場資源的分配決策。因此在投料站與受限產能站是以集中式控制，即現場一定要依照計畫的內容進行而不可自行作主，至於非受限產能站則採分散式控制，即充份授權非受限產能站依「來什麼做什麼，儘快完成往後送」的原則進行。

但是這些非受限產能要能充份自主的運作，必須完全沒有任何需要判斷或分配的狀況，否則「來什麼做什麼，儘快完成往後送」的原則就會失效。所以這個原則要有意義且讓現場不混淆，必須具備兩個條件：

(1) 不可以有大量的在製品存貨堆積，否則「來什麼做什麼」這一理念會失掉意義。由於在限制驅導式的管理環境下，投料依受限產能的需要，所以各站要堆料的機會不高，除非偶爾發生當機或意外狀況。其次，如果有負荷非常重的非受限產能，可以宣告其為次受限產能而採集中式的管理。所以「來什麼做什麼」這一理念可以在非受限產能落實而不會有問題。

(2) 工件完成的後續途程要很明確，否則「儘快完成往後送」這一理念會出問題。因為如果後續途程有兩站以上的選擇，例如共用料就有這樣的問題，而又沒有製令指示(限制驅導式管理系統不鼓勵使用製令，因為它會造成整批流的政策限制)時，則工件不可任意被往後送，否則送錯站或送錯數量，都會造成出貨的問題，所以必須再給予一個輔助的法則「若為共用件，則必須依指示往後送」。但是這樣的法則，由於需要依賴管理者的介入，而管理者又不可能隨時在一旁等候，所以會造成後續非受限產能站供料的不順。所以較為合理的作法，是先安排好這些共用件的大概生產時程(不需很精細)，然後該站即有了計畫的導引，換言之，共用件的非受限產能站亦必須採集中式的管理方式。

因此接下來要討論的是如何設計共用件的生產計畫。如圖 11-6 之產出鍊，假計每一種機台都只有一台，而機台 P 為受限產能，受限產能緩衝與出貨緩衝都為 8 小時，每天工作時間為 24 小時。材料#1 經過機台 A 的加工後，是產品#1 與產品#2 的共用料。假設因市場的需求，所以工廠必須每天 8:00 出貨 30 個產品#2 與 30 個產品#1。所以可以排出來限制驅導節奏為每天 0:00~24:00 要生產 24 個產品#2，而料是在前一天的 16:00 投入(隔天 0:00~24:00 為受限產能之生產，然後再隔天的 8:00 即可出貨)，至於產品#1，由於沒有產能的限制，所以直接推出投料時間為 0:00(當天 8:00 即可出貨)。

當材料#1 在機台 A 加工完後，若往機台 C 送，則材料#1 會被加工成產品#1，若往機台 P 送，則材料#1 會被加工成產品#2，所以必須有計畫來導引機台 A 如何往後送。

由於機台 P 為受限產能，所以可將其限制驅導節奏(即 0:00 要生產 24 個產品#2)作為機台 A，往後送料給機台 P 的參考，則每天 16:00 投的料，當機台 A 生產完成後，即曉得要在 0:00 前送 24 件料到機台 P。但是機台 C 為非受限產能，沒有事前生產的計畫，所以每天 0:00 投的料，當機台 A 完成後即無法往後送。換言之，機台 C 為了生產機台 A 的共用料必須要有一個事前的計畫，即所謂之共用料生產節奏。

為了計算共用料生產節奏，必須找到共用料生產節奏參考點及共用料緩衝。所謂共用料生產節奏參考點是一個有事先設計生產節奏或出貨節奏

的站，所以共用料生產節奏參考點的找法是由該生產共用料的製程或機台
為起點，然後往出貨方向找有事先設計生產或出貨計畫的點，因此可能是
出貨站、受限產能站、次受限產能站或他有共用料生產節奏的非受限產能
站等。如圖 11-6 機台 C 生產共用料的共用料生產節奏參考點，經由機台 B
與 T，即可找到有事先計畫的即為產品#1 的出貨時間，即 8:00。

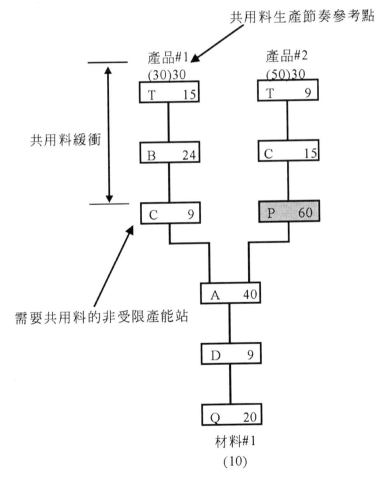

圖 11-6　有共用料的產出鍊範例

至於共用料緩衝長度則決定於共用料生產節奏參考點與該生產共用料工作站間的距離，例如圖 11-6 機台 C 大約是在投料站與出貨點間而較靠近出貨的位置，由於出貨緩衝為 8 小時，所以共用料緩衝可以大約取 3 小時。

有了共用料生產節奏參考點的計畫與共用料緩衝的大小，即可計算出來該生產共用料工作站的生產節奏。以圖 11-6 為例，由於產品#1 的出貨時間為 8:00，而共用料緩衝為 3 小時，所以機台 C 生產共用料的時間即為 5:00。

當機台 A 有了機台 C 生產共用料時間為 5:00 而機台 P 生產用料的時間為 0:00 時，則投料站在 0:00 所投的料，在機台 A 完成後大約是 4:00 左右，即可主動將該料送往機台 C，而投料站在 16:00 所投的料，在機台 A 完成後大約是 20:00 左右，即可主動將該料送往機台 P。當然也可反過來說，由於機台 C 有事先的共用料生產計畫，所以大約在 5:00 時，允許其到機台 A 拿 30 件共用料來生產。(注意！正常情況下，非受限產能站是不允許主動拿共用料的，否則會造成大家都要搶共用料的問題。)

有了規劃共用料生產節奏的觀念後，接下來有幾點的說明：

(1) 共用料生產節奏的目的是在導引在非受限產能間共用料的後送，其管理意義是屬於作業面的指示，而和全廠的最大產出沒有直接之關係，所以共用料生產節奏的設計不需要太精細或太計較，只要合理可行即可，例如不會送錯站或送的時間不要太離譜即可滿足現場作業之需求。

(2) 共用料緩衝的大小，不要太過份計較或弄得太複雜，因為工廠有共用料的工作站可能不在少數，如果太計較其精度，可能導致緩衝過於繁複，而使這套技術的效果打了折扣。

(3) 共用料生產節奏參考點的選擇，以能減化共用料生產節奏的計算或共用料緩衝的預估為佳。

　　例如圖 11-7 所示之產出鍊，其中機台 P 為受限產能而換線時間為 240 分鐘，從產出鍊可以看出機台 P 所生產的工件是機台 B 與 C 的共用料。假設訂單分別為 10 個產品 1、20 個產品 2、15 個產品 3 及 25 個產品 4，而這些訂單在限制驅導節奏的時段分別如下：

作業代碼	數量	開始時間	結束時間
B4	30	10:00	26:30
D4	40	26:30	50:30

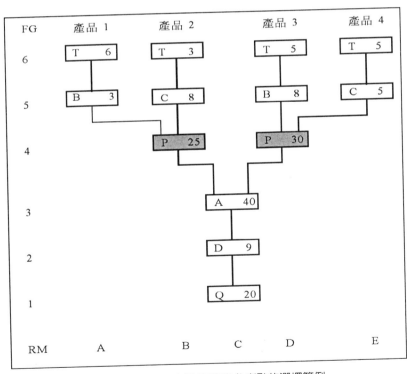

圖 11-7　有共用料生產節奏參考點的選擇範例

　　則機台 P(受限產能)就是機台 B 與 C 的共用料生產節奏的最佳參考點，因為機台 P 在 10:00 所要生產的 30 個作業 B4，其中有 10 個是要給產品 1 而另外 20 個要給產品 2。所以可以根據產品 1 與產品 2 的交期先後，決定何者先生產。假設是產品 2 要先出貨，因此機台 P 經過 240 分鐘的換線後，在 14:00 開始生產的 B4 工件是要給作業 B5(機台 C)的，所以機台 C 可以從 14:00 起才有機會生產 B4 的共用料。換言之，機台 C 的共用料生產節奏為 14:00 起生產 20 個作業 B5，或機台 C 從 14:00 起可以向機台 P 拿 20 個 B4 作業的(共用料)工件。其次當機台 P 生產了 20 個 B4 後，大約是在 22:20 時開始生產第 21 個 B4 工件，而第 21 個起是要給訂單 1 的 10 個工件，所以機台 B 的共用料生產節奏為 22:20 起生產 10 個作業 A5，即機台 B 從 22:20 起可以向機台 P 拿 10 個工件。同理，機台 B 生產作業 D5 及機台 C 生產 E5 的大約開始時間(假設產品 3 比產品 4 先出貨)，亦可以此方式估算出來，所以機台 B 與機台 C 的共用料生產節奏分別如下：

機台 B 的共用料生產節奏			機台 C 的共用料生產節奏		
作業代碼	數量	大約開始時間	作業代碼	數量	大約開始時間
A5	10	22:20	B5	20	14:00
D5	15	30:30	E5	25	38:00

　　由於共用料生產節奏的目的是讓現場作業有所依循或識別，所以上面圖 11-7 所示的例子，是以其前一站的受限產能為共用料生產節奏參考點，即可充份區別出共用料不同後續站的需求時間，因此是否要給共用料緩衝已不重要了。

　　本節又多介紹了一種共用料緩衝或共用料生產節奏的觀念，所以限制驅導式現場排程與管理技術，所用到的各類生產節奏與緩衝種類，可以歸納如表 11-1 與表 11-2。

表 11-1　生產節奏之種類與站別關係

生產節奏種類	站別
投料節奏	投料站
限制驅導節奏	受限產能
次限制驅導節奏*	次受限產能
共用料生產節奏	需共用料站
出貨節奏	出貨站

＊：屬於精進篇部份(第八章)

表 11-2　緩衝種類與緩衝區所涵蓋區域範圍

緩衝種類	緩衝區所涵蓋區域範圍
受限產能緩衝	投料站至受限產能間之區域
出貨緩衝	受限產能至出貨站間之區域(有受限產能時) 或投料站至出貨站間之區域(無受限產能時)
裝配緩衝	投料站至裝配站間之區域
間隔緩衝*	受限產能與受限產能間之迴流區域
次受限產能緩衝* 自由批緩衝 前行批緩衝 後續批緩衝	次受限產能與出貨站間之區域 次受限產能與受限產能間之區域 受限產能與次受限產能間之區域
共用料緩衝	需共用料站至共用料生產節奏參考點間之區域

＊：屬於精進篇部份(第八章與第十章)

　　這些需要事先規劃生產計畫的地方，包含有出貨站、受限產能站、次受限產能站、投料站以及需共用料的非受限產能站，就限制驅導式現場管理觀念而言，這些有事先規劃生產節奏的工作站必須依計畫進行。其餘的非受限產能站，即可依「來什麼做什麼，儘快完成往後送」的原則而充份授權。

　　其次，有這麼多的緩衝或生產節奏，並不會同時發生在一個廠，而必須視各廠的特性與需求而決定，因此接下來的一節即來討論如何在不同生產環境的應用。

11-5　不同生產環境的應用

　　一個產品的產出鍊的形狀可分為 I 型、A 型、V 型、與 T 型等四種，如圖 11-8、圖 11-9、圖 11-10 及圖 11-11 所示。所以依工廠產品產出鍊的形狀，不同工廠的生產環境相對的可大致分為 I 型、A 型、V 型、與 T 型等四種工廠。

　　I 型工廠的特性是物料只有加工或製造的製程，原物料與產品間是一對一的關係，如圖 11-8 所示。換言之，I 型工廠的零件種類數會和其產品種類相等，例如零件加工廠或主機母板(PCB)製造廠等，即為典型的例子。

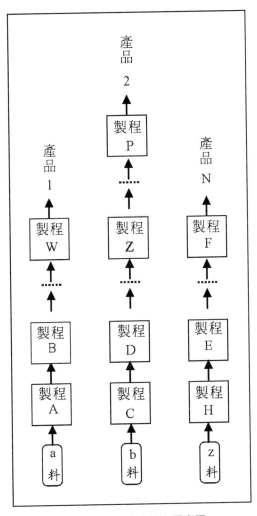

圖 11-8　I 型產出鍊之示意圖

　　A 型工廠的特性是有很多需要加工的零件，爾後這些零件會被組裝成少數的幾樣成品，即原物料與產品間是多對一的關係，如圖 11-9 所示。換言之，A 型工廠的零件種類數會遠大於其產品種類，例如汽車廠即為一典型的例子。

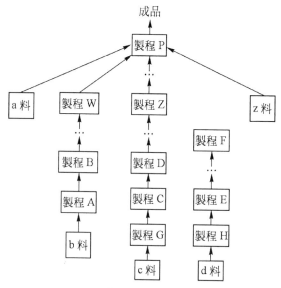

圖 11-9　A 型產出鍊之示意圖

　　相對於 A 型廠，V 型工廠則剛好相反，其愈源頭的製程或物料，其為後製程之共用料的比例就愈大，即原物料與產品間是一對多的關係，如圖 11-10 所示。換言之，V 型廠的原物料種料很少，但產品種類卻非常之多，所以大部份的基礎工業，例如鍊鋼廠等，都是屬於 V 型廠，即同一種原物料或在製品，經過不同製程的加工，即可衍生出另一種成品，所以其產品的種類數會遠大於其原物料的種類。

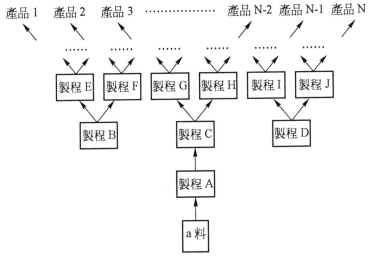

圖 11-10　V 型產出鍊之示意圖

　　至於 T 型廠，其產出鍊的特性則是組成最終成品或次組成品的零件，由於具備了共用料或標準化之特性，所以產品種類數亦會大於零件的種類數，如圖 11-11 所示，例如一般家電或五金製造廠，即屬於 T 型廠。

　　由於這類工廠的最後組裝的時間遠小於零件製造的時間，而成品種類很多不易預測，所以很多工廠為了縮短交期時間及降低存貨的風險，都會採取接單後組裝(Assemble-To-Order，ATO)的策略，即先行製造一些半成品或半組成品為庫存，而當接到訂單時，再依訂單之需求而作最後組裝，如此即可降低存貨的風險及產品多樣化的需求。

　　如果工廠是採取類似 ATO 之生產策略，由於零件為計畫型生產，會先入庫，而後有訂單時再出庫至現場組裝，由於這兩階段是獨自運作的，所以工廠相當於會被分解為零件加工廠與組裝廠兩個廠。換言之，在 ATO 的策略下，這類工廠產品的產出鍊已不再是 T 型產出鍊，而是被分割為兩個獨立的Ⅰ型產出鍊，即零件生產為一Ⅰ型產出鍊而最後組裝為另一個Ⅰ型產出鍊。

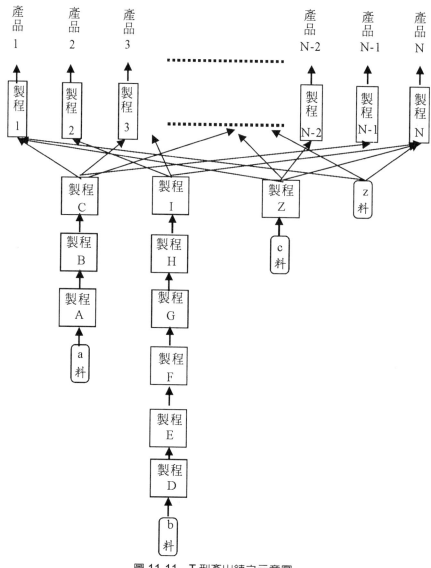

圖 11-11   Ｔ型產出鍊之示意圖

　　其次，T 型廠要注意的還有兩點。首先是 T 型產出鍊和 V 型產出鍊都有共用料之特性，其最大的不同在於 T 型工廠的共用料只出現在最後之組裝部份。其次當 A 型廠的產品逐漸多樣化，例如汽車顏色上的變化或加裝不同的配件等，則 A 型廠即會變成 T 型廠，換言之，A 型產出鍊可以視為是 T 型產出鍊的特例。

　　有了上列不同生產環境的分類後，接下來即可討論限制驅導式現場排程與管理技術要如何應用在各個不同的生產環境。

　　首先來看最簡單的 I 型廠。如果限制為受限產能，則對於要經過受限產能的訂單，則可由訂單與出貨緩衝而求出各訂單在受限產能的限制驅導節奏，而後再透過受限產能緩衝即可求出這些訂單的投料節奏。至於不需經過受限產能的訂單，或限制為市場或材料時，則可直接由訂單交期與出貨緩衝而求出投料時間。

　　其次對於 A 型廠。如果限制為受限產能，則對於要經過受限產能的訂單，則可由訂單與出貨緩衝而求出各訂單在受限產能的限制驅導節奏，而後再透過受限產能緩衝即可求出這些訂單的投料節奏。其次，再以這些訂單在限制驅導節奏上的時間，視為是該訂單離開受限產能站後，後續要和其他工件的組裝時間，因此根據該工件的裝配緩衝即可推出其投料時間。至於不需經過受限產能的訂單，或限制為市場或材料時，則可直接由訂單交期與出貨緩衝而求出各工件的投料時間(注意！不需裝配緩衝！)。

　　至於 V 型廠，其最大的特性則是多了共用料生產節奏的設計。如果限制為受限產能，則對於要經過受限產能的訂單，則可由訂單與出貨緩衝而求出各訂單在受限產能的限制驅導節奏，而後再透過受限產能緩衝即可求出這些訂單的投料節奏。如果共用料的加工站並非受限產能站，則必須以這些共用料的共用料緩衝及共用料生產節奏參考點而規劃出共用料生產節奏(一個站要設計一個)。至於不需經過受限產能的訂單，或限制為市場或材料時，則可直接由訂單交期與出貨緩衝而求出各工件的投料時間，至於共用料的站，則仍然要依共用料緩衝而計算出共用料生產節奏。

最後一類的 T 型廠，則和 V 型廠是類似的，所以不再重覆。

因此歸納上面之討論，當工廠的限制為產能時，這套方法於各不同生產環境應用的重點如表 11-3 所示。在 I 型工廠裡，要先規劃的計畫有限制驅導節奏、出貨節奏及投料節奏，而所需的緩衝為出貨緩衝及受限產能緩衝兩種。

表 11-3   限制驅導式現場排方法於不同生產環境之應用 I：限制為產能

	I 型工廠	A 型工廠	V 型工廠	T 型工廠
限制驅導節奏 (出貨緩衝)*	√	√	√	√
出貨節奏 (出貨緩衝)	√	√	√	√
裝配生產節奏		√		
共用料生產節奏 (共用料緩衝)			√	√
投料節奏 (受限產能緩衝)	√	√ (裝配緩衝)	√	√

*：括號內所示之緩衝為求得該節奏所需的緩衝資料之種類。

其次在 A 型工廠裡，要先規劃的計畫亦為限制驅導節奏、裝配生產節奏、出貨節奏及投料節奏，而所需的緩衝為出貨緩衝、受限產能緩衝及裝配緩衝三種。其中裝配節奏則和要經過受限產能的工件之限制驅導節奏相同，並不需另外再計算，而裝配緩衝則是用來計算要和經過受限產能的工件組裝之工件的投料時間。換言之，當限制為產能時，A 型廠投料節奏的計算需要有受限產能緩衝與裝配緩衝兩種資料。

至於在 V 型或 T 型工廠裡，要先規劃的計畫則為限制驅導節奏、出貨節奏、共用料生產節奏、及投料節奏等，而所需的緩衝為出貨緩衝、受限產能緩衝及共用料緩衝三種。

當工廠的限制為市場或材料時，這套方法於各不同生產環境應用的重點如表 11-4 所示。很明顯的，所需先規畫的計畫簡單了許多，各類工廠所需要先規劃的計畫只有出貨節奏及投料節奏兩者，所以只需一個出貨緩衝即可完成。但是 V 型與 T 型廠由在作業上需要有共用料生產節奏的導引，所以在共用料的生產站仍需規劃共用料生產節奏。

表 11-4　限制驅導式現場排方法於不同生產環境之應用 II：限制為市場或材料

	I 型工廠	A 型工廠	V 型工廠	T 型工廠
出貨節奏	√	√	√	√
共用料生產節奏 (共用料緩衝)*			√	√
投料節奏 (出貨緩衝)	√	√	√	√

　　＊：括號內所示之緩衝為求得該節奏所需的緩衝資料種類。

以上將工廠分為四類的目的，是要說明限制驅導式現場排程與管理技術的應用。然而在實務上，一個工廠純粹為其中一類的機會並不多，一般是為兩類以上的混合，例如第三章的問題第 6 題所示的工廠，包含有 I 型、A 型與 T 型等三種產出鍊，所以可以視為是這三種廠的混合。

11-6　問題與討論

1. 解釋下列名詞：

    (1)共用料　　　(2)共用料緩衝　　(3)共用料生產節奏

    (4)V 型工廠　　(5)T 型工廠　　　(6)A 型工廠

    (7)I 型工廠　　(8)靜態緩衝　　　(9)動態緩衝

2. 某工廠生產 A 與 B 兩種產品，其製程資料如下所示。該廠每天可工作
    的時間為 8 小時，而受限產能為 R4 工作站，緩衝如下圖所示。假設從
    6/26 日起，每天市場之需求為 10 個產品 A 及 5 個產品 B，請設計該廠
    可行之限制驅導節奏及投料節奏？

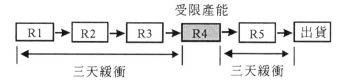

作業	機器	設定時間 (分/次)	加工時間(分/件)	
			產品 A	產品 B
010	R1	15	25	25
020	R2	60	20	30
030	R3	0	20	25
040	R4	30	30	30
050	R5	0	20	40

3. 請問共用料緩衝的意義為何？

4. 某受限產能站所生產的工件為後續各站之共用料，則其共用料生產節奏與
    限制驅導節奏有何關係？這個受限產能還有需要共用料緩衝嗎？

5. 某工廠的受限產能負荷為 110%，有一非受限產能的負荷為 90%。這一個非受限產能站有十台機台，由於為了減少換線所以依產品線需求而被分為 A 與 B 兩個群組(各五台)，其中 A 群組的負荷為 120%而 B 群組的負荷為 60%。請問這個廠所定義的受限產能是否要修正？請問這個廠的真正限制為何？

6. 下列共有(a)~(m)個產出鍊，(1)請問該產出鍊是屬於 A-型廠、V 型廠或 T 型廠中何者？(2)假設其中機台 P 為限制，請就各產出鍊，標示其出貨緩衝、受限產能緩衝、裝配緩衝或共用料緩衝所涵蓋之區域範圍。

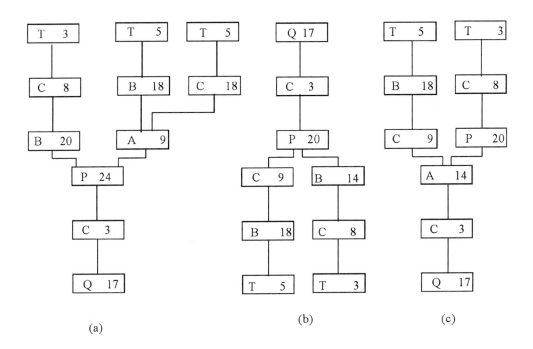

(a)　　　　(b)　　　　(c)

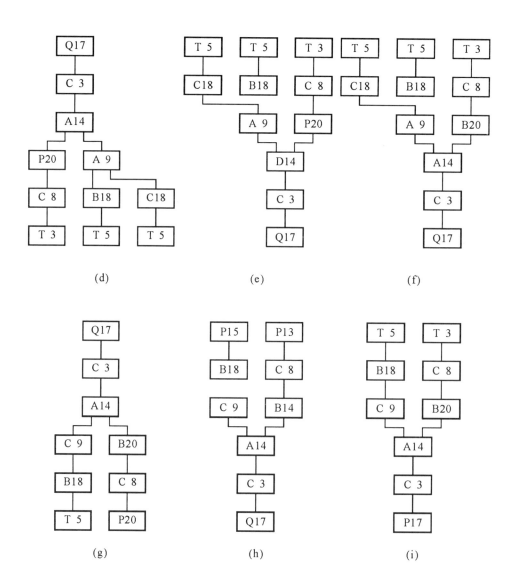

(d)　　　　　　　　(e)　　　　　　　　(f)

(g)　　　　　　　　(h)　　　　　　　　(i)

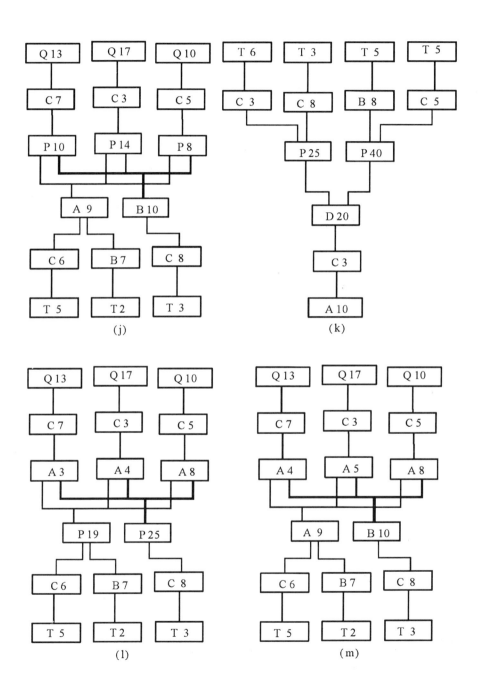

(j)

(k)

(l)

(m)

7. 第 6 題的產出鍊若有共用料的問題,請指出其共用料生產節奏參考點的位置。

8. 某工廠每天工作時間為 24 小時,其受限產能有兩台機台,假設其限制驅導節奏的廢虛如下所示,請予以推平並合理化。

作業代碼	加工所需時間(小時)	開始時間
1	1	14:00
2	2.5	11:30
3	1	12:00
4	1.5	11:00
5	2	10:00
6	1	10:30
7	1	9:30
8	1	9:30
9	1	7:30
10	0.5	6:00
11	1	4:30
12	1.5	3:30
13	1	3:00
14	1	3:00
15	1	2:30
16	3	0:00
17	1.5	-0:30
18	1	-1:00
19	2.5	-3:30

9. 假設緩衝時間為加工與換線時間的兩倍，請重作圖 3-8 之個案，及第三章問題與討論之第 3 題。

10. 請問第三章的問題第 6 題所示的工廠，那一站或那一作業會使用到共用料？您認為其共用料生產節奏的參考點應設在那裡？共用料緩衝為多少？根據您所給的資料，請計算出該站之共用料生產節奏。

11. 限制驅導式現場排程方法會先設計的生產節奏有那些？該生產節奏分別所屬的站別為何？

12. 限制驅導式現場排程方法會用到的緩衝種類有那些？各緩衝所涵蓋的範圍為何？

13. 當工廠的限制為受限產能時，請問 I 型工廠、A 型工廠、V 型工廠及 T 型工廠，在設計限制驅導式現場排程時，分別需要設計的生產節奏有那些？

14. 當工廠的限制為市場或材料時，請問 I 型工廠、A 型工廠、V 型工廠及 T 型工廠，在設計限制驅導式現場排程時，分別需要設計的生產節奏有那些？

CHAPTER **12**

讓限制成為贏得競爭
的策略

12-1　受限產能的漂移問題

　　大部份的人在學了限制驅導式現場排程與管理技術後，會有兩種先後的反應，首先是拍手叫好，一致認爲這套方法是有意義的。但同時又會有一個負面的聲音，即我們工廠到處都是瓶頸(受限產能)，或者是我們工廠的瓶頸隨時都在漂移(Wandering)，根本無法掌握到眞正的瓶頸。

　　由於受限產能的掌握是使用這套方法必備的重要條件之一或第一步要先克服的問題，所以若無法掌握到工廠眞正的受限產能，這套技術是無意義的，因此這一節首先就來討論如何掌握受限產能或受限產能漂移的眞象問題。

　　所謂受限產能漂移是指工廠的受限產能在不同的時間會出現在不同的資源(機台)，相對的，如果一個工廠的受限產能始終固定在同一資源上，則稱爲穩定的(Stable)受限產能。由於限制驅導式現場排程與管理技術的管理重心是架構在受限產能上，所以當一個工廠其受限產能的漂移速度太快時，是無法被掌握的，所以必須要有較穩定的受限產能，這套技術才能發揮效果或應用得上。但是工廠受限產能會漂移卻是事實，以下舉一例子來說明。

　　假設某一工廠有兩種機台，分別爲 M1 與 M2 各一台，及兩種產品 P1 和 P2，產品在各機台的每件加工時間以小時爲單位(不考慮換線時間)，如圖 12-1 所示。

　　由於市場需求的變化，工廠生產的產品組合(Product Mix)就會有所不同，所以這個廠的受限產能可能會隨著 P1 與 P2 生產組合的不同而會有下列三種狀況：

(1) 當 P1 與 P2 的需求量相同時，這個廠不會有受限產能或兩者都是受限產能，因為兩種工件在 M1 加工 1.5 小時，同樣亦需要 M2 加工時間 1.5 小時，所以這兩台機台的負荷是很平衡的。

機　　台

		M1	M2
產	P1	0.5	1
品	P2	1	0.5

圖 12-1　受限產能漂移之範例

(2) 當 P1 的需求量大於 P2 的需求量時，則機台 M2 是這個廠的受限產能。例如若 P1 的需求量是 P2 的兩倍時，則 M2 每加工 2.5 小時，其所需的 M1 加工時間只需 2 小時。

(3) 當 P2 的需求量大於 P1 的需求量時，則機台 M1 是這個廠的受限產能。例如若 P2 的需求量是 P1 的兩倍時，則 M1 每加工 2.5 小時，其所需的 M2 加工時間只需 2 小時。

換言之，工廠的受限產能會隨著市場需求的產品組合不同而變化或漂移。由於市場需求的變化對工廠而言，是一個無法改變的事實，所以工廠會出現受限產能漂移現象的最常聽到理由，就是產品組合變化太大所造成的。但是根據專家學者的研究分析，產品組合的變化卻是造成受限產能漂移的次要因素，工廠的現有績效指標(政策限制)才是造成受限產能漂移的主要原因。所以下一節即來討論政策限制造成受限產能漂移的影響。

12-2　政策限制是造成受限產能漂移的關鍵

現有追求資源使用率或效率的績效指標是受限產能漂移的關鍵所在。例如工廠最常見到的指標是每位員工的最大產出或最大利潤，然而在現有成本觀績效指標的理念下，其所導引的管理方向，卻是現場任何人的閒置即會影響每個人的最大產出或利潤的指標。因此，對現場管理者而言，雖然已看出一些制度(績效指標)不合理的作法，但是卻不得不努力維持這些指標以應付上面的要求。所以接下來就來舉一些常見的狀況，來說明現場成本觀績效指標對受限產能漂移的影響有多大。

(1) 高使用率的追求：為了使工廠一些較昂貴的機台，能充份發揮其效率或生產量，以獲得加速折舊或降低單位成本的效果，因此這些機台任何的閒置都是浪費，而必須維持這些機台始終忙碌(keep busy)才能達到所追求目的。但是在工廠裡，如果這些機台的產出高過其他機台時，則追求這些機台的產量或使用率的結果，勢必造成工廠其他產出較低的機台負荷過重，因此工廠裡自然就會形成到處都是受限產能的現象。例如圖 12-2 所示的範例，有五種機台，每小時的產出各不相同，如果機台 B 由於是工廠最貴的設備，所以上級要求要充份利用不可有閒置。當機台 B 的使用率達到上級的要求的 100%時，機台 A、C、D 及 E 的使用率一定是在 100%以上，所以工廠當然到處都是受限產能(瓶頸)了。

(2) 換線次數的降低：換線由於是沒有產出的工作，會對工廠每個人最大產出的指標有負面的影響，所以在成本觀績效指標下，換線被視為是一種浪費而必須將換線次數降為最低。為了減少換線的次數，所以必須保持大批量的生產或是將小批量的訂單予以併批。然而大批量的流動相當於一洪峰流一般，會造成現場各站物流的不順暢，使得物流所到之處因一時無法宣洩，而成了一時的受限產能。換言之，物流所到之處即為受限產能的所在，因此會造成現場受限產能漂移的現象或感覺。

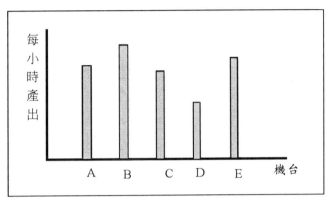

圖 12-2　機台產出率範例

(3) 投料的觀念：工廠最常見的投料大概有兩種，一種是依第一站 (Gateway)的需求，只要第一站沒料了就馬上補料；第二種是依全廠的在製品或負荷程度，只要低於某一水準，就投料。第一種投料方式，除非剛好第一站是全廠產出率最低的所在，否則就會造成其他比第一站產出率較低的工作站都成了受限產能。例如圖 12-2 所示的例子，如果依第一站 A 機台的產出率投料，則機台 C 與 D 即有可能成了受限產能。其次，關於第二種投料方式，雖然將全廠的工作量或在製品存貨水準控制在一定的程度，但由於各站生產速度的不一，一般都會擠在一些速度較慢的工作站前，因此也會造成這些速度較慢的工作站都成了受限產能。

(4) 低單位成本的追求：目前成本會計制度所設計的單位成本，其內容除了材料成本外，有很大一部份是屬於(作業)費用的分擔。所以為了保持帳面的單位成本在一定水準以下，各機台每天就必須生產一定以上的量，否則單位成本會暴增。在設備愈密集的工廠，由於費用在成本結構裡所佔的比例較高，這樣的現象就會愈嚴重。例如圖 12-3 所示的範例，Y 機台每天的產能有 160 個而 X 機台的產能只有 80 個，如果這個廠每天的費用爲 240 元，爲了方便計算這裡使用最簡單平均分擔法，即機台 X 與 Y 各分擔 120 元。所以機台 Y 每天若生產 160 個，則每個工件所需分擔的費用是 0.75 元(=120/160)，但是機台 Y 每天若配合 X 的需求而只生產 80 個，則每個工件所需分擔的費用是 1.5 元(=120/80)。因此爲了降低帳面上的單位成本，Y 每天必須生產 160 個，以滿足所謂的經濟生產量。因此工廠如果爲了追求低單位成本，就會始終保持各機台的滿載或大批量生產，自然就會造成工廠處處都是受限產能了。(注意！依目前管理的常識，我們都知道圖 12-3 的機台 Y 每天必須配合機台 X 或市場的需求生產，否則多生產的 80 個只有百害而無一益，例如只會造成很嚴重的庫存或呆料問題等，但是目前單位成本的指標卻會鼓勵我們去做違反常識的事，這是成本會計目前最矛盾的所在，因爲它會導引管理者去做不合理的決策。)

(5) 備用或保護產能被視爲是浪費：爲了達到現場人力的高使用率指標(即沒有閒置人力的浪費)，現場會透過多能工的訓練、利用額外的加班、臨時人力或在製品的存貨等管理手段，以便隨時保持市場需求與人力數的平衡(若人力數能略小於市場的需求，則管理者一定更滿意)。由於機台有製程能力差異性的技術限制，不同機台間無法相互支援，所以機台的多餘產能，對管理者而言是不得

不接受其閒置的事實。但是現場任何人員由於透過適當的訓練或
管理，即可彼此相互支援，所以現場的人力是不容許閒置的。例
如圖 12-2 所示的例子，假設各站每天所需的人力分別如下：機台
A 為 0.55 人、機台 B 為 0.5 人、機台 C 為 1 人、機台 D 為 0.45
人及機台 E 為 0.62 人。如果機台 A 配置一人，則該站每天的閒
置時間即為 0.45 人或每小時有 27 分鐘的閒置。這些閒置都會被
上層管理者視為是浪費，因此在追求每位員工產出的績效指標下
是不被容許存在的，因此這五個站最多只能配置 3.125 人，亦即
配置 3 人，不足的 0.125 人則以加班方式來完成。換言之，現場
人員完全沒有了多餘(Excess)、備用(Spare)或保護(Protective)的產
能，所以當產品組合有了變化或現場發生一些非預期的狀況，當
然每一站都會立刻成為受限產能了。

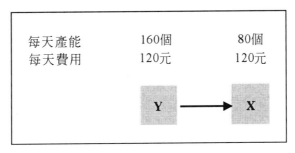

圖 12-3　單位成本的分攤範例

　　由於工廠型態各異，所呈現的成本觀績效指標的政策限制亦不相同，
因此無法一一舉出來說明，這裡所舉的不過是一些較為常見的例子而已。
其次，根據專家的研究與調查顯示，V 型工廠由於設備設資大，而 T 型工
廠由於材料種類複雜與裝配成套之需求，是兩種較易發生追求成本觀績效

指標的政策限制的環境，是值得讀者注意的。

所以經過本節的說明後，如果工廠處處都是受限產能以至於無法掌握到真正的受限產能，或是現場有嚴重的受限產能漂移問題，要追究或抱怨的原因可能不是產品組合的變化或是現場非預期狀況的發生，因為這些可能只是次要的或表面的因素而已。真正要醒思的應該是工廠管理者所使用或要求現有現場績效指標(政策限制)，因為績效指標才是背後的核心原因。這是為什麼本書在第二章就要先討論績效指標，而在第五章又花了很大的篇幅討論現場的管理問題及資源績效再定位的原因，因為現有追求局部或帳面值最佳的績效觀念若不改變，這套技術是無法發揮效果的(注意！績效觀念不改變，不只這套技術會無效，其他一些常見的客戶導向管理方法，例如 JIT 或 TQM 等，一樣註定要失敗的)。

但是經過這樣的說明後，讀者可能還是會有兩個問題：(1)如果受限產能漂移真的是由於產品組合改變而造成的，是否有掌握的方法？(2)非受限產能的多餘產能，不是太浪費了嗎？或者有人甚至會說限制管理(TOC)或限制驅導式現場排程與管理技術是一套不計成本、需要用較多的人或很浪費成本的管理方法？這兩個問題是接下來分別要討論的重點。

12-3　受限產能漂移之掌握方法

當工廠發生了受限產能漂移的現象時，即出現了漂移前與後的兩個不同受限產能，為了區別的需要，我們將漂移前原來的受限產能稱為舊受限產能，而漂移後的受限產能則稱為新受限產能。由於受限產能漂移的意義是受限產能出現在其他不同的資源上，因此就產出鍊上的製程而言，相對於舊受限產能所在的製程，新受限產能的位置只有兩種可能，即在舊受限產能之前製程或在舊受限產能之後製程。

　　如圖 12-4 所示受限產能漂移示意圖，假設在受限產能漂移前，原有受限產能的位置如圖 12-4(a)所示。在受限產能漂移後，新的受限產能可能在舊受限產能之前製程中，即新受限產能供料給舊受限產能者，如圖 12-4(b)所示，另外還有一種可能是新受限產能在舊受限產能之後製程中，即舊受限產能供料給新受限產能者，如圖 12-4(c)所示。

　　換言之，要掌握受限產能漂移的新位置，必須先判斷新受限產能是往前製程漂移亦或往後製程漂移，才能進一步在較小的範圍內找到新受限產能的位置。由於在限制驅導式現場排程與管理制度下，受限產能站前會有一受限產能緩衝區而在出貨站前會有一出貨緩衝區，所以可以根據這兩個緩衝區上空洞的變化，而掌握到受限產能的漂移方向，進而追蹤出新受限產能的所在，因此緩衝管理提供了一個能掌握受限產能漂移的管理機置。

　　首先來看新受限產能供料給舊受限產能的狀況，即圖 12-4(b)的情形。當受限產能漂移到舊受限產能之前製程時，則受限產能緩衝區與出貨緩衝區上的空洞會有什麼變化呢？由於新受限產能要供料給舊受限產能，而在漂移時，新受限產能還沒有限制驅導節奏的導引，而且尚未引起管理者的注意，因此會有大量的在製品集結而產出會很不順(這時新受限產能的派工仍是由現場自行決定)。因此舊受限產能所需的料會出現大量缺料的現象，反應在原有的受限產能緩衝區上，即空洞會迅速增加，進而逼進到第一區，如果來不及採取行動，則大量的空洞很快的就會穿透緩衝區。其次，這些洞亦會很快的就蔓延到出貨緩衝區上，而造成訂單的延誤出貨。

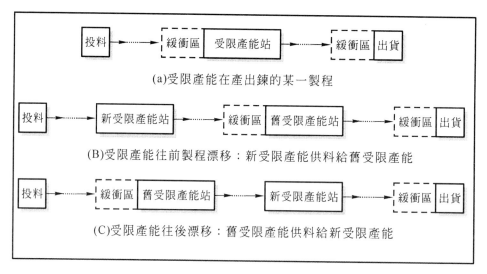

(a)受限產能在產出鍊的某一製程

(B)受限產能往前製程漂移：新受限產能供料給舊受限產能

(C)受限產能往後漂移：舊受限產能供料給新受限產能

圖 12-4　受限產能漂移之示意圖

　　因此判斷受限產能漂移到舊受限產能之前的法則如下：如果受限產能緩衝區和出貨緩衝區上同時有大量的空洞出現時，即有可能是由於受限產能漂移到投料與舊受限產能之間而造成的。如果再進一步追蹤這些空洞的來源時，發現造成這些空洞的資源並未發生任何意外卻產能不足時，則可以確認受限產能已經往前製程漂移到這個造成空洞的資源了。

　　其次再來看舊受限產能供料給新受限產能的狀況，即圖 12-4(c)的情形。當受限產能漂移到舊受限產能之後時，則受限產能緩衝區與出貨緩衝區上的空洞會有什麼變化呢？由於新受限產能已經漂移到舊受限產能與出貨站之間，而在漂移時新受限產能還沒有限制驅導節奏的導引，因此會有大量的在製品集結而產出會很不順(這時的派工是由現場自行決定)。因此會出現訂單在出貨站的完成時間普遍延後的現象，反應在原有的出貨緩衝區上，即空洞會迅速增加，進而逼進到第一區，如果來不及採取行動，則大量的空洞很快的就會穿透緩衝區而造成訂單延誤。至於受限產能緩衝區則由於舊受限產能是在新受限產能之前，所以並不受影響。

因此判斷受限產能漂移到舊受限產能之後的法則如下：如果出貨緩衝區上有大量的空洞出現，即有可能是由於受限產能漂移到舊受限產能與出貨站之間而造成的。如果再進一步追蹤這些空洞的來源時，發現造成這些空洞的資源並未發生任何意外卻產能不足時，則可以確認受限產能已經往後製程漂移到這個造成空洞的資源了。

因此緩衝管理是一個可以用來追蹤受限產能是否發生了漂移，以及判斷新受限產能之所在的很好工具，換言之，透過緩衝管理即可確實掌握工廠的真正受限產能。

但是受限產能漂移問題若是由成本觀績效指標的政策限制所造成時，則漂移的速度或頻率會非常快，例如大批量的物流，其物流所到之處即是受限產能之所在，一天甚至於一小時內就可能變化數次，要由緩衝管理的技術方法來掌握或判斷是有些技術面的困難。相對的，若受限產能漂移問題是由產品組合變化所造成，則其漂移的速度是不可能太快(相對於政策限制所造成的速度)，所以可以透過緩衝管理的技術來掌握。

因此如果現場是由於產品組合的改變而造成受限產能的漂移，是可以透過緩衝管理予以掌握的。至於由現場的現有績效指標(政策限制)所造成受限產能漂移的問題，則先排除這些政策限制可能較有意義，否則要透過緩衝管理的技術來管理由於政策限制所造成的受限產能漂移的問題，恐怕是難逃事倍功半的下場。

其次，回到第一節的問題：大部份的人在學了限制驅導式現場排程與管理技術後，會一致認為這套方法很好，但同時又會因為無法掌握到工廠真正的瓶頸或工廠到處都是瓶頸而遺憾。其實這個問題基本上是以工廠目前的狀態(即還未改變績效指標的環境)而下的結論或感覺，因為大部份人在學了這套方法時，其工廠現有的成本觀績效指標並還未改變，所以在現有的成本觀績效指標下，當然會感覺工廠到處都是瓶頸。

所以當工廠因為有受限產能漂移或無法識別真正受限產能的所在，而認為無法導入這套限制驅導式現場排程與管理技術時，下列的簡單步驟是值得嘗試的：

(1) 在所有可能的產能受限資源(CCR)中隨便挑一工作站，來作為受限產能(注意！產能受限資源即為有可能成為受限產能的資源)。

(2) 導入限制驅導式現場排程方法(第三與第四章)、現場管理(派工)方法(第五章)及控制技術(即緩衝管理，第六章)。

透過這兩個步驟後，很快的就會有下列的效果：

(1) 工廠會被強迫放棄現有的成本觀或局部績效指標，而採行產出觀或限制驅導式資源績效指標。

(2) 如果所挑的受限產能是錯誤的，則透過緩衝管理技術即可很快的掌握到真正的受限產能。

(3) 工廠即可從現有的管理制度而過渡到限制驅導式的管理制度。

12-4　非受限產能的多餘產能不是浪費

所謂多餘產能是指一工作站其產能在滿足了訂單的需求或受限產能的需求後，尚多出來的產能部份。例如圖 12-3 的機台 Y，其產能每天可以生產 160 個工件，但是相對於機台 X 的需求，則只需要 80 件的產能即足夠了。

換言之，機台 Y 的產能在滿足了機台 X 的需求後，尚多出來 80 件的多餘產能。

　　多餘產能是不是浪費？在成本觀績效指標導引下的管理理念，這是一個不用想就很肯定的「常識」，但是以下將從幾個不同的角度來討論。

(1)　首先從技術面來看，機台是否需要多餘產能的意義，不是決定於機台本身，而是決定機台與機台間的依存關係

　　當機台與機台間有足夠多的在製品存貨，則前後機台的物流關係即被在製品存貨給隔離了，如圖 12-5(a)所示，前站所完成的工件不是馬上被送到下一站加工，而是先被送到下一站的在製品存貨區等候，而下一站所要加工的工件亦不是直接來自於前一站，而是來自於其在製品存貨區，因此後站不會因前站一時的狀況而受影響，例如不會因前站無法及時送料過來而導致後站的斷料等。換言之，因為前後兩站間有足夠多的在製品存貨，所以後站所需的料就不需直接且隨時的仰賴前站的表現，因此前後兩站間就沒有依存關係，而可以獨立運作。

　　相反的，當機台與機台間沒有在製品存貨或非常有限時，則前後機台的物流關係是直接依存在一起的，如圖 12-5(b)所示，亦即前站所完成的工件會馬上被送到下一站加工，而下一站所要加工的工件必須等前一站送過來。因此前站如果有一時的狀況，則後站便會立即受到影響，例如前站因當機無法及時送料過來或所送過來的料有瑕疵時，則後站會立即出現斷料的問題等。換言之，因為前後兩站間沒有足夠的在製品存貨，所以後站的績效就會直接且隨時的受到前站表現好壞的影響，因此前後兩站間有依存關係。

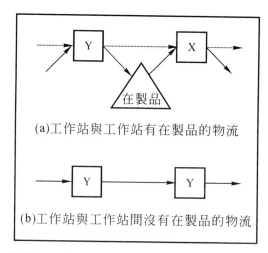

(a)工作站與工作站有在製品的物流

(b)工作站與工作站間沒有在製品的物流

圖 12-5　工作站與工作站間的物流關係(實線所示)

　　如果前後站間沒有依存關係，則前製程機台表現的好與不好對後製程機台不會產生任何直接或立即的影響，因此各機台的產能只要滿足生產所需的產能就夠了，任何多出來的產能都是不必要的浪費。相反的，當機台與機台間有依存關係時，則前製程機台表現的好與不好對後製程機台會立即產生影響，因此各機台的產能除了要滿足生產所需的產能外，還需要一些額外的產能來應付機台間不協調的統計波動或意外事件。因此這些多餘產能又被稱為備用產能或保護用產能。

　　以最普遍的裝配線來說，即是一條站與站間沒有在製品存貨的最典型例子，其站與站間具有依存在一起的特性。例如圖 12-6 所示的五個站的裝配線，如果我們希望這條線每 10 秒鐘能生產出一個產品，而將每一站的裝配時間都設計為 10 秒，所以各站的使用率都百分之百，沒有任何多餘產能的浪費，所以是最好的設計！請問各位您認為這條線能在 10 秒生產出來一個的機率有多高呢？

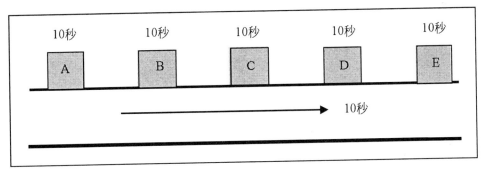

圖 12-6 　一條五個站的裝配線示意圖(各站加工時間均相同)

　　這條線能在 10 秒鐘生產出來一個的機率只有 1/32，您相信嗎？因為工廠任何作業都存在有或大或小的統計波動，當我們提到某一站生產一件的時間為 10 秒時，其實該站每次生產一件出來的時間都不可能剛好 10 秒，而是有時候小於 10 秒，而有時候又會大過 10 秒，亦即若將每一件生產的時間畫下來，則它會是一條在 10 秒上下波動的分佈圖，就樣的行為即稱為統計波動，如圖 12-7 所示。

　　就一個站的統計波動而言，其長時間的平均可以綜合其上下的波動，而歸於一個平均值，例如圖 12-7 的範例，其平均值為 10 秒生產一個。但是問題會出在前後站依存關係所帶來的影響，因為前後站間沒有在製品而彼此有依存關係，所以前站的統計波動會對後站產生立即的影響，例如圖 12-6 上的 A 站這次花了 11 秒才完成，而 B 站只花了 8 秒就完成了，但是由於 B 站是依存於 A 站，所以它並無法在第 8 秒就開始下一件的加工，而必須等到第 11 秒才能接到 A 站送來的料。所以圖 12-6 所示的這條裝配線，要能每 10 秒產出一個，必須每一站都在 10 秒以內完成。其次就每一站而言，其完成一個的時間大於 10 與小於 10 的機會，簡單假設為各半。所以連續五個站，每站完成的時間都要小於 10 秒的機率即為$(1/2)^5=1/32$。

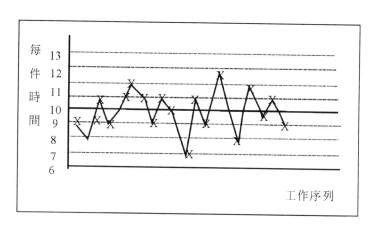

圖 12-7　工作站每次生產一件所需時間的統計波動範例

　　所以要增加這條線每 10 秒產出一個的機會，有兩種方法，一種是用在製品存貨的隔離法，另外一種則是用多餘產能的保護法。但是裝配線的設計是站與站間不留在製品存貨區的，所以第一個方法是不可行的。其次，就現有裝配線的設計而言，是將幾個不同的裝配作業給群組或合併成一個站，而後透過線平衡法(Line Balancing)的評估，以使各站的作業時間最平衡，或多餘產能最小。但是由於每個作業有其最小的基本時間，所以不管如何群組或平衡，現有的裝配線絕對不可能設計成如圖 12-6 這樣的平衡。換言之，目前裝配線在站與站間一定會有不同程度的多餘產能，如圖 12-8 所示。其中 C 站的加工時間 10 秒為速度最慢的站，所以輸送帶必須配合最慢站而設定為每 10 秒經過一個站，因此 A、B、D 及 E 站就分別有了 2 秒、3 秒、1 秒及 3 秒等多餘產能。經過各站有了多餘產能這樣的保護後，這條線每 10 秒產出一個的機率即決定在 C 站的表現，所以管理者只要將 C 站掌握好，則每 10 秒產出一個的機率即可接近於 100%。

　　經過這樣的分析，各位讀者是否已感受到裝配線好管，例如沒有存貨或產出很穩定等，其關鍵並不在輸送帶的有無，而是在於我們所給的多餘產能的保護。

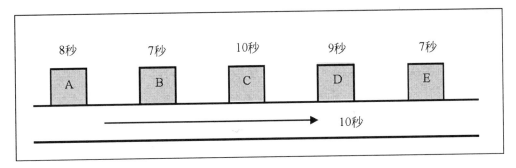

圖 12-8　一條五個站裝配線之示意圖(各站加工時間不同)

　　所以當站與站間不能有足夠多的在製品存貨而產生依存關係時，多餘產能是唯一能用來吸收統計波動的方法。因此多餘產能是否為浪費，應該決定於站與站的關係，如果站與站間沒有依存關係，則多餘產能的意義不大，即為浪費；相反的，如果站與站間有依存關係或沒有在製品存貨時，則多餘產能是必要的備用或保護用產能。

　　(2) 機台多餘產能的意義，決定於外在競爭的需求

　　從等候理論知道，一個服務站的等候線長度會和該站的使用率成正比，亦即使用率愈高則在製品存貨即會愈多或一批貨等候加工的時間即愈長。所以多餘產能是否為浪費的意義，即可從管理上對等候時間長短的需求或在製品多寡所存在的風險來決定了。

　　如果交貨時間的快與準是市場競爭所需的關鍵因素，則多餘產能對競爭有絕對的貢獻與幫助，所以多餘產能是有價值的而不是浪費。相反的，如果客戶完全不關係交貨時間的快與準的問題，則多餘產能即是嚴重的浪費。

　　其次，在製品存貨多寡的風險則是決定於產品壽命的長短，如果產品壽命很長，則在製品存貨沒有報廢或被新產品取代的問題，不用擔心會有

任何的風險(即可以視爲是公司的資產)，所以利用多餘產能來降低在製品存貨毫無意義而且是很大的浪費。相反的，如果產品壽命愈來愈短或很短時，則在製品存貨隨時可能會被新產品取代而報廢，而會有很大的風險(即不可以視爲是公司的資產)，但是多餘產能卻可以降低在製品存貨且加快出貨速度以搶佔市場，因此多餘產能不但不是浪費而且有絕對的價值與貢獻。

(3) 機台多餘產能的意義，決定於對製造彈性的需求

產品是由原物料經過層層的不同資源產能的投入(加工)而成的。由於產能有不能儲存的特性，亦即隨著時間的過去，多餘產能不管有否使用，亦會即刻消失。所以要儲存多餘產能的唯一方法是透過工件的加工過程而轉化爲工件的一部份，而以半成品或成品的型態來儲存。但是原物料的彈性卻會因加工(產能的投入)而降低，亦即原物料的彈性優於半成品而半成品的彈性則優於成品等。換言之，多餘產能是否要儲存的意義，即決定這些半成品或成品的價值或工廠對產品彈性的需求了。

如果產品壽命很長且產品種類很少時，工廠不需要有很大的產品彈性需求，半成品或成品能被賣掉的機會很高，所以將多餘產能先予以儲存起來，即有策略性的價值與意義。但是當產品壽命很短或產品種類很多時，半成品或成品的風險很高，則這些先被儲存起來的多餘產能，會是白作工的機會即大增，因此反而會造成更多的損失，例如原物料的浪費、刀夾治具的磨耗、存貨增加、生產時間變長或出貨不順等。

(4) 機台多餘產能的意義，決定於對工廠持續改善的需求

工廠需要持續改善是所有經理人的共識，而工廠要能持續改善則需要一些動因(driver)，例如現場的提案即是改善的一種動因。現場技術人員天天與機台、工件或製程爲伍，是工廠裡最了解工廠的人，再加上目前教育

水準的普遍提升，若能給現場的這些專家一些時間或機會，相信工廠能改善的機會或空間應該很大。因此多餘產能即是給這些現場專家的改善時間與機會，否則在追求成本觀績效指標的環境下，現場人員的使用率已經是百分之百了，管理者憑什麼要現場人員提出改善的提案呢？換言之，在第五章曾討論非受限產能的管理模式為「來什麼工作就做什麼工作，很快做完往後送」，而當沒工作來時，就是現場技術員用來「練功」的時間與機會，可以用來保養機台、作好 5S、改善製程、降低換模與調整時間、或研究如何讓工作能快速完成往後送等，因此多餘產能提供了工廠持續改善的環境與機會。

　　所以綜合以上的說明，多餘產能是否為浪費呢？那要看狀況而定。如果工廠沒有市場競爭壓力，則多餘產能是浪費。相反的，如果工廠有很強烈的市場競爭壓力時，例如現場不允許有很多的在製品存貨、訂單交期要求愈來愈快而準、產品壽命愈來愈短、產品愈來愈多種少量等，則多餘產能不但不是浪費，反而具有贏得競爭的價值與貢獻。事實上，上列的競爭壓力正是買方市場的特徵，而我們目前正處在愈來愈嚴重的買方市場競爭壓力下，所以多餘產能是有其策略性的價值。

　　所以建議工廠不要再為「多餘產能是否為浪費？」這個問題而浪費時間，而應該將時間花在「合理的多餘產能應該為多少？」、「工廠要贏得競爭，應該要投資多少的多餘產能？」、「如何以最低或有限的成本取得足夠多的多餘產能？」或「如何透過多餘產能提升競爭力？」等問題上，才有正面的意義。

12-5　爲買方市場的競爭做好準備

　　買方市場的最大特性是，產品的壽命愈來愈短、種類愈來愈多，訂單數量愈來愈少、客戶要求愈來愈嚴苛、...。換言之，買方市場的競爭是多樣化的，除了最基本的技術、價格與品質外，生產的彈性以及交貨時間的快與準，亦是贏得訂單的重要因素。但是爲了取悅客戶以贏得訂單的同時，我們卻不可忘記工廠辛苦經營的目標-現在與未來都要賺錢，其次更不可忽略了浸蝕工廠利潤最可怕的風險-存貨。

　　在買方市場，工廠爲了能現在賺錢，必須在多種少量(或變量)的條件下，做到能賣出去的產出最大。訂單數量愈來愈小這是買方市場的正常特性，如果天天都是大單子，工廠不但不要太高興，反而應該提高警覺，因爲在買方市場若違反了多種少量的特性，其能否賣出去的風險就會相對的提高。因此這樣的「好事」在買方市場是很稀有的，或者這個客戶可能有問題？

　　所以在競爭激烈的買方市場，工廠所考慮的產出除了工廠自己能否賣得掉外，最好能進一步考慮到客戶能否也能賣得掉，否則對工廠一樣沒有好處(早晚會被退貨或收不到錢)。換言之，工廠應該要能主動提供多種少量的供貨模式，以降低客戶存貨的風險，如此才能確保產出是賣得掉的。因此，工廠必須在多種少量與能賣得掉的條件下，想出能使工廠做到產出金額最大的對策，如此財務報表上才會有眞正好看的數字(淨利)。

　　其次爲了使工廠未來能繼續賺錢，必須現在能讓客戶滿意且有好的口碑。因此產品除了最基本的價格、品質及創新外，必須以最短且可靠的製造時間，來滿足客戶交期快而準的需求，以降低客戶的風險，如此客戶滿意後，後續訂單才會源源不斷，進而在業界建立好的口碑，則工廠才有機會持續成長。

　　但是工廠爲了做到交期快而準，卻不可用大量的在製品與成品存貨來滿足客戶，因爲存貨在買方市場就好像是一顆地雷，隨時都有報廢(引爆)的可能，其風險實在太大了。所以工廠爲了降低風險，必須努力維持(遠)低於同業的在製品或成品的存貨水準，如此不但降低了風險，而且才能保持存貨的高週轉次數及提高股東權益。

　　因此在買方市場的競爭壓力下，工廠必須以最低且賣得掉的存貨水準，來滿足客戶多種少(變)量且交期快而準的訂單需求，進而做到產出最大。由於存貨低且賣得掉，則投資小風險低，老闆無後顧之憂；訂單多種少量且交期快而準，則客戶滿意；產出最大，則老闆喜歡。一座能讓客戶滿意、老闆喜歡且風險最低的工廠，才是一座能在買方市場壓力下生存的工廠。

　　買方市場的競爭已經來臨了，您準備好了嗎？

12-6　問題與討論

1. 解釋下列名詞：

    (1)受限產能漂移　　(2)穩定的受限產能　　(3)新受限產能

    (4)舊受限產能　　　(5)多餘產能　　　　　(6)備用產能

    (7)保護用產能　　　(8)統計波動　　　　　(9)依存關係

2. 假設某工廠這三年來其每週訂單張數由 30 張成長為 90 張，每張訂單的平均數量由原有的 400 個減少 200 個，交貨時間由三週縮為 10 天，請討論這座工廠三年來所承受的買方市場壓力。如果買方市場壓力曲線不變，則三年後，這座工廠所要面對的需求為何？

3. 某工廠有 A、B、C 及 D 四種機台各一台，而產品有 P 與 Q 兩種，假設產品在各機台的加工時間(單位為分鐘)如下列各子題所示。則在不考慮換線或機台當機等非預期狀況的條件下，請問下列各子題那一機台是穩定的受限產能？那些機台可能會隨著市場需求的變化而發生漂移？那些機台不可能會是受限產能？

(1)

	A	B	C	D
P	15	15	15	10
Q	10	20	5	5

(2)

	A	B	C	D
P	15	10	15	10
Q	10	25	5	5

(3)

	A	B	C	D
P	15	10	10	15
Q	10	20	15	15

(4)

	A	B	C	D
P	20	10	18	15
Q	5	20	10	15

4. 第 3 題的各子題若有受限產能漂移的狀況，請舉出能使不同機台成為受限產能的市場需求例子。

5. 如果受限產能漂移後的新受限產能是出現在裝配緩衝保護區上的某一機台時，請問如何透過緩衝管理來掌握？請進一步寫下其判斷的法則。

6. 假設有一條各站為單動式的輸送帶生產線，共有五站，如果各站完成一工件所需的加工時間分別為 8±2 秒、6±2 秒、10±2 秒、9±2 秒及 7±2 秒等。假設各站完成一件的加工時間的機率分配為平均分配(Uniform)，請問：

   (1) 請問這條線產出一個工件的時間(Cycle time)大約多少？

   (2) 各工作站的使用率各為多少？

7. 假設有一條各站為單動式的輸送帶生產線，共有五站，如果各站完成一工件所需的加工時間分別為 10±2 秒、10±2 秒、10±2 秒、10±2 秒及 10±2 秒等。假設各站完成一件的加工時間的分佈為平均分佈(Uniform)，請問：

   (1) 請問這條線產出一個工件的時間(Cycle time)大約多少？

   (2) 各工作站的使用率各為多少？

8. 請比較第 6 題與第 7 題這兩條輸送帶的特性及優缺點。

9. 一個工作站依訂單需求，其使用率只需 50%，請討論下列工作形態的特性及優缺點：

   (1) 每個月連續工作兩週。

   (2) 每週連續工作 3 天(一週為六天)。

   (3) 每天工作四小時(一天為八小時)。

   (4) 每小時工作 30 分鐘。

(5) 每十分鐘工作五分鐘。

(6) 每分鐘工作 30 秒。

10. 請根據第 9 題的討論結果，進一步分析訂單分割與移轉批量這兩種現場管理或趕工技術的意義及如何應用。

11. 請討論「多種變量且能賣得掉下的產出最大、交期快而準、及存貨最低」在買方市場的競爭環境的意義。

12. 請問限制驅導式現場排程與管理技術是否能滿足「多種變量且能賣得掉下的產出最大、交期快而準、及存貨最低」的需求？如何做到呢？

13. 請問在買方市場的競爭壓力下，原物料、半成品與成品三者彈性的優劣為何？三者的價值高低為何？在現有成本會計的財務報表上，三者的帳面價值高低為何？

14. 請問受限產能若有漂移之現象，會對管理有何影響？

15. 請問受限產能可能漂移之行徑為何？什麼方法可以掌握到正確的受限產能？如何掌握呢？

16. 造成受限產能漂移的原因有那些？

17. 您認為非受限產能的多餘產能是否為浪費？要如何發揮多餘產能的策略價值？

附　錄　　　　　　　　　　　　　*APPENDEX*

A-1　限制管理之推廣單位

1.　Avranham Y. Goldratt Institute (AGI)

　　http://www.goldratt.com

2.　Crazy About Constraint (CAC)

　　http://www.rogo.com/cac

3.　APICS

　　http://www.apics.org

4.　限制管理(TOC)教育發展中心(台灣地區)

　　http://www.anser.com.tw

A-2　限制管理研討會

1.　*1995 APICS Constraints Management Symposium and Technical Exhibit Proceedings*, April 26-28, Phoenix, AZ.

2.　*1996 APICS Constraints Management Symposium and Technical Exhibit Proceedings*, April 17-19, Detroit, MI.

3.　*1997 APICS Constraints Management Symposium Proceedings*, April 17-18, Denver, CO.

4.　*APICS 1998 Constraints Management Symposium Proceeding*, April 16-17, Seattle, WA.

5. *APICS 1999 Constraints Management Symposium Proceeding,* March 22-23, Pheonix, Ariz.

6. *APICS 2001 Constraints Management techical Conference and Exhibit Proceeding,* March 19-20 , San Antonio, Tx.

A-3 書 籍

1. Goldratt, E. M. and Fox, R. E., 1986, *The Race,* North River Press.

2. Goldratt, E. M., 1990, *Theory of Constraints,* North River Press.

3. Goldratt, E. M., 1990, *The Haystack Syndrome,* North River Press.

4. Jones, G. and Roberts, M., 1990, *Optimised Production Technology(OPT)*, IFS Ltd. UK.

5. Johnson, K., 1990, *Implementing Optimised Production Technology*, IFS Ltd. UK.

6. Fogarty, D.W., Blackstone, J.H. and Hoffman, T.R., 1991, Production & Inventory Management, (Chapter 19), 2nd Edition, South-western Publishing Co..

7. Goldratt, E. M. and Cox, J., 1992, *The Goal,* 2nd Edition, North River Press.

   齊若蘭譯，1996，*目標 - 簡單而有效的常識管理*，天下文化出版公司。

8. Goldratt, E. M., 1992, *Late Night Discussions 1 - 12 with Jonal & Alex,* (Collection of ***Late Night Discussions*** in ***Industry Week*** magazine), Avraham Y. Goldratt Institute.

9. Srikanth, M.L., and Cavallaro, H.E., 1993, *Regaining Competitiveness : Putting the Goal to Work,* 2nd Revised Edition, the Spectrum Publishing Company, Inc..

10. Goldratt, E. M., 1994, *It's Not Luck,* North River Press.

周怡利譯，1997，*絕不是靠運氣 – 創造事業與人生的雙贏*，天下文化出版公司。

11. Goldratt, E. M., 1995, *UnCommon Sense,* UnCommon Senses Production Inc.

   曾渙釗譯，1997，*非普通常識*，限制管理(TOC)教育發展中心。

12 Noreen, E., Smith, D. and Mackey, J.T., *The Theory of Constraints and Its Implications for Management Accounting*, North River Press.

13. Stein, R.E., 1994, The Next Phase of Total Quality Management: TQM II and the Focus on Profitablity, Marcel Dekker, Inc..

14 Umble, M. and Srikanth, M. L., 1995, *Synchronous Manufacturing: Principles for World-Class Excellence*, Spectrum Publishing Company.

15 Srikanth, M.L. and Robertson, S.A., 1995, *Measurements for Effective Decision Making : A Guide for Manyfacturing Companies*, Spectrum Publishing Company.

16. Goldratt, E.M., 1996, Production the TOC Way self-learning kit, Avraham Y. Goldratt Institute.

17. Stein, R.E., 1996, Re-Engineering the Manufacturing System: Applying the Theory of Constraints, Marcel Dekker, Inc..

18. Covigton, J.W., 1996, Tough Fabric, Chesapeake Consulting, Inc..

19. Goldratt, E. M., 1997, *Critical Chain*, North River Press.

   羅嘉穎譯，1997，關鍵鏈–TOC式專案管理，力天香港有限公司。

20 Umble, M. and Srikanth, M. L., 1997, *Synchronous Manufacturing: Profit-Based Manufacturing for the 21th Century*, Volume One, Spectrum Publishing Company.

21 Umble, M. and Srikanth, M. L., 1997, *Synchronous Manufacturing: Profit-Based Manufacturing for the 21th Century*, Volume Two, Spectrum Publishing Company.

22 Dettmer, H.W., 1997, *Goldratt's Theory of Constraints : A Systems Approach to Continuous Improvement*, ASQC Quality Press.

23. Leach, L., 1997, *The Critical Chain Project Managers' Fieldbook*, Principal Quality Systems.

24. Acord, T., 1997, A Better Way, Cahners Publishing Company.

25. Cox, J.F. and Spencer, M.S., 1998, *The Constraints Management Handbook*, The St. Lucie Press/APICS Series on Comstraints Management.

26. Kendall, G.I., 1998, *Securing yhe Future: Strategies for Exponential Growth Using the Theory of Constraints*, The St. Lucie Press/APICS Series on Comstraints Management.

27. Newbold, R.C., 1998, *Project Management in the Fast Lane : Applying the Theory of Constraints*, The St. Lucie Press/APICS Series on Comstraints Management.

28. McMullen, T.B., 1998, *Introduction to the Theory of Constraints(TOC) Management System*, The St. Lucie Press/APICS Series on Comstraints Management.

29. Dettmer, H.W., 1998, *Breakingthe Constraints to World-Class Performance*, ASQ (American Society for Quality) Quality Press.

30. Levinson, W.A., editor, 1998, *Leading The Way to Competitive Excellence*, ASQ (American Society for Quality) Quality Press.

31. Lepore, D. and Cohen, O, 1999, *Deming and Goldratt – The Theory of Constranits and the System o Profound Knowledge*, North River Press.

32. Scheinkoph, L.J, 1999, *Thinking for a Change–Putting the TOC Thinking Process to Use*, The St. Lucie Press/APICS Series on Comstraints Management.

33. Goldratt, E. M., Schragenheim, E., and Ptak, C.A, 2000, *Necessary But Not Sufficient*, North River Press.

34. Schargenheim, E. and Dettmer, H.W., 2001, *Manufacturing at Warp Speed – Optimizing Supply Chain Financial Performance,* The St. Lucie Press / APICS Series on Comstraints Management.

35. Smith, D., 2001, *The Measurement Nightmare – How the Theory of Constraints Can Resolve Conflicting Strategies, Policies, and Measures,* The St. Lucie Press / APICS Series on Comstraints Management.

36. Woeppel, M.j., 2001 , *Manufacturer's Guide to Implementing the Theory of Constraints,* The St. Lucie Press / APICS Series on Comstraints Management.

A-4　期刊文獻(1977~2001)

1. Morgan, H., "Cost/Utilization: A Measure of System Performance," *Communications of the ACM,* Vol. 20, No. 3, 185-191(1977).

2. Goldratt, E.M., "Optimized Production Timetable: A Revolutionary Program for Industry," *APICS 23th International Conference Proceedings,* 172-176(1980).

3. Robert, E., "MRP, Kanban, and OPT—What's Best?," *APICS 25th International Conference Proceedings,* 482-486(1982).

4. Stewart, S.P.J., "Using OPT Schedule a Machine Shop," APICS 25th International Conference Proceedings, 92-93(1982).

5. Chantland, R., "Strategic Subcontracting and the OPT System," *APICS 26th International Conference Proceedings,* 601-602(1983).

6. Jacobs, F.R., "The OPT Scheduling System: A Review of a New Production Scheduling System," *Production and Inventory Management Journal,* 3, 47-51(1983).

7.　Maturo, M.P., "The Language of OPT," *APICS 26th International Conference Proceedings,* 567-571(1983).

8.　Manning, E.J., "OPT: a Production Technique Case Study," *APICS 26th International Conference Proceedings,* 596-598(1983).

9.　Robert, E., "OPT VS. MRP: Thoughtware VS. Software," *APICS 26th International Conference Proceedings,* 556-563(1983).

10.　Branam, J.W., "Thruput Time: The Ultimate Constraint on Inventory Turns," *APICS 27th International Conference Proceedings(Readings in Production & Inventory Control and Planning),* 52-56(1984).

11.　Brooks, R.A., "Implementing OPT at a Major Aircraft Subcontractor," *APICS 27th International Conference Proceedings(Readings in Production & Inventory Control and Planning),* 144-147(1984).

12.　Chantland, R., "Application of the OPT System for Detail Resource Planning," *APICS 27th International Conference Proceedings(Readings in Material and Capacity Requirements Planning),* 79-81(1984).

13.　Carmody, R.H., "Finite Capacity Management Using OPT in the Nuclear Fuels Industry," *APICS 27th International Conference Proceedings(Readings in Material and Capacity Requirements Planning),* 82-84(1984).

14.　Jacobs, F.R., "OPT Uncovered: Many Production Planning and Scheduling Concepts Can be Applied with or without the software," *Industrial Engineering,* Vol. 16, No. 10, 32-41(1984).

15.　Ouimet, W.C., "Using Optimized Production Technology to Enhance Manufacturing Planning and Control Systems," *Execution and Control Systems,* Vol. 1, 1-12(1984).

16. Fox, R.E., "OPT(imizing) Just-in-Time—Leapfrogging the Japanese," *APICS 27th International Conference Proceedings(Readings in Zero Inventory),* 24-28(1984).

17. Aggarwal, S.C., "MRP, JIT, OPT, FMS?," *Harvard Business Review,* 9-10, 8-10,12,16(1985).

18. Findlay, D.O., "Scheduled Idle Time: a New Productivity Concept for the Shop Floor(1985 Annual International Industrial Engineering Conference Proceedings)," *Institute of Industrial Engineers,* 95-101(1985).

19. Fogarty, D.W. and Barringer, R.L., "Line Balancing in Manufacturing Cell and FMS Environments," *APICS 28th International Conference Proceedings,* 96-100(1985).

20. Gelders, L.F. and Van Wassenhove, L.N., "Capacity Planning in MRP, JIT and OPT: a Critique," *Engineering Costs and Production Economics,* 9, 201-209(1985).

21. Goldratt, E.M., "The OPT Substitute for Cost," *APICS 28th International Conference Proceedings,* 725-728(1985).

22. Goddard, W.E., "Practical Principles of Capacity Planning," *APICS 28th International Conference Proceedings,* 81-86(1985).

23. Leahy, J.A., "Management Issues in JIT and OPT Implementations(1985 Annual International Industrial Engineering Conference Proceedings)," *Institute of Industrial Engineers,* 82-87(1985).

24. Zenobia, F.M., "OPT for the Small Campany," *APICS 28th International Conference Proceedings,* 663-665(1985).

25. Lundrigan, R., "What is This Thing Called OPT?," *Production and Inventory Management Journal,* 2, 2-12(1986).

26. Meleton, M.P., "OPT—Fantasy or Breakthrough?," *Production and Inventory Management Journal,* 2, 13-21(1986).

27. Plenert, G.P., "MRP, JIT, and OPT: What's "Best"?," *Production and Inventory Management Journal,* 2, 22-29(1986).

28. Swann, D.,"Using MRP for Optimized Schedules(Emulating OPT)," *Production and Inventory Journal,* Vol. 27, No. 2, 30-37(1986).

29. Vollmann, T.E., "OPT as an Enhancement to MRP II," *Production and Inventory Management Journal,* 2, 38-47(1986).

30. Goldratt, E.M., "Computerized Shop Floor Scheduling," *International Journal of Production Research,* Vol. 26, No. 3, 443-455(1988).

31. Lambrecht, M.R. and Decaluwe Lieve, "JIT and Constraint Theory: The Issue of Bottleneck Management," *Production and Inventory Management Journal,* 3, 61-66(1988).

32. Mckay, K.N., Safayeni, F.R, and Buzacott, J.A., "Job – Shop Scheduling Theory:What Is Relevant?," *Interfaces,* Vol. 18 No. 4, 84 – 90(1998).

33. South, J.B. and Hixson, R., "Excess Capacity Versus Finished Goods Safety Stock, " *Production and Inventory Management Journal,* 3, 36-40(1988).

34. Ashcroft, S.H., "Applying the Principles of Optimized Production Technology in a Small Manufacturing Company," *Engineering Costs and Production Economics,* 17, 79-88(1989)

35. Ben-Ari, Y., "Mater Scheduling in the Constrained Environment," APICS 32th International Conference Proceedings, 42-44(1989).

36. Campbell, R.J., "Pricing Strategy in the Automotive Glass Industry," Management Accounting, 7, 26-34(1989)

37. Floyd, B. and Ronen, B., "Where Best to System Invest," Datamation, 11, 111-114(1989).

38. Fry, T.D. and Cox, J.F., "Manufacturing Performance: Local Versus Global Measures," Production and Inventory Management Journal, 2, 52-57(1989).

39. Hansen, R.A., "Constraint Theory Modifications to JIT," APICS 32th International Conference Proceedings, 578-584(1989).

40. erg, J., "Constraints and Restraints: Balancing the Two," APICS 33th International Conference Proceedings, 204-207(1990).

41. Bang, D.M, Gisler, R.W., Decker, J.E., and Haugen, D.W., "Synchronizing Manufacturing and Materials flow," IEEE/CHMT'90 IEMT Symposium, 252-255(1990).

42. Lippa, V., "Measuring Performance with Synchronous Management," Management Accounting, 2, 54-59(1990).

43. Ronen, B. and Starr, M.K., "Synchronized Manufacturing as in OPT: from Practice to Theory," 19th International Conference on Computers and Industrial Engineering, Vol. 18, No. 4, 585-600(1990).

44. Schragenheim, E. and Ronen, B., "Drum-Buffer-Rope Shop Floor Control," Production and Inventory Management Journal, 3, 18-23(1990).

45. Spencer, M.S., "The JIT, MRP, OPT Choice: How to CIM with the Sharks," APICS 33th International Conference Proceedings, 561-564(1990).

46. Dominguez, H.A., "Theory of Constraints and Cost Accounting. Are They Completely Opposite?," ------, 1-9(1991).

47. Fawcett, S.E. and Pearson, J.N., "Understanding and Applying Constraint Management in Today's Manufacturing Environments ,"Production and Inventory Management Journal ,3, 46-56(1991).

48. Lockamy III, A. and Cox III, J.F., "Using V-A-T Analysis for Determining the Priority and Location of JIT Manufacturing Techniques," International Journal of Production Research, Vol. 29, No. 8, 1661-1672(1991).

49. Ptak, C.A., "MRP, MRP II, OPT, JIT, and CIM—Succession Evolution, or Necessary Combination," Production and Inventory Management Journal, 3, 7-11(1991).

50. eeve, J.M., "Cost Management in Continuous-Process Environments," ------, Spring, 22-34(1991).

51. Reimer, G., "Material Requirements Planning and Theory of Constraints: Can They Coexist? A Case Study," Production and Inventory Management Journal ,4, 48-52(1991).

52. Schragenheim, E. and Ronen, B., "Buffer Management: A Diagnostic Tool for Production Control," Production and Inventory Management Journal , 2, 74-79(1991).

53. Spencer, M.S., "Using "The Goal" in an MRP System," Production and Inventory Management Journal ,4, 22-28(1991).

54. Weston, F.C., "Functional Goals are Often in Conflict with Each Other," Industrial Engineering, 11, 25-29(1991).

55. Vollum, R.B., "Throughput World or Cost World—What's the Difference?," APICS 34th International Conference Proceedings, 58-63(1991).

56. 陳筱平, "訂單生產業的新管理利器-限制理論," 今日會計, 十二月號, 45-52(1991).

57. 李榮貴, "限制理論---製造管理的新觀念," 機器工業雜誌, 十二月號, 212-223(1992).

58. Colvenaer, D.D., Maes, J. and Gelders, L., "Application of TOC/OPT Rules in a Medium Sized Shop," Production Planning & Control , Vol. 3, No. 4, 413-421(1992).

59. Luebbe, R. and Finch, B., "Theory of Constraints and Linear Programming: A Comparison," International Journal of Production Research, Vol. 30, No. 6, 1471-1478(1992).

60. eely, A.D. and Byrne, M.D., "A Simulation Study of Bottleneck Scheduling," International Journal of Production Economics, 26, 187-192(1992).

61. Patterson, M.C., "The Product-Mix Decision: A Comparison of Theory of Constraints and Labor-Based Management Accounting," Production and Inventory Management Journal ,3, 80-85(1992).

62. Ronen, B., and Spector, Y., "Managing System Constraints: A Cost/Utilization Approach," International Journal of Production Research, Vol. 30, No. 9, 2045-2061(1992).

63. Umble, M.M., "Analyzing Manufacturing Problems Using V-A-T Analysis," Production and Inventory Management Journal, 2, 55-60(1992).

64. Bond, T.C., "An Investigation into the Use of OPT Production Scheduling," Production Planning & Control, Vol. 4, No. 4, 399-406(1993).

65. Fry, T.D. and Russell, G.R., "Capacity Allocation Strategies in Hypothetical Job-Shop," International Journal of Production Research, Vol. 31, No. 5, 1097-1115(1993).

66. Lee, T.N. and Plenert, G., "Optimizing Theory of Constraints When New Product Alternatives Exist," Optimizing theory of constraints, 3, 51-57(1993).

67. Maday, C.J., "Proper Use of Constraint Management(Note on an Earlier Article)," Production and Inventory Management Journal, 1, 84(1994).

68. Posnack, A.J., "Theory of Constraints: Improper Applications Yield Improper Conclusions(Note on an Earlier Article)," Production and Inventory Management Journal, 1, 85-86(1994).

69. Patterson, M.C., "Analysis of Setup Time at Constraint Researchs," International Journal Of Production Research, Vol. 31, No. 4, 845-849(1993).

70. Plenert, G., "Optimizing Theory of Constraints When Multiple Constrained Researchs Exist," European Journal of Operational Research, 70, 126-133(1993).

71. Byme, M.D. and Jackson, R.J, "A Study of Bottlenecks in a MRP Environment Using Simulation, "International Journal of Production Economics, No. 35, 115 – 120(1994).

72. Atwater, J.B. and Chakravorty, S.S., "Does Protective Capacity Assist Managers in Competing along Time-Based Dimensions?," Production and Inventory Management Journal, 3, 53-59(1994).

73. Cook, D.P., "A Simulation Comparison of Traditional, JIT, and TOC Manufacturing Systems in a Flow Shop with Bottlenecks," Production and Inventory Management Journal, 1, 73-78(1994).

74. Chang, Y.L., "Time Window Capacity Analysis for Synchronous Production," Production Planning & Control", Vol. 5, No. 1, 66-81(1994).

75. Demmy, W.S. and Demmy, B.S., "Drum-Buffer-Rope Scheduling and Pictures for the Yearbook," Production and Inventory Management Journal, 3, 45-47(1994).

76. Dilton – Hill, K.G. and Glad, E., "Managing Capacity, " Cost Management, Spring, 32 – 39(1994).

77. Gardiner, S.C., Blackstone, J.H. and Gardiner, L.R., "The Evolution of the Theory of Constraints," Industrial Management, 5-6, 13-16(1994).

78. Hsu, T.C. and Chung, S.H., "Enhance TOC's Performance for Product Mix Decision," The Third International Conference on Automation Technology, 7, Vol. 4, 87-91(1994).

79. Lawrence, S.R., and Buss, A.H., "Shifting Production Bottlenecks: Causes, Cures, and Conundrums," Production and Operations Management Society, Vol. 3, No. 1, 21-37(1994).

80. Murphy, R.E., "Synchronous Flow Management(SFM) Principles in the Manufacturing of Discrete Power Devices," 1994 IEEE/SEMI Advanced Semiconductor Manufacturing Conference, 179-184(1994).

81. Schragenheim, E., Cox, J., and Ronen, B., "Process Flow Industry—Scheduling and Control Using Theory of Constraints ," International Journal of Production Research, 32, 1867-1877(1994).

82. Spencer, M.S., "Economic Theory, Cost Accounting and Theory of Constraints: An Examination of Relationships and Problems," International Journal of Production Research, Vol. 32, No. 2, 299-308(1994).

83. Spencer, M.S. and Wathen, S., "Applying the Theory of Constraints' Process Management Technique to an Administrative Function at Stanley Furniture," National Productivity Review, Summer, 379-385(1994).

84. Takahashi, K., Hiraki, S. and Soshiroda, M., "Flexibility of Production Ordering Systems," International Journal of Production Research, Vol. 32, No. 7, 1739-1752(1994).

85. Wu, S.Y., Morris, J.S. and Gordon, T.M., "A Simulalation Analysis of The Effectiveness of Drum-Buffer-Rope Scheduling in Furnitrue Manufacturing," Computers & Industrial Engineering, Vol. 26, No. 4, 757-764(1994).

86. Villforth, R., "Applying Constraint Management Theory in a Wafer Fab," 1994 IEEE/SEMI Advanced Semiconductor Manufacturing Conference, 175-178(1994).

87. 吳鴻輝與李榮貴, "利用限制理論落實改革," 管理雜誌, 九月號, 98-100(1995).

88. Atwater, J.B. and Chakravorty, S.S., "Using the Theory of Constraints to Guide the Implementation of Quality Improvement Projects in Manufacturing Operations," International Journal of Production Research, Vol. 33, No. 6, 1737-1760(1995).

89. Coman, A. and Ronen, B., "Information Technology in Operations Management: A Theory-of-Constraints Approach," International Journal of Production Research, Vol. 33, No. 5, 1403-1415(1995).

90. Dedera, C.R., "Can TOC and ABC Coexist?," 1994 IEEE/SEMI Advanced Semiconductor Manufacturing Conference, 24-28(1995).

91. Duclos, L.K and Spencer, M.S., "The Impact of a Constraint Buffer in a flow shop, " Production and Inventory Management Journal, 42, 175-185(1995).

92. Guide, V.D.R. and Ghiselli, G.A., "Implementation of Drum-Buffer-Rope at a Military Rework Depot Engine Works," Production and Inventory Management Journal, 3, 79-82(1995).

93. Guide, V.D.R., "A Simulation Model of Drum-Buffer-Rope for Production Planning and Control at a Naval Aviation Depot," Simulation, 9, 157-168(1995).

94. Pelleg, E., "Applications of Queuing Theory and Simulation to Staffing in the Semiconductor Clean Room Environmentt," Taiwan IC Technical Conference, 86-91(1995).

95. Rose, E., Odom, R., Dunbar, R., Hinchman, J., and Semiconductor, H., "How TOC & TPM Work Together to Build the Quality Toolbox of SDWTs," 1995 IEEE/CPMT Int'l Electronics Manufacturing Technology Symposium, 56-59(1995).

96. Ruhl, J.M., "ABM for Continuous Improvement, the Theory of Constraints, and Open Book Management,"Journal of Cost Management, Fall, 80-89(1995).

97. Salagatinos, C., "Integrating the Theory of Constraints and Activity-Based Costing," Journal of Cost Management, Fall, 58-67(1995).

98. Spencer, M.S. and Cox III, J.F., "Master Production Scheduling Development in a Theory of Constraints Environment," Production and Inventory Management Journal, 1, 8-14(1995).

99. Spencer, M.S., and Cox, J.F., "Optimum Production Technology (OPT) and the Theory of Constraints (TOC): Analysis and Genealogy," International Journal of Production Research, Vol. 33, No. 6, 1495-1504(1995).

100. Wu, H.H. and Li, R.K., "Capacity Constraint Resource Wandering and Its Wandering Behaviors in a Production Plant," Journal of the Chinese Institute of Industrial Engineers, Vol. 12, No. 1, 63-69(1995).

101. 蔡志弘與李榮貴, "最佳化生產技術," 機器工業雜誌, 九月號, 247-261(1996).

102. 鍾淑馨與謝志銘, "限制資源有限前推排程法之設計," 工業工程學刊, 第十三卷, 第一期, 23-33(1996).

103. Braiden, B.W. and Morrison, K.R., "Lean Manufacturing Optimization of Automotive Motor Compartment System," 19th International Conference on Computers and Industrial Engineering, Vol. 31, No. 1/2, 99-102(1996).

104. Gargeya, V.B. and Deane, R.H., "Scheduling Research in Multiple Resource Constrained Job Shops: A Review and Critique," International Journal of Production Research, Vol. 34, No. 8, 2077-2097(1996).

105. Guide, V.D.R., "Scheduling Using Drum-Buffer-Rope in a Remanufacturing Environment," International Journal of Production Research, Vol. 34, No. 4, 1081-1091(1996).

106. Jr, R.E.M., "Holistic TOC for Maximum Profitability," 1996/IEEE/SEMI Advanced Semiconductor Manufacturing Conference, 242-249(1996).

107. Klusewitz, G. and Rerick, R., "Constraint Management Through the Drum-Buffer-Rope System," 1996/IEEE/SEMI Advanced Semiconductor Manufacturing Conference, 7-12(1996).

108. Kayton, D., Teyner, T., Schwartz, C. and Uzsoy, R., "Effects of Dispatching and Down Time on the Performance of Wafer Fabs Operating Under Theory of Constraints," 1996/IEEE/SEMI Advanced Semiconductor Manufacturing Conference, 49-56(1996).

109. Ruhl, R.M., "An Introduction to the Theory of Constraints," Cost Management, Summer, 43-48(1996).

110. Simons, J.V., "Formulation and Solution of the Drum-Buffer-Rope Constraint Scheduling problem(DBRCSP)," International Journal of Production Research, Vol. 34, No. 9, 2405-2420(1996).

111. Westra, O., Srikanth, M.L. and Kane, M., "Measuring Operational Performance in a Throughput World," Management Accounting, 41-47(1996).

112. 李昆林, "限制管理下的TQM," 管理雜誌, 第272期, 84-87(1997).

113. Amar, A.D. and Xiao, B., "Scheduling on a Bottleneck Station: A Comprehensive Cost Model and Heuristic Algorithms," International Journal of Production Research, Vol. 35, No. 4, 1011-1030(1997).

114. Atwater, B., and Gagne, M.L., "The Theory of Constraints Versus Contribution Margin Analysis for Product Mix Decisions," Journal of cost management, January/February, 6-15(1997).

115. Blackstone, J.H., Gardiner, L.R. and Gardiner, S.C., "A Framework for the Systemic Control of Organizations," International Journal of Production Research, Vol. 35, No. 3, 597-609(1997).

116. Campbell, R., Brewer, P., and Mills, T., "Designing an Information System Using Activity-Based Costing and the Theory of Constraints," Journal of cost management, January/February, 16-25(1997).

117. Fredendall, L.D. and Lea, B.R., "Improving the Product Mix Heuristic in the theory of constraints," International Journal of Production Research, Vol. 35, No. 6, 1535-1544(1997).

118. Gupta, M., Baxendale, S., and Mcnamara, K., "Integrating TOC and ABCM in a Health Care Company," Journal of cost management, July/August, 23-33(1997).

119. Hall, R., Galambos, N.P., and Karlsson, M., "Constraint-Based Profitability Analysis: Stepping Beyond the Theory of Constraints," Journal of cost management, July/August, 6-10(1997).

120. Maguire, W. and Heath, D., "Capacity Management for Continuous Improvement," Journal of Cost Management, 26-31(1997/1~2).

121. Miltenburg, J., "Comparing JIT, MRP and TOC, and embedding TOC into MRP," International Journal of Production Research, Vol. 35, No. 4, 1147-1169(1997).

122. Perez, J.L., "TOC for World Class Global Supply Chain Management," Computers & Industrial Engineering, Vol.33, No.1-2, 289-293(1997).

123. Rezaee, Z., and Elmore, R.C., "Synchronous Manufacturing: Putting the Goal to Work," Journal of cost management, March/April, 6-15(1997).

124. Russell, G.R. and Fry, T.D., "Order Review/Release and Lot Splitting in Drum-Buffer-Rope," International Journal of Production Research, Vol. 35, No. 3, 827-845(1997).

125. Boyd, L.H. and Cox, J.F., "A Cause and Effect Approach to Analyzing Performance Measures: Part 1 - The Plant Level.," Production and Inventory Management Journal, 38, 3, 25-32(1997).

126. Tempelmeier, H., "Resource-Constrained Materials Requirements Planning-MRP rc," Production Planning & Control, Vol. 8, No. 5, 451-461(1997).

127. Verma, R., "Management Science, Theory of Constraints/Optimized Production Technology and Local Optimization," Omega, Vol. 25, No. 2, 189-200(1997).

128. Murphy, R.E. and Saxena, P., "Breaking Paradigms With Synchronous Flow Manufacturing," Semiconductor International, October, 149-154(1997).

129. Gardiner, S.C. and Blackstone, H.J., "Dynamic Buffering," International Journal of Production Research, Vol. 36, No. 2, 333-342(1998).

130. Lockamy, A. and Spencer, M.S., "Performance Measurement In A Theory Of Constraints Environment," International Journal of Production Research, Vol. 36, No. 8, 2045-2060(1998).

131. Powell, S.G. and Pyke, D.F., "Buffering unbalanced assembly systems," IIE Transactions, Vol. 30, 55-65(1998).

132. Tu. Y.M. and Li. R.K., "Constraint Time Buffer Determination Model," International Journal of Production Research, Vol. 36, No. 4, 1091-1103(1998).

133. Marsh, R.F. and Meredith, J.R., "Changes in Performance Measures on the Factory Floor," Production and Inventory Management Journal, 39, 1, 36-40(1998).

134. Olson, C.T., "The Theory of Constraints: Applicion to a Service Firm," Production and Inventory Management Journal, 39, 2, 55-59(1998).

135. 張育仁、李慶恩與王立志., "自我調適的動態排程系統 - 限制排程、模糊理論和遺傳演算法的應用," 工業工程學刊, 第十五卷, 第六期, 579-604(1998).

136. Hurley, S.F. and Kadipasaoglu, S., "Wandering Bottlenecks: Speculating on the True Causes," Production and Inventory Management Journal, 39, 4, 1-4(1998).

137. Cox, J.F., Dramam, R.H., Boyd, L.H. and Spencer, M. S., "A Cause and Effect Approach to Analyzing Performance Measures: Part 2 - Internal Plant Operations," Production and Inventory Management Journal, 39, 4, 25-33(1998).

138. Rahman, S., "Theory of Constraints　– A Review of the Philosophy and its Applications," *International Journal of Operations & Production Management,* Vol. 18, No. 42, 336 – 355(1998).

139. 吳鴻輝、林則孟與吳凱文., "限制驅導式管理系統於半導體封裝廠之應用," 工業工程學刊, 第十六卷, 第一期, 13-38(1999).

140. 張盛鴻等, "以限制理論為基礎之晶圓製造廠派工法則," 工業工程學刊, 第十六卷, 第二期, 209-220(1999).

141. Latamore, G.B., "For Real Customer Satisfaction, Try a Little TOC," APICS - The Performance Advantage, 9, 3, 30-36(1999).

142. Miller, B., "Applying TOC in the Real World, " *IIE Solutions,* May, 49 – 53 (2000).

143. Schragenheim, E., "When ERP and TOC Worlds Collide," *APICS – The Performance Advantage,* February, 54 – 57(2000).

144. Sivasubramanian, R. Selladurai, V., and Rajamramasamy, N.., "The Effect of the Drum – Buffer – Rope(DBR) Approach on the Performance of a Synchronous Manufacturing System(SMS),"*Production Planning & Control,* Vol. 11, No. 8, 820 – 824(2000).

145. Blackstone, J.H., "Theory of Constraints – a Status Report," *International Journal of Production Research,* Vol. 39, No. 6, 1053 – 1080(2001).

146. Onwubolu, G.C. and Muting, M.., "Optimizing the Multiple Constrained Resouces Product Mix Problem Using Genetic Algorithms," *International Journal of Production Research,* Vol. 39, No. 9, 1897 – 1910(2001).

147. Onwubolu, G.C. and Muting, M.., " A Genetic Algorithm Approach to the Theory of Constrains Product Mix Problem," *Production Planning & Control,* Vol. 12, No. 1, 21 – 27(2001).

148. Voiland, D.E., "A nice problem to have," *APICS – The Performance Advantage,* July, 29 – 31(2001).

國家圖書館出版品預行編目資料

限制驅導式現場排成與管理技術 = Drum-buffer-
rope prodution management system / 吳鴻
輝.李榮貴 著. -- 修訂二版. -- 臺北市：全
華，2007 [民 96]

　　面：公分

　　ISBN　978-957-21-5699-5 （平裝）

　　1.工廠管理 2.生產管理

555.6　　　　　　　　　　　　　　96000983

限制驅導式現場排程與管理技術(修訂二版)

作　　　者	吳鴻輝.李榮貴
執行編輯	陳思潔
封面設計	劉美珠
發 行 人	陳本源
出 版 者	全華科技圖書股份有限公司
地　　　址	104 台北市龍江路 76 巷 20 號 2 樓
電　　　話	（02）2507-1300 （總機）
傳　　　眞	（02）2506-2993
郵政帳號	0100836-1 號
印 刷 者	宏懋打字印刷股份有限公司
圖書編號	0364102
三版一刷	2007 年 01 月
定　　　價	新台幣 490 元
I S B N	978-957-21-5699-5 （平裝）

全華科技圖書
www.chwa.com.tw
book@ms1.chwa.com.tw

全華科技網 OpenTech
www.opentech.com.tw